「主題−解説」構造から見た韓国語 -nkes-itaと日本語ノダ

ひつじ研究叢書〈言語編〉

第127巻　コーパスと日本語史研究　　　　　　　　　　近藤泰弘・田中牧郎・小木曽智信 編
第128巻　手続き的意味論　　　　　　　　　　　　　　　　　　　　　　　　武内道子 著
第129巻　コミュニケーションへの言語的接近　　　　　　　　　　　　　　　定延利之 著
第130巻　富山県方言の文法　　　　　　　　　　　　　　　　　　　　　　小西いずみ 著
第131巻　日本語の活用現象　　　　　　　　　　　　　　　　　　　　　　　三原健一 著
第132巻　日英語の文法化と構文化　　　　　　　　　　秋元実治・青木博史・前田満 編
第133巻　発話行為から見た日本語授受表現の歴史的研究　　　　　　　　　　森勇太 著
第134巻　法生活空間におけるスペイン語の用法研究　　　　　　　　　　　　堀田英夫 編
第136巻　インタラクションと学習　　　　　　　　　　　　　柳町智治・岡田みさを 編
第137巻　日韓対照研究によるハとガと無助詞　　　　　　　　　　　　　　　金智賢 著
第138巻　判断のモダリティに関する日中対照研究　　　　　　　　　　　　　王其莉 著
第139巻　語構成の文法的側面についての研究　　　　　　　　　　　　　　　斎藤倫明 著
第140巻　現代日本語の使役文　　　　　　　　　　　　　　　　　　　　　早津恵美子 著
第141巻　韓国語citaと北海道方言ラサルと日本語ラレルの研究　　　　　　円山拓子 著
第142巻　日本語史叙述の方法　　　　　　　　　　　　　　　　大木一夫・多門靖容 編
第143巻　相互行為における指示表現　　　　　　　　　　　　　　　　　　須賀あゆみ 著
第144巻　文論序説　　　　　　　　　　　　　　　　　　　　　　　　　　　大木一夫 著
第145巻　日本語歴史統語論序説　　　　　　　　　　　　　　　　　　　　　青木博史 著
第146巻　明治期における日本語文法研究史　　　　　　　　　　　　　　　　服部隆 著
第147巻　所有表現と文法化　　　　　　　　　　　　　　　　　　　　　　　今村泰也 著
第149巻　現代日本語の視点の研究　　　　　　　　　　　　　　　　　　　古賀悠太郎 著
第150巻　現代日本語と韓国語における条件表現の対照研究　　　　　　　　　金智賢 著
第151巻　多人数会話におけるジェスチャーの同期　　　　　　　　　　　　　城綾実 著
第152巻　日本語語彙的複合動詞の意味と体系　　　　　　　　　　　陳奕廷・松本曜 著
第153巻　現代日本語における分析的な構造をもつ派生動詞　　　　　　　　迫田幸栄 著
第154巻　「主題−解説」構造から見た韓国語-n kes-itaと日本語ノダ　　　　李英蘭 著

ひつじ研究叢書
〈言語編〉
第154巻

「主題-解説」構造から見た
韓国語 -n kes-itaと日本語ノダ

李英蘭 著

ひつじ書房

はしがき

　本書は、「主題－解説」構造の観点から韓国語の -n kes-ita（以下、kes-ita と表記）文を考察することで、これまで明確ではなかった kes-ita の基本的機能を明らかにし、kes-ita 文の全体像を示すことを第一の目的とする。そして、本書で「主題－解説」構造の観点から考察する kes-ita 文を日本語のノダ文と対照考察することで、両形式の根本的な違いを明確にすることが第二の目的である。-n kes-ita とノダを比較した研究は少なくないが、その殆どは、非常に多様な意味・機能を持っている日本語のノダに kes-ita が対応するか否かを考察したもので、kes-ita 本来の意味・機能についての考察は不十分なまま、kes-ita の意味・機能をノダと同様、「説明のモダリティ表現」としている点には疑問が残る。

　本書は、著者の博士論文である「現代韓国語の「-n kes-ita」文に関する考察：「主題－解説」構造の観点から」（東京大学大学院総合文化研究科言語情報科学専攻、2016）を加筆修正したもので、博士論文では、従来の研究の問題点を解決し、kes-ita 本来の意味・機能を明らかにするために、「主題－解説」構造という理論的枠組みを導入し、kes-ita 文を分析していた。本書では、「主題－解説」構造の観点からの kes-ita 文の意味解釈のプロセスと基本的な機能を明らかにし、kes-ita の全体像を示した博士論文の内容に加え、同様の観点から日本語のノダと比較することで、両形式の根本的な違いを明確にしている。本書は特に、日本語のノダをベースにし、kes-ita 文を比較していた従来の分析方法とは逆の方法で、kes-ita 本来の意味・機能を明確にした後、それをノダと比較することにより、統語構造の異なる三つの kes-ita 文についても「主題－解説」構造という枠組みの中で統一的な説明ができるようになったという点と、kes-ita がノダに比べモーダルな形式として発達してい

ないという従来の指摘についても、両形式の根本的な違いが kes-ita の「主題－解説」構造に起因しているということを明らかにしたという点で、従来の研究とは異なると思われる。

　本書の構成は、大きく二つのパートに分かれる。まず、第1部（1章～8章）では、kes-ita 文を「主題－解説」構造の観点から考察し、kes-ita の基本的な機能と全体像を明らかにする。次に、第2部（9章～12章）では、「主題－解説」構造の観点から考察した kes-ita 文をノダ文と比較し、両形式の類似点及び相違点を探る。各章の流れは以下の通りである。

　第1部の第1章では、kes-ita 文を構成する三つの要素について概観した後、kes-ita に関する先行研究を検討し、従来の研究における問題点をあげ、その問題を解決するための本書の立場を述べる。第2章では、名詞性の度合いのテストを設け、kes-ita 文を統語構造の違いによって三種類に再分類する。第3章では、本書で理論的枠組みとしている「主題」や「主題－解説」構造について概観した後、kes-ita 文が「主題－解説」構造を持っていることを示し、本書における kes-ita 文の「主題－解説」構造を定義する。そして、「主題－解説」構造の観点から kes-ita 文の意味を解釈する際の kes-ita の基本的機能について仮説を立てる。

　本書の本論である第4章から第6章では、「主題－解説」構造の概念を用いて kes-ita 文を詳細に考察する。kes-ita 文の根本的な分類には統語構造が深くかかわっているため、第2章で名詞性の度合いによって再分類した統語構造の異なる三種類の kes-ita 文を基に、第4章では「名詞文としての kes-ita 文」、第5章では「疑似名詞文としての kes-ita 文」、第6章では「非名詞文としての kes-ita 文」を、「主題－解説」構造の観点からそれぞれ考察する。また、4章～6章では、この三つの kes-ita 文が、それぞれ「主題－解説」構造の観点からどのように意味解釈されるかという意味解釈のプロセスをも一緒に考察する。

　第7章では、kes-ita 文の意味を解釈する際に、聞き手が置かれた状況によって二次的に派生した意味が現れる kes-ita 文について考察する。第8章では、4章～6章で考察した kes-ita 文の意味解釈

と特徴を基に、kes-ita 文の意味解釈のプロセスの全体像を示し、統語構造の違いによって分類した「名詞文」「疑似名詞文」「非名詞文」という三つの kes-ita 文が、「主題－解説」構造の観点から見た際の特徴とどのように関連しているかをまとめる。また、第 1 章で仮説として立てる kes-ita の基本的機能が妥当であるか否かをも検討する。

　第 2 部の第 9 章では、日本語のノダについて概観した後、ノダと「主題－解説」構造はどのように関連しているかを検討する。第 10 章では、第 1 部で「主題－解説」構造の観点から考察した三つの kes-ita 文、即ち、「名詞文としての kes-ita 文」「疑似名詞文としての kes-ita 文」「非名詞文としての kes-ita 文」とノダ文をそれぞれ比較し、両形式の類似点と相違点を明確にする。第 11 章では、ノダの他に kes-ita と対応しているモノダとコトダに対して kes-ita がどのように対応しているかを考察し、kes-ita 文の「主題－解説」構造と kes-ita の機能を確かめる。最後に、第 12 章では、本書を要約した後、今後の課題を示しつつ、論を結する。

　本書は、東京大学韓国学研究部門の「韓国学中央研究院・海外韓国学中核大学育成事業　東京大学韓国学研究者育成事業学術成果刊行助成制度」による刊行助成を受け、世に出ることができた。研究者としてこれ以上のない貴重な機会をいただいたことに深く御礼を申し上げる。

　本書の刊行にあたり感謝の気持ちを伝えたい方々は数え切れない。まず、原著の学位論文のとりまとめに至るまで長年にわたり、始終暖かいご指導と激励を賜った東京大学大学院近藤安月子名誉教授に心より感謝申し上げたい。できの悪い筆者が先生のご退官の前に学位論文をまとめることができたのは、問題をいつも一緒に考えていただき、よりよい答えを探すまで辛抱強く付き合ってくださったからに他ない。近藤先生から学んだ貴重な経験は、今後研究者としてまた教育者としての道を歩む際に人の役に立つよう生かしていきたい。

　次に、審査の際、誠に有益なご助言を賜った東京大学大学院生越直樹教授、福井玲教授、大堀壽夫教授、名古屋大学大学院堀江薫教

授に御礼申し上げる。特に遠くからいらした堀江先生および大堀先生からは博士論文の理論的枠組みについて貴重なご教示をいただき、韓国語に関しては指導教員同様のご指導をしてくださった生越先生、いつも的確なコメントをしてくだった福井先生には長年にわたり大変お世話になった。先生方のご助言により論文の完成度が高まったことに心から感謝申し上げたい。

また、論文の研究遂行にあたりご協力を賜ったゼミの皆さまにも感謝の意を伝えたい。とても全員の名前を挙げることはできないが、特に論文中のテストにご協力してくれた朴天弘氏、全相律氏には大変お世話になった。

そして、本書の出版を快くお引き受けくださったひつじ書房社長の松本功氏、編集作業にあたり大変お世話になった海老澤絵莉氏、相川奈緒氏にも心より感謝申し上げる。なお、晩学の留学を遠くから応援したくれた韓国の家族や友人、遅々として進まず落ち込みがちな筆者をいつもそばで支えてくれた優しい夫・雅己、疲れたときに癒しをくれた我が娘（猫）・ミウに心より感謝したい。

最後に学位論文の完成を誰よりも願っていた、愛する亡き母にこの本を捧げる。

※ This work was supported by the Core University Program for Korean Studies through the Ministry of Education of the Republic of Korea and Korean Studies Promotion Service of the Academy of Korean Studies（AKS-2014-OLU-2250002）.

※本書は、2014年大韓民国教育部および韓国学中央研究院（韓国学振興事業団）から東京大学韓国学研究センターが受けた「海外韓国学中核大学育成事業」の支援を受け遂行した研究である（AKS-2014-OLU-2250002）。

目　次

はしがき　　　　　　　　　　　　　　　　　　　V

凡例　　　　　　　　　　　　　　　　　　　　XII

I　kes-ita 文　　　　　　　　　　　　　　　　1

第1章　kes-ita 文の基本的理解　　　　　　　　3
1. kes-ita 研究の背景と目的　　　　　　　　　3
2. kes-ita の概観　　　　　　　　　　　　　　6
3. kes-ita の再構造化（Restructuring）　　　16
4. 従来における kes-ita の意味・機能　　　　19
5. 従来の kes-ita 研究の問題点と本書の立場　22

第2章　名詞性の度合いから見た kes-ita 文　　31
1. kes の代用テスト　　　　　　　　　　　　33
2. 「-(u)m」名詞化辞への置き換えテスト　　35
3. 「-kes-i anita（～のではない）」否定テスト　39
4. 「-ita」抜きテスト　　　　　　　　　　　　42
5. 分裂文の成立テスト　　　　　　　　　　　44
6. 名詞性の度合いから見た kes-ita 文の三分類　47

第3章　「主題－解説」構造　　　　　　　　　51
1. 主題と「主題－解説」構造　　　　　　　　51
2. kes-ita 文の「主題－解説」構造　　　　　　53
3. kes-ita の基本的機能（仮説）　　　　　　　62

第4章　名詞文としての kes-ita 文　　　　　　69
1. 主題が構文明示的である場合　　　　　　　71

	1.1　kes が具体的なものを指し示す場合	71
	1.2　kes が抽象的なものを指し示す場合	79
	1.3　kes が名詞化辞として働く場合	84
	1.4　kes の指示対象の意味拡張	88
2.	主題が構文非明示的である場合	91
3.	名詞文としての kes-ita 文の意味解釈のプロセス	97

第5章　疑似名詞文としての kes-ita 文　　107

1. 疑似名詞文としての kes-ita 文の意味解釈のプロセス　　107
2. 言い換えを述べる kes-ita 文　　117
3. 結果を述べる kes-ita 文　　126
4. 理由を述べる kes-ita 文　　131
    4.1　理由が話し手の領域に属する情報である場合　　131
    4.2　理由が話し手の領域に属する情報でない場合　　140
5. 主観的解釈を述べる kes-ita 文　　145
6. 疑似名詞文としての kes-ita 文と非 kes-ita 文の違い　　151

第6章　非名詞文としての kes-ita 文　　163

1. 非名詞文としての kes-ita 文の意味解釈のプロセス　　163
2. 後続発話への関連を示唆する kes-ita 文　　170

第7章　二次的な意味が現れる kes-ita 文　　181

1. 当為判断を表す kes-ita 文　　181
2. 忠告・命令を表す kes-ita 文　　189

第8章　kes-ita 文の意味解釈のプロセス　　199

1. kes-ita 文の意味解釈のプロセス　　199
2. kes-ita の基本的機能（修正案）　　202

II　kes-ita 文とノダ文　　205

第9章　ノダ文の基本的理解　　207

1. ノダの概観　　207
2. これまでのノダ　　208

3. ノダと「主題−解説」構造　　　　　　　　　　211

第10章　kes-ita文とノダ文との比較　　　　213
   1. 名詞文としてのkes-ita文とノダ文　　　　213
   2. 疑似名詞文としてのkes-itaとノダ文　　　213
   3. 非名詞文としてのkes-ita文とノダ文　　　225

第11章　kes-itaと他の日本語との比較　　　229
   1. kes-itaと「モノダ」　　　　　　　　　　229
   2. kes-itaと「コトダ」　　　　　　　　　　237

第12章　課題と展望　　　　　　　　　　　245
   1. 要約　　　　　　　　　　　　　　　　　245
   2. 今後の課題　　　　　　　　　　　　　　250

　　参考文献　　　　　　　　　　　　　　　253
　　用例出典　　　　　　　　　　　　　　　259
　　付録　用例数のまとめ　　　　　　　　　261
　　索引　　　　　　　　　　　　　　　　　263

凡　例

【用例の表記について】
1. 用例の出典は各用例の末尾に【　】内に示す。
2. 出典が示されていない用例は、筆者の作例である。
3. 本書の全用例において、kes-ita で表される部分には実線（＿）を、kes-ita には二重実線（＝）を引く。尚、アンダーラインは韓国語のみにひき、日本語訳には kes-ita に該当する部分のみに二重実線（＝）を引く。
4. グロスの韓国語のローマ字表記は Yale 式表記法に従う。
5. グロスの日本語訳は単語訳を基本とし、助詞は「-」で区切る。また、kes-ita に連なる述語には時制を表記する。
6. 長文の用例の場合は、該当する kes-ita 文のみにグロスをつける。
7. 用例の日本語訳は筆者による逐語訳であり、kes-ita に該当する日本語の表現は、同様の場面で最もふさわしいと思われる訳をつけるが、当該の日本語の表現が必ずしも kes-ita の機能と一致するとは限らない。また、kes-ita 文が不自然である場合、日本語訳はつけない。

【用例の文法的判断の記号について】
* 　当該の文が文法的に非文である。
? 　文法的に非文ではないが、意味的に不自然である。
?? 　文法的に非文ではないが、意味的に「?」よりさらに不自然である。

I
kes-ita 文

第1章
kes-ita 文の基本的理解

1. kes-ita 研究の背景と目的

　現代韓国語の文末に現れる -n kes-ita（以下、kes-ita と表記）文は、形式名詞*1である kes に、指定詞の ita が後接したもので、本来は名詞文をなしている。しかし、kes-ita 文には、統語的に名詞文であると言えるものもあれば、そうであると言い難いものもある。

(1)　이　　　책은　<u>타로가 읽은　　　것이다</u>.
　　　i　　chayk-un　thalo-ka ilkun　　　kes-ita.
　　　この　本-は　　太郎-が 読んだ（過去）　kes-ita
　　（この本は、太郎が読んだ<u>ものだ</u>*2。）

(2)　문을 여는 소리가 들렸다. <u>타로가 돌아온　　　것이다</u>.
　　　mun-ul yenun soli-ka tullyessta. thalo-ka tolaon　　kes-ita.
　　　ドア-を 開ける 音-が 聞こえた　太郎-が 戻ってきた(過去)kes-ita
　　（ドアを開ける音がした。太郎が帰ってきた<u>のだ</u>。）

　(1)の kes-ita 文は、kes が「本」を指しており、名詞として働いているため、「この本は、太郎が読んだ<u>本</u>だ」という解釈ができ、文全体は「NP1 は NP2 だ」という統語構造を持っている名詞文である。それに対し、(2)の kes-ita 文の場合、(1)の kes-ita 文と異なり、kes が「何か」を指している「?太郎が帰ってきた何かだ」という解釈は不自然であるため、(2)の kes は、名詞として働いていると考え難い。つまり、(2)の kes-ita 文は、統語的に名詞文であると言い難い。

　ここで、(1)のような kes-ita 文の kes-ita の機能が「文を名詞文にすること」であれば、(2)のような kes-ita 文において kes-ita の働きは何であるかという疑問が浮かぶ。従来の研究では、(2)のように統語的に名詞文であると考え難い kes-ita 文の kes-ita の機能

3

は、前後の文を結びつけ、それについて説明をする「説明のモダリティ表現」であると述べられている（李南姫 2001、印省熙 2006、幸松 2006 など）。しかし、kes-ita という同一形式が用いられるにも関わらず、「文を名詞文にする」という機能と、「説明のモダリティ表現」という機能は、全く別の形式であるかのように、両者の間の関連を上手に説明できないという問題がある。さらに、前者は統語レベルでの機能であるのに対し、後者は意味レベルでの機能であることも、（1）と（2）のような kes-ita 文を網羅的に説明するのに十分であると言えない。果たして（1）と（2）の kes-ita 文は、統語レベルと意味レベルという異なるレベルでしか説明できないほど、お互い関連がないものであろうか。남기심（1991:87）では、（2）のような kes-ita 文も「名詞文の一種である」と指摘されているほど、韓国語母語話者にとって（1）と（2）の kes-ita 文は、全く別のものとして認識されていないようである。そのため、（1）や（2）のような kes-ita 文の間の関連を上手に説明するためには、全ての kes-ita 文において kes-ita の基本的な働きが何であるかを明らかにする必要があると思う。

　そこで、本書では、（1）や（2）のような kes-ita 文の意味を解釈する際、両者はいずれも kes-ita で表される部分が何かについて述べている点に着目したい。つまり、（1）において「太郎が読んだものだ」という kes-ita で表される部分は、「この本」について、それは何であるかを述べている。同様に、（2）の kes-ita 文の場合も、kes-ita で表されている部分の「太郎が帰ってきた」という事態は、「ドアを開ける音がした」という先行する事態について、その詳細を述べている。このように（1）と（2）の kes-ita 文は、統語構造は異なるかもしれないが、意味解釈の際は、kes-ita で表される部分が何かについて述べているという点で共通している。丹羽（2000:100）では、「ある文（P）が何か（X）について述べるとき、その文が述べている対象（X）は「主題」であり、Pの部分は提示された主題に対する「解説」を表す」と述べている。そして、（1）と（2）の kes-ita 文は、それぞれ「この本」と「ドアを開ける音がした」という事態について何か述べているため、「この本」や「ド

アを開ける音がした」という事態は「主題」と考えてよく、(1)や(2)のkes-ita文は、主題について何かを述べているという「主題－解説」構造*3を持っていると言えるだろう。

　本書では、(1)のような名詞文であるkes-ita文と、従来、説明のモダリティ表現とされてきた(2)のようなkes-ita文、両方におけるkes-itaの働きを網羅的に説明するためには、この「主題－解説」構造という概念が有効であると考え、kes-ita文を「主題－解説」構造の観点から考察し、kes-itaの基本的な働きを明らかにしたい。それにより、これまで明確ではなかったkes-ita文の全体像を示すことができると考えられる。そして、その結果を基に、従来、しばしば行われてきたkes-ita文とノダ文との対照考察について「主題－解説」構造という新しい観点からの再考察を行いたい。

　本書の主な目的は、次の三つである。

(3)　本書の三つの目的
　　①kes-ita文を統語レベルで再分類し、統語構造の違いを明らかにすること
　　②意味レベルにおけるkes-itaの基本的な機能を明らかにすること
　　③kes-ita文の意味解釈のプロセスによる全体像を示すこと

　尚、kes-itaは、文の種類や、語尾のバリアント、終結語尾*4の接続などによって様々な語形で現れるが、本書では、kes-itaの最も基本的な働きを探るため、考察対象を平叙文におけるkes-ita文に限定する。但し、kes-itaの後に終結語尾類(-지 -ci、-네 -ney、-군 -kwun(「ね」「よね」など))がつくものや、kes-itaの前につく連体修飾形に引用形式を伴うものなどは対象外とする*5。

　本書で考察対象となるkes-itaのバリアントをまとめると、表1-1の通りである。

表 1-1　kes-ita 考察の対象形式

対象形式		対象外形式		
것이다	kes-ita	・引用文類：	-다는 것이다	-ta-nun kes-ita
것입니다	kes-ipnita	・終結語尾類：	것이지	kes-ici
겁니다	ke-pnita		것이네	kes-iney
것이에요	kes-ieyyo		것이군	kes-ikwun
거예요	ke-yeyyo	・疑問文類：	것인가	kes-inka
것이야	kes-iya	・推量文類：	것일까	kes-ilkka
거야	ke-ya	・否定文類：	것이 아니다	kes-i anita
거다	ke-ta　など	・文中表現類：	것인데	kes-intey
			것이고	kes-iko
			것이니까	kes-inikka　など

　以上、本書における kes-ita 研究の背景と目的、考察対象を述べた。以下では、kes-ita 文の基本的な理解のために、kes-ita 文を構成する三つの要素について概観した後、kes-ita に関する先行研究を検討し、従来の研究における問題点をあげ、その問題を解決するための本書の立場を述べる。

2.　kes-ita の概観

　kes-ita は、形式名詞の「kes」を中心に、先行要素となる「連体修飾節」と、後行要素となる指定詞の「ita」とが接続したものである。この三つの構成要素は、各々の機能を果たしつつ、kes-ita 文の意味解釈に密接に関わっている。

(4)　이　　　책은　　　타로가　　읽은　　　　것이다.
　　　i　　　chayk-un　thalo-ka　ilkun　　　　kes-ita.
　　　この　本-は　　　太郎-が　読んだ（過去）kes-ita
　　（この本は、太郎が読んだものだ。）

　(4) の kes-ita 文において、kes は同一文内の「本」を指しており、「太郎が読んだ」という連体修飾節は kes を修飾して「太郎が読んだ本」のような名詞句を作っている。そして、ita は、「[この本]ᵢ＝[太郎が読んだ本]ᵢ」という関係を表している。(4) の kes-ita 文を上記の三つの構成要素で示すと、次の図 1-1 の通りである。

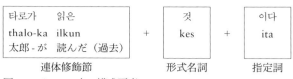

図1–1　kes-ita文の構成要素

　また、(4) のkes-ita文は、「この本」は何であるかというと「太郎が読んだ本だ」という意味を表している。このようにkes-ita文の意味は、kesを中心にして、連体修飾節とitaが各々の役割を果たすことによって解釈される。

　本書で「主題－解説」構造の観点からkes-ita文を考察するにあたり、kes-ita文を構成する三つの要素についての理解は非常に重要であるため、それぞれの機能についてここで簡単に述べておく。その後、文末に現れるkes-ita文においてそのような機能が各々の役割を果たさない場合があるという問題について述べる。

①中核要素：kes

　韓国語学においてkesは、「依存名詞（고영근 1970）」や「不完全名詞（남기심 1991）」、「안옹근이름씨 an-ongkun-ilumssi（최현배 1937*6）」など、様々な名称をもって用いられている*7。が、これらはkesに対する名称が異なるだけで、いずれもkesは自立成分ではなく、常に他の成分に依存して用いられる名詞のことを意味している点で共通しているため、本書では、「形式的に名詞としての役割を果たす（吉川 2003:6）」という意味の「形式名詞」に統一して呼ぶことにする。

　ここでは、kes-ita文の中核要素であるkesの特徴を「形態」と「意味」という二つの側面に分けて概観する。

　まず、形式名詞としてのkesの形態的な特徴である。

　kesは自立成分ではないため、単独では用いられず、常に修飾語*8の修飾を受けなければならない。因みに、韓国語において修飾語になれるものは、「用言の連体修飾形*9」、「冠形詞*10」、助詞「의 ui（の）」という三種類があり、kesはその全ての修飾語の修飾を受けることができる（南基心・高永根 1985:265–271）。

(5)　먹은　　　　　것
　　　mekun　　　　kes
　　　食べた（過去）　kes
　　　(食べた<u>もの</u>)

(6)　새　　　　　　것
　　　say　　　　　kes
　　　新（冠形詞）　kes
　　　(新しい<u>もの</u>)

(7)　이것
　　　i-kes
　　　この（冠形詞）-kes
　　　(この<u>もの</u>（これ）)

(8)　타로의　　　　것
　　　thalo-uy　　　kes
　　　太郎 - の（助詞）kes
　　　(太郎の<u>もの</u>)

(9)　*것을　　　　　말한다．
　　　kes-ul　　　　malhanta．
　　　kes- を　　　　言う

　(5) の kes は、連体修飾節の修飾を受けており、(6) と (7) の kes は、冠形詞の修飾を受けている。但し、(7) の場合は、「이 i (この)」という冠形詞が形式名詞の kes と一語化し「これ」という指示代名詞となった特殊な例である*11。また、(8) の kes は、助詞「의 ui (の)」の修飾を受けている。それに対し、(9) のように修飾語の修飾を受けない kes は非文になる*12。

　(5) ～ (8) のように修飾語の修飾を受けた kes は、文中にも文末にも現れることができるが、kes が受ける修飾語の種類によって、文中と文末においてその意味・機能が異なることがある。

　まず、(6) や (7) のように冠形詞の修飾を受ける kes や、(8) のように助詞「의 ui (の)」によって限定される kes は、文中でも文末でも常に名詞として働き、ある特定の事物を指し示すという意味・機能に変わりがない。

(10) a. 새 것은   타로의   것이다.
        say kes-un   thalo-ui   kes-ita.
        新（冠形詞） kes-は   太郎-の kes-ita
        （新しい {もの／の} は太郎のものだ。）

   b. 이 기계는   새   것이다.
        i   kikyey-nun say   kes-ita.
        この 機械-は   新（冠形詞） kes-ita
        （この機会は新しいものだ。）

(11) a. 타로의   것은   파란   것이다.
        thalo-uy   kes-un   phalan   kes-ita.
        太郎-の（助詞）kes-は   青い   kes-ita
        （太郎の {もの／の} は青い {もの／の} だ。）

   b. 파란   것은   타로의   것이다.
        phalan   kes-un   thalo-uy   kes-ita.
        青い   もの-は   太郎-の（助詞） kes-ita
        （青い {もの／の} は太郎のものだ。）

　（10）や（11）においてkesは、文中でも文末でも名詞として働き、「もの」という特定の事物を指し示している。つまり、冠形詞や助詞「의 uy（の）」の修飾を受けるkesは、文中と文末、いずれの場合でも同じ意味・機能を持つということである。

　それに対し、上記の（5）のように連体修飾形の修飾を受けるkesは、文末に現れるとき、kesの意味・機能が文中のそれと異なる場合がある。

(12) a. 타로가 먹은   것은   이   사과다.
        thalo-ka mekun   kes-un   i   sakwa-ta.
        太郎-が 食べた（過去） kes-は   この リンゴ-だ
        （太郎が食べた {もの／の} は、このリンゴだ。）

   b. 이   사과는   타로가   먹은   것이다.
        i   sakwa-nun thalo-ka   mekun   kes-ita.
        この リンゴ-は   太郎-が   食べた（過去）kes-ita
        （このリンゴは太郎が食べたものだ。）

(13) a. 이 사과를   먹은   것은   타로다.

       i   sakwa-lul   mekun   kes-un   thalo-ta.
       この リンゴ-は   食べた（過去） kes-は   太郎-だ
       (このリンゴを食べた<u>の</u>は太郎だ。)
  b. <u>타로가   이   사과를   먹은   것이다</u>.
       thalo-ka i   sakwa-lul mekun   kes-ita.
       太郎-が この リンゴ-を 食べた（過去） kes-ita
       (太郎がこのリンゴを食べたんだ。)

　(12) と (13) の kes は、いずれも連体修飾形の修飾を受けている用例である。(12) の場合、冠形詞や助詞「의 uy（の）」の修飾を受ける kes と同様、kes は文中でも文末でも名詞として働き、具体的なものを指し示している。しかし、kes が文中に現れた (13a) の場合、kes は名詞として働き、「人」という具体的なものを指し示しているのに対し、kes が文末に現れた (13b) の kes は、(13a) と異なり、「人」などの特定の何かを指し示していない。なぜなら、(13b) は、「太郎がこのリンゴを食べた」という意味として解釈されるだけで、「太郎がこのリンゴを食べた人だ」という意味としては解釈できないためである。つまり、(13b) の kes は、名詞として機能していると考え難いということである。

　(10) 〜 (13) で見たように、連体修飾形の修飾を受ける kes の意味・機能の領域は、文中か文末かを問わず、冠形詞や助詞「의 uy（の）」の修飾を受ける kes の意味・機能より広い範囲をカバーしているため、本書では、連体修飾形の修飾を受ける kes-ita を中心に論を進めていく *13。

　次に、kes の意味的な特徴について検討する。

　形式名詞としての kes の意味・機能については、様々な見解があるが、「修飾語 + kes」が統語的に「名詞句」になるという点には異論がないようである。但し、kes 名詞句の意味は、kes の性質によって、kes を他の語彙に置き換えられるものと、そうでないものという二つに分けることができると言う。これについて、남기심 (1991:221-223) では、次の (14) と (15) の「修飾語 + kes」は、いずれも名詞句ではあるが、(14) と (16) において kes の性質は異なると述べられている。

(14) 철수도　　　연필을　　샀는데　　철수가　　　　산
　　　chelswu-to　yenphil-ul　sassnuntey　chelswu-ka　san
　　　チョルス-も　鉛筆-を　　買ったが　　チョルス-が　買った（過去）
　　　것은　　　색이　　　빨갛다.
　　　kes-un　　sayk-i　　ppalkahta.
　　　kes-は　　色-が　　赤い。
　　　（チョルスも鉛筆を買ったが、チョルスが買った｛もの／
　　　の｝は、色が赤だ。）　　　　　　【남기심（1991:221）】

(15) 이　　주임이　　승진한　　　　　것이　　확실하냐？
　　　i　　cwuim-i　　sungcinhan　　kes-i　　hwaksilhanya?
　　　李　主任-が　　昇進した（過去）　kes-が　確実か
　　　（李主任が昇進した｛こと／の｝が確かなのか？）
　　　　　　　　　　　　　　　　　　　【남기심（1991:222）】

　남기심（1991:221–223）は、(14) の kes は、「形式名詞であるがゆえに実質的な意味がなく、指示的な意味・機能しか持っておらず、同一文内の「鉛筆」を指し示す代名詞のように機能している」と述べている。それに対し、(15) の kes は、「何かの事物を指し示すのではなく、先行する事態、即ち、「李主任が昇進した」という節を名詞化する機能しか持っていない」と述べ、その根拠として、(15) の kes は、次の (16) のように韓国語の名詞化辞である「-(으)ㅁ -(u)m」に置き換えてもその意味が変わらないことを挙げている。

(16) 이　　주임이　　승진했음이　　　확실하냐？
　　　i　　cwuim-i　　sungcinhassum-i　hwaksilhanya?
　　　李　主任-が　　昇進したこと-が　確実か
　　　（李主任が昇進した｛こと／の｝が確かなのか？）
　　　　　　　　　　　　　　　　　　　【남기심（1991:223）】

　このように kes の意味・機能は、基本的に修飾語に依存し、形式的に名詞として働くことであるが、kes の性質は、同一文内または先行文脈内のあるものを指し示し、それに代用できるため、語彙的な意味が現れるものと、語彙的な意味は現れず、先行する事態を名詞化するものという二つに分けられると言える。

②先行要素：連体修飾節

　kes-ita 文の中核要素である kes は自立成分ではない形式名詞であるため、修飾語に依存する。韓国語において kes の修飾語になれるものは、「用言の連体修飾形」や「冠形詞」、助詞「의 uy（の）」があるが、前述したように本書では、kes-ita 文の先行要素として、用言の連体修飾形で現れる連体修飾節を中心にその特徴を概観する*14。

　kes-ita 文の先行要素である連体修飾節の連体形は、時制によって次の四つに分けられる。

(17)　이　　옷은　　타로가　　입는　　　　것이다．（現在形）
　　　i　　os-un　thalo-ka　ipnun　　　　kes-ita.
　　　この　服-は　太郎-が　着る（現在）　kes-ita
　　（この服は太郎が着るものだ。）

(18)　이　　옷은　　타로가　　입은　　　　것이다．（過去形）
　　　i　　os-un　thalo-ka　ipun　　　　 kes-ita.
　　　この　服-は　太郎-が　着た（過去）　kes-ita
　　（この服は太郎が着たものだ。）

(19)　이　　옷은　　타로가　　입던　　　　　　　것이다．
　　　　　　　　　　　　　　　　　　　　　　　　（過去回想形）
　　　i　　os-un　thalo-ka　ipden　　　　　　 kes-ita.
　　　この　服-は　太郎-が　着ていた（現在回想）kes-ita
　　（この服は太郎が着ていたものだ。）

(20)　이　　옷은　　타로가　　입을　　　　것이다．（未来形）
　　　i　　os-un　thalo-ka　ipul　　　　 kes-ita.
　　　この　服-は　太郎-が　着る（未来）　kes-ita
　　（この服は{太郎が着るものだ／太郎が着ると思う}。）

　(17)～(20) で分かるように、連体修飾節の時制を表す連体形は、「-는 -nun（現在形）」「-(으)ㄴ -(u)n（過去形）」「-던 -ten（過去回想形）」のように終声が「-n」で終わるもの（(17–19)）と、「-(으)ㄹ -(u)l（未来形*15）」のように「-l」で終わるもの（(20)）という二つに分けることができる。そのため、ここでは便宜上、「-n」類の連体形と kes-ita が結合したものは「-n kes-ita」、「-l」の

連体形とkes-itaが結合したものは「-l kes-ita」と呼ぶことにする。
　-n kes-itaと-l kes-itaは、「-n」と「-l」という形態的な違い以外に、意味・機能的にも違いが見られる。ところが、その前に、上記の四つの連体形と文中に現れるkesの意味・機能について述べておく必要がある。

(21)　타로가　　먹는　　　　것은　　사과다．　　（現在形）
　　　thalo-ka　meknun　　　kes-un　　sakwa-ta.
　　　太郎 - が　食べる（現在）　kes- は　　リンゴ - だ
　　　（太郎が食べている｛もの／の｝はリンゴだ。）

(22)　타로가　　먹은　　　　것은　　사과다．　　（過去形）
　　　thalo-ka　mekun　　　　kes-un　　sakwa-ta.
　　　太郎 - が　食べた（過去）　kes- は　　リンゴ - だ
　　　（太郎が食べた｛もの／の｝はリンゴだ。）

(23)　타로가　　먹던　　　　　것은　　사과다．（過去回想形）
　　　thalo-ka　mekten　　　　kes-un　sakwa-ta.
　　　太郎 - が　食べていた（過去回想）kes- は　リンゴ - だ
　　　（太郎が食べていた｛もの／の｝はリンゴだ。）

(24)　타로가　　먹을　　　　것은　　사과다．　　（未来形）
　　　thalo-ka　mekul　　　　kes-un　　sakwa-ta.
　　　太郎 - が　食べる（未来）　kes- は　　リンゴ - だ
　　　（太郎が食べる｛もの／の｝はリンゴだ。）

　文中に現れるkesも、文末に現れるkesと同様、時制の異なる四つの連体形が用いられる。そして、(21)～(24)の場合、連体修飾節の時制は異なるものの、kesは、いずれも「もの」を指しており、名詞として働いている。つまり、kesが文中に現れる場合、kesは、連体形の時制とは関係なく、名詞として働き、それ以外の意味・機能は持たないため、連体形によってkesの意味・機能を区別する必要がない。

　同様に、-n kes-itaの形で文末に現れた(17)～(19)のkesは、いずれも同一文内の「服」を指しており、名詞としてしか働いていない[16]。それに対し、(20)のkesは、同一文内の「服」を指すという名詞としての機能以外に、未来の連体形とkes-itaが一語化

した「-l kes-ita」の形で「この服は太郎が着ると思う／着るだろう」という推量の意味をも表している。というより、この「推量」の意味の方が優先的であり、実際、韓国語において文末に現れる -l kes-ita は、単に名詞文とみなされている -n kes-ita と異なり、話し手の「推量」や「意志」を表す一つの文法範疇として位置付けられている。また、-n kes-ita に比べ、非常に膨大である -l kes-ita に関する従来の研究においても、-l kes-ita と -n kes-ita を一緒に取り上げることがないほど、両形式は別の文法カテゴリーとして見なされているのが現状である*17。そのため、名詞文とみなされているだけで、未だにその意味・機能が確立していない -n kes-ita の考察に、既に「推量」や「意志」といった表現として定着している -l kes-ita を取り入れるのは、本書の範囲を超えるものと考え、-l kes-ita についての考察は今後の課題とし、本書でも、-l kes-ita は、-n kes-ita と区別し、考察の対象外とする。

③後行要素：ita

　最後に、kes-ita 文の後行要素である ita は、名詞または名詞句に後接し、その名詞または名詞句を叙述語にさせる役割をしている（임호빈 1997:70、남길임 2004:20）。そのため、韓国語学において ita は「叙述格助詞（南基心・高永根 1985、남기심 2001）」と位置付けられている。しかし、ita は形容詞や動詞などの一般叙述語と同様、活用をするという点から、ita を「叙述格助詞」という「助詞」とみなすのは不適切であると指摘し、ita を用言の一つと考え、「指定詞」とみなす見解もある（최현배 1956、허웅 1983、김기혁 2000、한길 2006）。本書でも、한길（2006）などにならい、ita は「指定詞」と統一して呼ぶ。

　ita の意味・機能に関しては、남기심（2001）が詳しい。남기심（2001:155–163）は、「ita は、基本的に「NP1 이 NP2 다 NP1-i NP2-ta（NP1 が NP2 だ）」という構文の中で、NP1 と NP2 に入るものには一定の制約があり、もっとも典型的な ita 文は、「NP1 ⊆ NP2」の関係が成立しなければならない「分類文」である」と述べている。また、ita が用いられた文には、「そのような制約がなく、

「NP1がNP2のようだ」という意味を持ち、隠喩的表現として一時的に分類文の形式をとった「擬似分類文」と、「NP1 ⊆ NP2」のような関係が成立しない「非分類文」もある」と述べている。次の（25）〜（28）はそれぞれitaの分類文、疑似分類文、非分類文の例である。

(25) 고래가　　　포유동물이다.　　　（分類文「NP1 ⊂ NP2」）
　　 kolay-ka　　poyutongmul-ita.
　　 クジラ-が　哺乳動物-だ
　　（クジラが哺乳動物だ。）

(26) 그　포유동물이　　　고래다　　（分類文「NP1 = NP2」）
　　 ku　poyutongmul-i　kolay-ta.
　　 その　哺乳動物-が　クジラ-だ
　　（その哺乳動物がクジラだ。）

(27) 침묵이　　　금이다.　　　　　　　　（疑似分類文）
　　 chimmuk-i　kum-ita.
　　 沈黙-が　　金-だ
　　（沈黙が金だ。）

(28) 나도　　냉면이다*18.　　　　　　　（非分類文）
　　 na-to　　nayngmyen-ita.
　　 私-も　　冷麺-だ
　　（私も冷麺だ。）

　以上、kes-ita文を構成する三つの要素である「kes」「連体修飾節」「ita」をそれぞれ概観した。kes-ita文のkesは、形式名詞として働き、先行する連体修飾節の修飾を受け、「連体修飾節＋kes」の形で名詞句となる。そして、itaによって当該の名詞句は何であるかが分類される。本節の冒頭でも述べたように、kes-ita文の意味は、「kes」「連体修飾節」「ita」が各々の役割を果たすことによって解釈される。

　しかし、文末に現れるkes-ita文の中には、kesが名詞として働いているか否かや、itaが当該のkes-ita文を「NP1 = NP2」や「NP1 ⊂ NP2」のような関係で分類しているか否かが定かではない用例

がある。

(29) 이 책은 철수가 읽은 것이다.
　　 i　　 cayk-un　chelswu-ka　ilkun　　 kes-ita.
　　 この　本-は　　チョルス-が　読んだ（過去）kes-ita
　　（この本はチョルスが読んだものだ。）【김상기 1994:1】

(30) 나는 이 책을 읽은 것이다.
　　 na-nun　i　　　cayk-ul　ilkun　　 kes-ita.
　　 私-は　　この　本-を　　読んだ（過去）kes-ita
　　（私はこの本を読んだのだ。）【김상기 1994:1】

　(29)の場合、kesは、同一文内の「本」を指しており、名詞として働く。そして、連体修飾節はkesを修飾し「チョルスが読んだkes（本）」という名詞句となり、itaによって「[この本（NP1)]$_i$＝[チョルスが読んだkes（NP2)]$_i$」という関係が成り立つ。つまり、(29)のkes-ita文は、kes-ita文の三つの構成要素、即ち、「kes」「連体修飾節」「ita」がそれぞれの機能として働いていると言える。

　それに対し、(30)の場合、kesは「人」などの具体的なものを指しておらず、「[私（NP1)]$_i$ ≠ [この本を読んだkes（NP2)]$_i$」であるため、kesが名詞として働いているか否かも定かでなければ、分類文としてのitaの役割も果たされていると言えない。

　(30)のようなkes-ita文の存在は、これまで一概に文末に現れるkes-ita文のkesを、文中に現れるkesと同様、名詞とし、kes-ita文を名詞文とみなしてきた見解には問題があることを示唆している。そして、(30)のようなkes-ita文の性質を突き止めるために、文末に現れるkes-ita文について、様々な研究が行われてきた*[19]。次節では、kesにitaがついた形で文末に現れるkes-ita文に関する先行研究を検討し、それぞれの問題点を探る。

3．kes-itaの再構造化（Restructuring）

　かつて、文末に現れるkes-itaのkesは、文中に現れるkesと同様、形式名詞であり、kes-ita文は名詞文の一種であるとみなされてき

た（남기심 1991:87）。それが、文末に現れるkes-ita文の中には、kes-itaを「kes + ita」に分けることができるものと、そうでないものがあるという見解が出てきた（신선경 1993、김상기 1994、梁太永 2005 など）。ここでは、便宜上、신선경（1993）にならい、前者をkes-itaⅠ、後者をkes-itaⅡと呼ぶことにする。要するに、kes-itaⅠは、kesが名詞として機能しているため、名詞文をなすものであるのに対し、kes-itaⅡは、統語的に名詞文ではないkes-ita文を意味する。

　신선경（1993）は、kes-itaを、「N1はN2だ」という典型的な名詞文の構造をもつkes-itaⅠと、kesとitaの再構造化（Restructuring）を通じ、一語化され別の意味として解釈されるkes-itaⅡという二つに分け、kes-itaの基底構造を次の（31）のように定義している。

　（31）　[₍ₜₒₚ₎ e] [[₍ₛᵤᵦ₎ e]ᵢ [　　　kes]ᵢ ita]　　【신선경（1993:153）】

そして、「kes-itaの表面構造の「N1がN2だ」においてN1は、主語ではなく主題語であり、kes-ita文の意味は、主題語の外現的実現によってそれぞれkes-itaⅠとkes-itaⅡとして実現される」と述べている。そのため、次の（32a）のように主題語が語彙の形で実現される場合はkes-itaⅠの意味、（32b）のように主題が空範疇（Empty Category）として実現される場合はkes-itaⅡの意味になると述べている（신선경 1993:153–154）。

（32）a.　이　약이　내가　먹은　<u>것이다</u>.
　　　　　i　yak-i　nay-ka　mekun　kes-ita.
　　　　　この　薬-が　私-が　食べた（過去）　kes-ita
　　　　　（この薬が私が飲んだ<u>もの</u>だ。）
　　　　　[TOP この薬が ᵢ] [SUB e] [[私がeᵢ飲んだ]s kes]NP ita.
　　 b.　내가　이　약을　먹은　<u>것이다</u>.
　　　　　nay-ka　i　yak-ul　mekun　kes-ita.
　　　　　私が　この　薬を　食べた（過去）　kes-ita
　　　　　（私がこの薬を飲んだ<u>のだ</u>。）
　　　　　[TOP e] [SUB e] [私がこの薬を飲んだ] kes] ita.
　　　　　　　　　　　　　　　　　【신선경（1993:154）】

一方、김상기（1994）は、「kes-iessta（のだった）」の使用を根拠に신선경（1993）のkes-itaの再構造化は認めていないが、김상기（1994）が設けた三つの検証基準、即ち、「関係化」「-anita（〜ではない）による否定」「-keyta（だろう）縮約可否」によってkes-itaⅠとkes-itaⅡがあることを示している。そして、「状況空範疇主題」を設定し、kes-itaⅡの統語構造を説明しているが、結果的には신선경（1993）による上記の（33）と類似した基底構造を提示している。但し、김상기（1994）は、신선경（1993）が空範疇として設定した主題を「状況空範疇主題」とし、kes-itaⅡの意味を「状況によって内包された命題の事実性を確認する（김상기1994:41）」こととしている点が異なる。
　また、梁太永（2005）は、kes-itaの再構造化は、itaの再構造化で説明できると指摘し、kes-ita文をなす三つの要素、即ち、「連体修飾形」「kes」「ita」の特徴をそれぞれ考察した上で、「kesの意味が具体化されない状況の下で、義務樣態を表すitaと結合するとき、統語的構造が文法的な形態に再構造化される」と述べている。
　最後に、上記の三つの考察と目的は異なるが、김기혁（2000）は、指定詞であるitaに「名詞節」以外に「判断叙述」の機能があることを確認するためにkes-ita文を用いて、kes-ita文のkesには、「代用」「名詞節の形成」「判断叙述」の機能があると言う。そして、代用や名詞節で説明できないkes-ita文を「判断叙述文」とし、それは再分析（再構造化）によって生じたものであると述べている[20]。
　このようにkes-itaの再構造化に関する先行研究は、それまで名詞文扱いだったkes-ita文の中に、名詞文ではないkes-ita文があり、それを統語的に説明しようと試みたことに意義があると言える。特に、신선경（1993）の「外現的主題条件」や김상기（1994）の「状況空範疇主題」は、本書で理論的枠組みとしている「主題−解説」構造と着目点が類似しているため、非常に興味深い。但し、従来の研究で言うkes-itaⅡの意味は統語構造だけで説明するには限界があり、kes-itaⅡの意味・機能を明確にするためには、신선경（1993）や김상기（1994）で空範疇としている「主題」が何であるかを明らかにし、主題とkes-ita文との関係まで考察する必要があ

る。また、これらの研究の目的は、kes-itaの統語構造を分析し、統語構造の異なるkes-ita Ⅰとkes-ita Ⅱの存在とその原因の突き止めにあったため、kes-ita Ⅱの意味を単に「断定」「強調」「確認」などにとどめ、それ以上は詳しく述べられていないという問題もある。つまり、いわゆるkes-ita Ⅱの意味・機能についての考察は不十分であることである。

4. 従来におけるkes-itaの意味・機能

2000年代に入り活発になったkes-ita Ⅱの意味・機能に関する先行研究は、主に日本語のモダリティ表現であるノダとの比較考察を行ったものが大半である。その主な研究としては、李南姫（2001）、崔眞姫（2005）、印省熙（2006）、幸松（2006）、金廷珉（2008）などが挙げられる。これらの研究では、kes-itaをノダと同様、「説明のモダリティ表現」とみなしている点が興味深い。なぜなら、それまでは「断定」や「強調」などにとどまっていたkes-ita Ⅱの意味について、日本語との比較を通じ、新たな意味合いが提示されたためである。以下では、これらの先行研究のうち、ノダとkes-itaの意味・機能を「説明」という観点から考察した李南姫（2001）、印省熙（2006）、幸松（2006）を順に検討した後、ノダとkes-itaを文法化の観点から考察した崔眞姫（2005）や金廷珉（2008）を検討し、それぞれの問題点を探る。

一つ目に、李南姫（2001:283）は、ノダの基本的な性質を、「文の最後に位置し、前後の文を〈むすびつけ〉、それに様々な内容の『説明』をする」というモダリティ形式と位置づけ、kes-itaもノダと同様の基本的な性質を持っていると述べている。そして、「構文的な意味・機能において、ノダとkes-itaは、他言語に比べ、共通する部分が多いが、全体的な出現頻度や傾向、個々の用い方においては、ノダの方が一つの文末表現として圧倒的に発達している（李南姫 2001:283–284)」と指摘している。

二つ目に、印省熙（2006）も、李南姫（2001）と同様、ノダとkes-itaが「説明のモダリティ表現」であることを前提にし、ノダ

とkes-itaの対応関係を「話し手の感情」との関わり方という面と、事柄の「意味的関係」という面の二つに分けて考察している。そして、「話し手の感情」の場合、「kes-itaは、「反意」や「意見主張」など話し手の感情が強く現れるとき、よく用いられるのに対し、ノダは、それ以外、話し手の経験や知識を淡々と述べるなど、話し手の感情がそれほど現れないニュートラルな場合でもよく用いられる（印省熙 2006:87）」と述べている。また、事柄の「意味的関係」の場合、「kes-itaは、過去のコトガラや現在のコトガラなど、話し手が既に確認済みのコトガラ、「前提」が先行内容に提示されることを要求するなど、「確実性」の高いコトガラについて現れるが、ノダは、未来のコトガラや話し手の心情など、「確実性」の低い場合にも多く現れる（印省熙 2006:87）」と述べている。印省熙（2006）は、全体的にkes-itaが用いられる場合は、「強調」という意味・機能が見られると述べているが、신선경（1993）と同様、「強調」の定義が明確ではないという問題点がある。また、印省熙（2006:87）でも、李南姫（2001）と同様、「日本語のノダは、会話文の中で、モーダル形式として非常に発達しているのに対し、kes-itaは、会話文ではそれほど発達していない」と指摘されている。

　三つ目に、幸松（2006）は、ノダとkes-itaによる説明の構造を、文の種類によって「事実の文」と「判断の文」という二つに分けた後、さらにそれを表現効果によって「理由を求める」ものと「結論を求める」ものという二つに分けて考察した結果、両言語において「話題になっている事態に対してその実相を明らかにする（＝説明する）という点で、準体助詞（名詞化接辞）の形式がもつ機能が共通している（幸松 2006:153）」と指摘している。が、この結論づけにおいて、準体助詞、即ち、形式名詞がもつ名詞化接辞という機能と、同氏が述べている「説明」という機能とが、どのように関連するのかを明確に述べる必要があると思われる。

　kes-itaの意味・機能を、ノダと同様、「説明のモダリティ表現」とした、これらの研究は、それまで「断定」や「強調」としてきたkes-ita Ⅱの意味をより詳しく考察し、kes-itaを一つの文末表現と

して位置づけた点で非常に有意義である。しかし、kes-itaの意味・機能を「説明」とみなしたことには疑問が残る。なぜなら、kes-itaの使用により説明という意味が生じるためには、kes-itaの使用が必須でなければならないが、kes-ita文が何かについて結果や理由、事情などを説明していると言うとき、kes-itaがない場合でも同じ解釈ができるためである。

(33) a. 배가 아팠다. 그래서 <u>병원에</u> <u>간</u> <u>것이다</u>.
   pay-ka aphassta. kulayse pyengwen-ey kan kes-ita.
   腹-が 痛かった それで 病院-に 行った（過去）kes-ita
   （お腹が痛かった。だから、病院へ行った<u>のだ</u>。）

b. 배가 아팠다. 그래서 병원에 갔다.
   pay-ka aphassta. kulayse pyengwen-ey kassta.
   腹-が 痛かった それで 病院-に 行った
   （お腹が痛かった。だから、病院へ行った。）

(33a)と(33b)は、いずれも「病院へ行った」という部分は、「お腹が痛かった」という事態に対して、結果を説明していると解釈できる。つまり、(33)のように先行する事態についての結果を説明するとき、kes-itaの使用は必須ではない。そのため、「前後の文をむすびつけ、それについて説明する」というkes-itaの意味・機能は、kes-ita固有の意味・機能とは考え難い。本書では、kes-ita文と非kes-ita文、いずれの場合でも(33)のように結果を説明するという意味解釈ができるのは、「お腹が痛かった」という事態と「病院へ行った」という事態が与えられたとき、人間が文章を理解する際の推論によって、その二つの事態の間に「原因・理由－結果」という関係があると理解するだけであって、kes-ita固有の機能ではないと考えている。kes-itaの働きを考える際は、kes-itaが使用されていない文と異なるkes-ita固有の働きを明らかにする必要がある。(33a)や(33b)のようなkes-ita文と非kes-ita文との違いについては5章6節で詳細に後述することにし、次は、ノダとkes-itaを文法化の観点から考察した崔眞姫(2005)を検討する。

崔眞姫(2005)は、ノダを、その意味・機能が「名詞化の機能」から「文連結の機能」「話者態度表明の機能」へと拡張していった

ものとし、kes-ita との比較を行った結果、「ノダに比べ、先行文脈や状況との関係づけを示す「文連結の機能」や「話者態度表明の機能」において、kes-ita の使用が制限される理由は、kes-ita の文法化が進んでいないためである（崔眞姫 2005:155）」と述べている。同様の指摘は、金廷珉（2008）にもあった。

金廷珉（2008）は、ノダと kes-ita の対応関係を考察した結果、それまでの先行研究と同様、「ノダが会話文において非常に発達し、「説明形式」としての基本的用法から、派生的な用法まで広く現れ、機能語として発達しているのに対し、kes-ita は、ノダほど会話文において多用されない形式である」と指摘している。そして、その原因は、「kes-ita の kes という形式名詞には、ノダの「ノ」に比べ、「もの」「こと」という具体的な名詞としての意味が強く含まれているためである（金廷珉 2008:131）」と述べている。が、kes-ita 文の名詞としての意味についてそれ以上の詳しい考察はされていなかった。

以上、日本語のノダとの比較を通じ、kes-ita Ⅱの意味・機能を考察した先行研究を検討したが、これらの研究に共通する最も大きな問題点は、kes-ita 文の考察対象を kes-ita Ⅱに限定したために、kes-ita Ⅰは「名詞文」、kes-ita Ⅱは「説明のモダリティ表現」という、kes-ita Ⅰと kes-ita Ⅱの間に意味的な関連が見られない点であろう。つまり、全ての kes-ita 文を網羅的に説明できる kes-ita の基本的な働きについての考察が不十分であるということである。そのため、次節では、これまでの先行研究においての見解をまとめた後、従来の研究での問題点をより詳細に挙げ、それについての本書の立場を述べる。

5．従来の kes-ita 研究の問題点と本書の立場

1章の3節と4節で見たように kes-ita に関する先行研究は大きく、「kes-ita の再構造化に関するもの」と「kes-ita の意味・機能に関するもの」という二つに分けることができる。両者は、考察の観点も異なる上に、考察対象も異なっていたため、両者の接点を探るのは

多少困難ではあるが、これらの先行研究において明らかになった主な見解を総合的にまとめると、次の（34）の通りである。

（34）先行研究での主な見解
　　①kes-ita には、統語構造の異なる二種類の kes-ita 文、つまり、kes-ita Ⅰと kes-ita Ⅱがある。
　　②kes-ita Ⅰは、「kes + ita」に分けられるもので、kes と ita がそれぞれの機能を果たしている、統語的に「名詞文」である。それに対し、kes-ita Ⅱは、kes と ita が「kes-ita」と一語化され、別の意味として解釈される、統語的に「非名詞文」である。
　　③kes-ita Ⅰにおいて kes-ita の機能は「名詞化」であり、kes-ita Ⅱにおいて kes-ita の機能は「説明のモダリティ表現」である。前者は統語レベルでの機能であり、後者は意味レベルでの機能である。
　　④kes-ita Ⅱは、日本語のノダに対応しないことが多く、ノダに比べ、モーダル形式として発達していない。その原因は、名詞文である kes-ita Ⅰの名詞性のためである。

（34）のような従来の研究においての主な見解について、本書では、三つの問題点を指摘したい。

第一の問題点は、先行研究において kes-ita 文は、名詞文である kes-ita Ⅰとそうでない kes-ita Ⅱという二つに分けられているが、その分け方が妥当であるのかという点である。

kes-ita Ⅰが統語的に名詞文であることに異論はない。しかし、kes-ita Ⅱが、kes と ita が完全に「kes-ita」と一語化された非名詞文であるか否かについては疑問が残る。なぜなら、先行研究において名詞文ではないとされている kes-ita Ⅱにも名詞文である kes-ita Ⅰと同様の名詞性が多く見られるためである。その根拠の一つとして kes-ita Ⅱの kes を韓国語の名詞化辞の一つである「-(u)m」に置き換えられる点を挙げたい。次の（35a）の kes-ita 文は、先行研究において kes-ita Ⅱと分類されるものであるが、形式名詞である kes を「-(u)m」名詞化辞に置き換えた（35b）も自然である。

(35) ［ソウルへいつ行くのかを聞かれて］
  a. 13일에　가．예정보다　　2일 일찍 <u>가는</u>　　　거야．
    sipsamil-ey ka. yeyceng-pota iil　ilccik kanun　　ke-ya.
    13日-に　　行く予定-より　　2日 早く　行く(現在) kes-ita
    （13日に行く。予定より2日早く行くんだ。）
  b. 13일에　가．예정보다　　2일 일찍 <u>감이야</u>．
    sipsamil-ey ka. yeyceng-pota iil　ilccik kam-iya.
    13日-に　行く予定-より　　2日 早く　行く(現在)(名詞化辞)-ita
    （13日に行く。予定より2日早く行くんだ。）

　(35)で分かるように、一語化されたという kes-ita 全体ではなく、kes のみを名詞化辞の「-(u)m」に置き換えられるという点は、kes-ita Ⅱ の kes と ita の結合性はそれほど強くなく、kes-ita Ⅰ と同様、kes-ita Ⅱ の kes-ita も「kes + ita」に分けることができる可能性が高いということを示唆している。そのため、先行研究での見解と異なり、kes-ita Ⅱ が統語的に完全に「非名詞文」であるとは考え難い。

　また、kes-ita Ⅰ と kes-ita Ⅱ という先行研究での kes-ita 文の分け方の問題として、自然談話の中で多く用いられるにも関わらず、従来の研究において殆ど分析対象ではなかった kes-ita 文が存在するということをも指摘したい。次の（36a）がその用例であるが、(36a) のような kes-ita 文は、(35a) と異なり、kes を「-(u)m」名詞化辞に置き換えると不自然になる。

(36) a. 어제 영화관에　　　갔는데　타로가　<u>있는</u>　　거야．
   ecey yenghwakwan-ey kassnuntey thalo-ka issnun　　keya.
   昨日 映画館-に　　　行ったが　太郎-が いる(現在) kes-ita
   （昨日、映画館へ行ったんだけど、太郎がいるのよ。）
  b.?? 어제 영화관에　　　갔는데　　타로가　<u>있음이야</u>．
   ecey yenghwakwan-ey kassnuntey thalo-ka issum-iya.
   昨日 映画館-に　　　行ったが　　太郎-が　いる(現在)
              （名詞化辞）-ita

　(36a) の kes-ita 文の kes を「-(u)m」名詞化辞に置き換えられないという点は、(36a) のような kes-ita 文こそ、kes と ita を分け

ることができないものである可能性が高く、kes-ita Ⅰは勿論、kes-ita Ⅱとも区別する必要があることを示唆している。

　（35）〜（36）で分かるように、これまでkes-ita Ⅱに分類された（35a）のようなkes-ita 文は、kes-ita Ⅱというよりkes-ita Ⅰに近い特徴を持っているのに対し、今まで分析対象ではなかった（36a）のようなkes-ita 文は、kesとitaを分けられないというkes-ita Ⅱに近い特徴を持っていると考えられる。このようにkes-itaを統語的に「kes + ita」に分けられるものをkes-ita Ⅰ、一語化されたものをkes-ita Ⅱとしてきた従来の研究でのkes-ita 文の分類は、実際の用例と一致していないなどの問題があるため、本書では、従来にkes-ita Ⅰやkes-ita Ⅱに分類されたkes-ita 文に加え、これまで殆ど分析対象ではなかった（36a）のようなkes-ita 文も含め、全てのkes-ita 文を考察対象にし、名詞性の度合いからkes-ita 文を再分類する必要があると考える。

　第二の問題点は、kes-ita 研究において、名詞文であるkes-ita Ⅰを一方的に除外するほど、kes-ita Ⅰとkes-ita Ⅱとの関連がないのかという点である。

　従来の研究では、kes-ita Ⅰにおいてkes-itaの機能は「名詞化」、kes-ita Ⅱにおいてkes-itaの機能は「説明のモダリティ表現」としているが、上記の（35）でも見たように、従来、kes-ita Ⅱとされていたkes-ita 文が「kes + ita」に分離できないものとは言い切れないほど、名詞文であるkes-ita Ⅰに類似した特徴が見られた。統語構造が完全に違うものなら、両者を別のものとみなし、別々の観点からそれぞれを考察した方が、各々の意味・機能についてより詳細な分析ができうるが、kes-ita Ⅱが「kes-ita」と完全に一語化されたものではなく、kes-ita Ⅰの名詞性に類似した特徴が見られるということは、kes-ita Ⅰとkes-ita Ⅱが別のものであるとは考え難く、両者の間には、意味的にも何らかの関連がある可能性が高いということを示唆している。

　この問題を解決するためには、第一の問題と同様、全てのkes-itaを考察対象にすると共に、kes-ita Ⅰとkes-ita Ⅱとの意味的関連が説明できる新たな概念を導入する必要がある。本書では、典型的

な名詞文であるkes-ita文が「主題」について何かを述べていると解釈できるという点から、kes-itaⅠとkes-itaⅡとの関連を説明するのに、「主題－解説」構造という概念が有効に働くと考え、kes-ita文について「主題－解説」構造の観点からの考察を行う。kes-ita文の「主題－解説」構造については、3章で詳細に後述する。

　第三の問題点は、kes-itaⅡの意味・機能についての考察が十分であるのかという点である。

　前述べたように、kes-itaに関する先行研究は、「kes-itaの再構造化に関するもの」と「kes-itaの意味・機能に関するもの」という二つに分けられるが、kes-ita文を統語的に分析した前者は、従来、一概に名詞文とみなされてきたkes-ita文の中に、そうでないものがあることを突き止めることが主な目的であったため、名詞文ではないと指摘したkes-itaⅡの意味・機能については殆ど触れていない。一方、kes-itaの意味・機能を考察した後者は、名詞文であるkes-ita文、即ち、kes-itaⅠは対象外とし、kes-itaⅡのみを分析対象としている。その上、日本語のノダの意味・機能を基にし、ノダとの対応関係によってkes-itaの意味・機能を考察していたため、ノダの意味・機能に影響され、kes-ita本来の意味・機能について十分な考察がなされたとは言い難い。特に、1章4節でも述べたようにこれらの研究では、kes-itaⅡのkes-itaの意味・機能を「前後の文を結びつけ、それに様々な内容（言い換え、理由など）を説明する」こととしているが（李南姫2001など）、kes-itaが用いられない文でも、同様の解釈ができるという点は、それがkes-itaⅡ固有の意味・機能であるとは考え難く、kes-itaⅡの意味・機能ついてより詳細に考察する必要があることを示唆している*21。

　この問題を解決するためには、他言語との比較は控え、kes-itaのみを考察対象にし、kes-ita本来の意味・機能を探らなければならない。本書では、意味レベルにおいてのkes-ita本来の機能、即ち、基本的な機能を「主題－解説」構造の観点から探ってみたい。

　本節で述べた、先行研究における三つの問題点と、それらの問題を解決するために本書で試みる解決提案をまとめると、次の（37）の通りである。

(37) 先行研究の問題点と本書での解決提案

［問題①］先行研究では、kes-ita 文を、「kes + ita」に分けられ、kes と ita がそれ本来の機能を果たすという名詞文である kes-ita Ⅰ と、「kes + ita」に分けられず、kes と ita が一語化され、別の意味として解釈されるという名詞文ではない kes-ita Ⅱ という二つに分類しているが、kes-ita Ⅱ の kes-ita を「kes + ita」に分けることができるなど、kes-ita Ⅰ に近い名詞性が見られる他、先行研究では分析対象ではなかった kes-ita 文が存在するなど、従来の kes-ita 文の分け方では、kes-ita 文の現状を説明するのに不十分である。

［解決提案①］これまで分析対象ではなかった用例も含め、kes-ita 文を名詞性の度合いによって再分類する。

［問題②］従来の研究では、kes-ita Ⅰ と kes-ita Ⅱ、どちらかのみを分析対象とし、kes-ita の意味・機能について kes-ita Ⅰ は「名詞文」、kes-ita Ⅱ は「説明のモダリティ表現」というに結論に至っているが、kes-ita Ⅱ にも kes-ita Ⅰ とほぼ同様の名詞性が見られるなど、両者を全く別のものとして区別する根拠が足りないという問題がある。

［解決提案②］両者の間には何らかの意味的な関連があると考え、全ての kes-ita 文を考察対象にし、典型的な名詞文である kes-ita 文が持っている「主題－解説」構造という概念を導入し、kes-ita 文を分析する。

［問題③］kes-ita Ⅱ を日本語のノダと比較したため、kes-ita Ⅱ の意味・機能をノダと同様に「説明のモダリティ表現」とするなど、ノダの意味・機能に影響された部分が少なくなく、kes-ita Ⅱ 本来の意味・機能についての考察が不十分である。特に、「説

明」というkes-ita IIの意味・機能では、kes-itaが用いられない文でも同じ解釈ができるなど、非kes-ita文の違いが明確ではない。

[解決提案③] 考察対象をkes-itaのみにし、kes-ita本来の基本的な機能を探る。

第1章である本章では、kes-ita研究の背景と目的を述べた後、kes-itaの構成要素を概観し、kes-itaに関する先行研究とその問題点を三つ指摘した。そして、そのような問題点を解決するために、本書では、kes-ita Iとkes-ita IIを問わず、全てのkes-ita文を対象にし、kesの名詞性の度合いによってkes-ita文を再分類し、「主題－解説」構造の観点からkes-ita文の意味・機能を探る。それによって先行研究では把握できなかったkes-itaの基本的な機能とkes-ita文の全体像を網羅的に説明することができると思う。

---

*1 韓国語学におけるkesの研究では、kesに対して「依存名詞」あるいは「不完全名詞」などの用語を用いることが多いが、本書では「形式名詞」と統一する。これについては、1章2節で詳述する。

*2 用例の表記などについては、冒頭の凡例を参照されたい。

*3 「主題」や「主題－解説」構造については、第3章で詳述する。

*4 「終結語尾」とは、日本語学で言う終助詞を指す。

*5 kes-itaの後に終結語尾類がつくものの場合、本書で主張するkes-itaの基本的な機能に、さらに終結語尾の意味・機能が加わっているという仕組みは、いくつかの用例で確認した。このように各形式がそれぞれの意味・機能をもって働く仕組みについて、塚本（2006:45）では、「韓国語は語なら語、節・文なら節・文といったように語と節・文の地位をはっきり区別する仕組みになっている」と述べられている。また、kes-itaに前接する連体修飾形が引用形式である場合も、同様であることを確認した。しかし、これらの検証には、該当するkes-ita文の用例を集め、考察する必要があるため、今後の課題とし、本書では、対象外とする。

*6 「안옹근이름씨 an-ongkun-ilumssi」とは、「不完全名詞」の固有語の表現であり、「完全名詞」は「옹근이름씨 ongkun-ilumssi」と言う。

*7 その他、kesは、虚辞としての文法的な形態素であり、体言節を作る補文素の役割をする「名詞化補文素（nominalization complementizer）」であるとみなす見解もあるが（이맹성 1968）、남기심（1991）では、語彙的意味が現れるkesが存在するという点から、kesは「不完全名詞」とみなすのが妥当であ

ると主張している。

＊8　韓国における韓国語学では、「冠形語」という用語が一般的であるが、本書では、同様の意味をもつ「修飾語」に統一して呼ぶ。

＊9　韓国における韓国語学では、「冠形詞形」または「冠形形」という用語を用いるが、本書では、「連体修飾形」と呼ぶ。

＊10　「冠形詞」とは、「体言の前に位置し、その体言の意味を制限および修飾する韓国語の品詞の一つで、形態的には語尾の活用をしないが、機能的には修飾語の役割をしている」ものである（南基心・高永根 1985:171–175）。

＊11　その他、「그 ku（その）」「저 ce（あの）」の冠形詞と kes が一語化した「그것 kukes（それ）」「저것 cekes（あれ）」という指示代名詞がある。また、「어느 enu（どの）」という冠形詞がついた「어느 것 enukes（どれ）」もあるが、これは、冠形詞と kes が一語化したものではなく、「冠形詞＋kes」と分析できるものである。

＊12　kes は、日本語の「モノ」「コト」とも対応しているが、モノやコトは、修飾語の修飾を受けずに「ものを言う」「ことの大事さ」など単独でも用いられる点が kes と異なる。

＊13　そのため、本書で用例抽出の際、冠形詞や助詞「의 uy（の）」の修飾を受ける kes-ita 文は対象外とした。

＊14　kes の修飾語として「冠形詞」や助詞「의 uy（の）」を外した理由については、本節の「中核要素：kes」項目を参照されたい。

＊15　一般に「-(으)ㄹ -(u)l」は「未来」とみなされているが、남기심（2001:355）は、「「未来」とは常に「推量」に属するものであるため、「未来」というより「推量」とみなした方が望ましい」と述べている。

＊16　但し、(17)〜(19) の -n kes-ita 文が名詞文以外の意味、例えば、kes-ita が用いられていない「この服は太郎が着る／着た／着ていた」という意味をも持っているという見解もある。このように一つの kes-ita 文に二つの意味解釈が可能になる点について、남기심（1991:87）では、「前者の意味は、kes が同一文内の「服」を先行詞として受けているのに対し、後者の意味は、kes が「この服は太郎が着る／着た／着ていた」という事態全体を先行詞として受けているという違いに起因している」と述べられている。しかし、厳密に言うと、(17)〜(19) のように -n kes-ita が用いられた名詞文としての意味と、-n kes-ita が用いられていない非名詞文としての意味は全く同じとは言い難いため、本書では、(17)〜(19) の -n kes-ita 文の kes は、名詞としてしか働いていないと考える。

＊17　남기심（1991:87）では、「推量」や「意志」を表す -l kes-ita 文も、本来は名詞文であると述べられているが、その具体的な根拠は示されていない。

＊18　(28) のような非分類文は、日本語学で言うウナギ文に該当するもので、これについて남기심（2001:163）は、「非文類文である ita 文は、文法のレベルでなく、談話のレベルで取り扱われるべき特殊な形式である」と述べている。

＊19　実際は、文中に現れる kes に関する研究は多いのに対し、文末に現れる kes-ita についての研究は、それほど多くないのが現状である。

＊20　김기혁（2000）では、kes-ita Ⅰ と kes-ita Ⅱ という表現は用いられていないが、同氏が言う「判断叙述」という kes-ita の機能は、kes-ita Ⅱ を意味し

ている。
*21 kes-ita文と非kes-ita文との違いについては、5章6節で詳述する。

第2章
名詞性の度合いから見た kes-ita 文

　第1章では、kes-ita に関する先行研究を検討し、三つの問題点を指摘した。その問題点の一つとして、従来の研究では、kes-ita を、「kes + ita」に分けられる名詞文である kes-ita Ⅰと、「kes + ita」に分けられず kes と ita が一語化したという kes-ita Ⅱという二つに分けているが、kes-ita Ⅱに、名詞文である kes-ita Ⅰと類似した特徴が見られることや、kes-ita には、従来の研究で言う kes-ita Ⅰや kes-ita Ⅱ以外に先行研究では分析対象ではなかった kes-ita 文が存在することから、kes-ita 文に対する従来の分類は不十分であることを指摘した。そして、このような問題を解決するためには、kes-ita Ⅰと kes-ita Ⅱのみならず、これまで殆ど分析対象ではなかった kes-ita 文も考察対象とし、kes-ita 文を名詞性の度合いによって再分類する必要があると述べた。

　本章では、kes-ita 文の名詞性の度合いを判断するため、最も典型的な名詞文である kes-ita 文の名詞性の特徴を基に、次の（1）のように五つのテストを設け、kes-ita 文を再分類する。

（1）　kes-ita の名詞性の度合いテストの項目
　　　① kes の代用テスト　　　　　　　　　　　⇒　2章1節
　　　②「-(u)m」名詞化辞への置き換えテスト　　⇒　2章2節
　　　③「-kes-i anita（〜のではない）」否定テスト
　　　　　　　　　　　　　　　　　　　　　　　⇒　2章3節
　　　④「-ita」抜きテスト＊1　　　　　　　　　　⇒　2章4節
　　　⑤ 分裂文の成立テスト　　　　　　　　　　⇒　2章5節

そして、テストに用いられる例文は次の通りである。

（2）　이　　　책은　　　타로가　　　읽은　　　　것이다.
　　　i　　　chayk-un　thalo-ka　　ilkun　　　kes-ita.
　　　この　本-は　　　太郎-が　　読んだ（過去）　kes-ita

31

(この本は、太郎が読んだものだ。)

(3) 주방을　　　오픈하는　　건　　　노하우를　　　다
cwupang-ul　ophunhanun　ke-n　　nohawu-lul　ta
厨房-を　　　オープンする　こと-は　ノウハウ-を　全部

보여주는　　　　　　　거야.
poyecwunun　　　　　ke-ya.
見せてあげる（現在）kes-ita

(厨房をオープンにすることは、ノウハウを全て見せること
だ。)　　　　　　　　　　　　　　　　　　【コーヒー】

(4) ［ソウルへいつ行くのかを聞かれて］
　　13일에　　가．예정보다　　2일　일찍　가는　　　　거야．
　　sipsamil-ey ka. yeyceng-pota　iil　ilccik kanun　　ke-ya.
　　13日-に　行く 予定-より　　2日　早く　行く（現在）kes-ita
　　(13日に行く。予定より2日早く行くんだ。)

(5) 문을　　여는　　소리가　들렸다．타로가　돌아온
　　mun-ul　yenun　soli-ka　tullyessta. thalo-ka tolaon
　　ドア-を 開ける 音-が 聞こえた 太郎-が 戻ってきた(過去)
　　것이다．
　　kes-ita.
　　kes-ita
　　(ドアを開ける音がした。太郎が帰ってきたのだ。)

(6) 어제　영화관에　　　갔는데　　타로가　있는　　　거야．
　　ecey　yenghwakwan-ey　kassnuntey　thalo-ka issnun　keya.
　　昨日　映画館-に　　　行ったが　　太郎-が いる（現在）kes-ita
　　(昨日、映画館へ行ったんだけど、太郎がいるのよ。)

まず、(2)と(3)は、従来の研究で言うkes-ita Ⅰ、即ち、kes-ita を「kes + ita」に分けることができ、kesとitaがそれぞれの働きをしている名詞文である。次に、(4)と(5)は、従来の研究においての分類では、kes-ita Ⅱにあたるもので、kes-ita を「kes + ita」に分けられず、一語化されたとみなされているものである。最後に、(6)は、従来の研究では分析対象ではなかった類のもので、ここでは便宜上、kes-ita Ⅲと呼ぶことにする。

以下では、(2)〜(6)のkes-ita文についてその名詞性の度合いを上記の(1)のテスト項目ごとに判断していく。その際、kes-itaⅡの(4)と(5)のkes-ita文とkes-itaⅢの(6)のkes-ita文が、kes-itaⅠ、即ち、名詞文である(2)と(3)のkes-ita文の名詞性と類似しているか否かを中心に見ていく。

1. kesの代用テスト

　kesの代用テストでは、kes-ita文のkesを他の具体的な語彙に置き換えられるか否かを判断する。まず、名詞文である(2)と(3)のkes-ita文から見ていく。

(7)　a.　이　책은　　타로가　읽은　　　것이다．(＝(2))
　　　b.　이　책은　　타로가　읽은　　　책이다．
　　　　　i　chayk-un　thalo-ka　ilkun　　cayk-ita.
　　　　　この 本 - は　太郎 - が　読んだ（過去）本 -ita
　　　　（この本は、太郎が読んだ本だ。）

(8)　a.　주방을　　오픈하는　　건　　노하우를　　다
　　　b.　?주방을　　오픈하는　　건　　노하우를　　다
　　　　　cwupang-ul　ophunhanun　ke-n　nohawu-lul　ta
　　　　　厨房 - を　　オープンする　こと -は　ノウハウ - を　全部
　　　　　보여주는　　　　　거야．　　　　　　(＝(3))
　　　　　보여주는　　　　　일이야＊2．
　　　　　poyecwunun　　　il-iya.
　　　　　見せてあげる（現在）仕事 -ita

　(7)と(8)で分かるように、(7a)のkesを具体的な語彙である「책 cayk（本）」に置き換えた(7b)は、(7a)の意味を保持しながら自然となるのに対し、(8a)のkesを「일 il（仕事、こと）」に置き換えた(8b)は、やや不自然に聞こえる。つまり、(7a)と(8a)は、いずれも名詞文であるにも関わらず、kesを他の語彙に代用できるか否かという点では、異なる結果が見られる。これは、남기심(1991:221–223)でも述べられたように、kes名詞文の中には、kesに指示的な機能があるか否かによってkesの性質が異なる

二種類の kes 名詞文がある*3 ためであると考えられる。つまり、kes には指示的な機能がある（7a）の場合は、それが指している具体的な語彙に置き換えられるのに対し、(8a)の場合は、kes にそのような機能がなく、名詞化辞としてしか働かないため、kes を具体的な語彙に置き換えられないのである。

次は、kes-ita Ⅱ や kes-ita Ⅲ の kes を他の語彙に置き換えた場合である。

(9) ［ソウルへいつ行くのかを聞かれて］
 a.　13일에　가. 예정보다　2일 일찍 가는
 b.　13일에　가. ?예정보다　2일 일찍 가는
  sipsamil-ey ka. yeyceng-pota iil ilccik kanun
  13日-に　行く予定-より　2日　早く　行く(現在)
  거야.　　　　　　　　　　　　　　　　(=(4))
  일정이야.
  ilceng-iya.
  日程-ita

(10) a.　문을　여는　소리가　들렸다.　타로가
  b.　문을　여는　소리가　들렸다.　?타로가
  mun-ul　yenun　soli-ka　tullyessta.　thalo-ka
  ドア-を　開ける　音-が　聞こえた　太郎-が
  돌아온　　　　　것이다.　　　　　　(=(5))
  돌아온　　　　　소리다.
  tolaon　　　　　soli-ta.
  戻ってきた(過去)　音-ita

(11) a.　어제　영화관에　갔는데　타로가　있는
  b.??어제　영화관에　갔는데　타로가　있는
  ecey　yenghwakwan-ey　kassnuntey　thalo-ka　issnun
  昨日　映画館-に　行ったが　太郎-が　いる(現在)
  거야.　　　　　　　　　　　　　　　　(=(6))
  일이야.
  il-iya.
  仕事-ita

(9b) と (10b) は、kes-ita Ⅱ である (9a) と (10a) の kes-ita 文の kes をそれぞれ「일정 ilceng（日程）」や「소리 soli（音）」という具体的な語彙に置き換えたものであるが、名詞文の (8b) と同様、やや不自然に聞こえる。その上、その意味も kes-ita が用いられた (9a) や (10a) の意味とは、少し変わってしまう。(9a) の kes-ita 文は、先行する「13 日に行く」ことについて、「予定より 2 日早く行く」と述べているのに対し、kes を「일정 ilceng（日程）」に置き換えた (9b) の意味は、ある日程について「その日程は、予定より 2 日早く行く日程だ」と述べるものに変わる。また、(10a) の kes-ita 文は、先行する「ドアを開ける音が聞こえた」ことについて、「太郎が帰ってきた」という判断を表しているのに対し、kes を「소리 soli（音）」に置き換えた (10b) の意味は、ドアを開ける音そのものについて、「この音は、太郎が帰ってきた音だ」と述べるものに変わる。

　一方、便宜上、kes-ita Ⅲ に分類した (11a) の場合、kes を「일 il（仕事、こと）」などに置き換えた (11b) は、名詞文である (8b) に比べ、非常に不自然に聞こえる。さらに、文の意味も不明である点も、kes-ita Ⅱ である (9b) や (10b) とは異なる。

　以上、kes の代用テストでは、kes-ita Ⅰ、即ち、名詞文であっても kes を他の具体的な語彙に置き換えられるものと、そうでないものがあり、kes-ita Ⅱ は、kes を他の語彙に置き換えられない kes-ita Ⅰ（例 (3)）に類似していた。それに対し、kes-ita Ⅲ は、kes-ita Ⅱ と同様に kes を具体的な語彙に置き換えることができない点では類似しているが、その不自然さの度合いには大きな差があった。

2.「-(u)m」名詞化辞への置き換えテスト

　「-(u)m」は、kes と同様、韓国語の名詞化辞の一つであるが*4、kes と異なり、形式名詞ではないため、連体形は伴わず、単に述語を名詞化する機能のみを持っている。まず、名詞文である kes-ita 文の kes を「-(u)m」に置き換えられるか否かをテストする。

　(12) a. 이　　 책은　　 타로가　 <u>읽은 것이다</u>.　　（= (2)）

b.? 이   책은   타로가   읽었음이다.
   i   chayk-un thalo-ka ilkessum-ita.
   この 本-は   太郎-が   読んだ（過去）（名詞化辞）-ita

(13) a. 주방을   오픈하는   건   노하우를   다
        보여주는 거야.   （=(3)）
     b. 주방을   오픈하는   건   노하우를   다
        cwupang-ul ophunhanun ke-n nohawu-lul ta
        厨房-を   オープンする こと-は ノウハウ-を 全部
        보여줌이야.
        poyecwum-iya.
        見せてあげる（現在）（名詞化辞）-ita
        （厨房をオープンにすることは、ノウハウを全て見せることだ。）

　（12）と（13）で分かるように、(12a)のkes-ita文を-(u)m名詞文に置き換えた（12b）は不自然であるのに対し、(13a)のkes-ita文を-(u)m名詞文に置き換えた（13b）は自然である。(12b)の-(u)m名詞文が不自然になるのは、-(u)mそのものには何かを指示するような機能はなく、述語を名詞化する機能しか持っていないためであると考えられる。本章1節のkesの代用テストでも見たように、(12a)は、名詞文の中でもkesを「本」という具体的な語彙に置き換えられるものであった。そのため、(12a)のkesは、指示の機能がない-(u)mに変えたとき、不自然になる。それに対し、kesを他の語彙に置き換えられなかった（13a）は、-(u)mと同様、述語を名詞化する働きをしているため、kesを-(u)mに置き換えた（13b）も自然であり、文の意味も変わらない。

　次は、kes-ita Ⅱやkes-ita Ⅲのkes-ita文のkesを-(u)mに置き換えた場合を見ていく。

(14)［ソウルへいつ行くのかを聞かれて］
    a. 13일에   가.   예정보다   2일   일찍
    b. 13일에   가.   예정보다   2일   일찍
       sipsamil-ey ka. yeyceng-pota iil   ilccik
       13日-に   行く 予定-より   2日   早く

    가는 거야.　　　　　　　　　　　　　（＝（4））
    갈이야.
    kam-iya.
    行く（現在）（名詞化辞）-ita
    （13日に行く。予定より2日早く行くんだ。）

（15）a.　문을　　　여는　　　소리가　　들렸다.　　타로가
   b.　문을　　　여는　　　소리가　　들렸다.　　타로가
    mun-ul　 yenun　　soli-ka　　tullyessta.　thalo-ka
    ドア-を　 開ける　 音-が　　　聞こえた　 太郎-が
    <u>돌아온</u>　것이다.　　　　　　　　　　　（＝（5））
    <u>돌아왔음</u>이다.
    tolawassum-ita.
    戻ってきた（過去）（名詞化辞）-ita
    （ドアを開ける音がした。太郎が帰ってきたんだ。）

（16）a.　어제　　　영화관에　　　　갔는데　　　타로가
  b.??어제　　　영화관에　　　　갔는데　　　타로가
    ecey　　 yenghwakwan-ey　 kassnuntey　 thalo-ka
    昨日　　 映画館-に　　　　　行ったが　　 太郎-が
    <u>있는 거야</u>.　　　　　　　　　　　　　（＝（6））
    <u>있음</u>이야.
    issum-iya.
    いる（現在）（名詞化辞）-ita

　（14）～（16）で分かるように、kes-itaⅡである（14a）と（15a）のkes-ita文のkesを-(u)mに置き換えた（14b）と（15b）は自然である。また、kes-ita文を-(u)m名詞文に変えても、文の意味か変わらないという点は、名詞文であるkes-ita文のうち、kesを具体的な語彙に置き換えることができなかった（13a）と類似している。それに対し、kes-itaⅢである（16a）の場合、kesを-(u)mに置き換えた（16b）は不自然であり、文の意味も不明である*5。ここで、（16a）のkesを-(u)mに置き換えられないという点は、一見、名詞文である（12a）の場合と類似しているように見えるが、（16b）の不自然さは、（12b）の不自然さとは異なる性質のもので

あることに注意を払いたい。なぜなら、(12b) の場合は、kes と異なり、-(u)m に何かを指示するような機能がないがゆえに生じる不自然さであり、それが (12a) の kes-ita 文が名詞文ではないことを意味しているわけではない。それに対し、(16a) の kes は他の語彙に置き換えられないものであるため、(16b) の不自然さは、kes と -(u)m の機能の違いに起因するものではない。つまり、(16a) の kes-ita 文の kes を -(u)m 名詞化辞に置き換えた際の不自然さは、(16a) の kes が、本来、名詞として働いていないがために生じた不自然さであると考えられる。

以上、kes-ita 文に対して kes を韓国語の名詞化辞である -(u)m に置き換えられるか否かをテストした。-(u)m 名詞化辞への置き換えテストでも、kes の代用テストと同様、名詞文である kes-ita Ⅰ において -(u)m に置き換えられるものと、そうでないものとに結果が分かれた。つまり、文末に現れる kes-ita 名詞文にも、남기심 (1991:221–223) の指摘通りに、kes の性質によって二種類があると考えられる。一つは、kes を他の具体的な語彙に置き換えられるが、-(u)m 名詞化辞へは置き換えられないもので（例 (2)）、もう一つは kes を他の語彙には置き換えられないが、-(u)m 名詞化辞には置き換えられるものである（例 (3)）。これは、前者の kes は、具体的なものを指し示しているのに対し、後者の kes は、具体的なものは指し示さず、kes によって名詞化された抽象的な出来事を表しているためであり、いずれも名詞文であることに変わりはない。このように kes-ita 名詞文の中に、具体的と抽象的という相反しているように見られる二つのものが存在するということは、両者は、「ある二つのものが、互いに重なり合うことなく、また、その二つを合わせればすべての場合を尽くす（日本語文法学会 2014:363）」という「相補分布」をなしていると考えられる。

そして、kes の代用テストと -(u)m 名詞化辞置き換えテストにおいて、kes-ita Ⅱ は、kes を他の語彙に置き換えられないが、-(u)m 名詞化辞に置き換えられる kes-ita Ⅰ（例 (3)）に類似していた。それに対し、これまで殆ど分析対象ではなかった kes-ita Ⅲ は、-(u)m 名詞化辞に置き換えることができないという点で、名詞文と

も kes-ita Ⅱ とも異なっている。

3.「-kes-i anita（〜のではない）」否定テスト

「-kes-i anita」否定は、形式名詞の「kes」に名詞文の否定を表す「-i anita（ではない）」が後接したもので、形態的に日本語の「〜のではない」と対応している。

日本語の「〜のではない」について、野田（1997）では、「〜のではない」をスコープの「の（だ）」としている*6。野田（1997:58）によると、「スコープの「の（だ）」とは、「その前の部分を名詞化するために用いられるものであり、準体助詞の「の」+「だ」という組成に近い機能を果たす」と言う。つまり、スコープの「の（だ）」である「〜のではない」の「の」は、準体助詞、即ち、形式名詞として働き、前接する部分を名詞化しているということである。そして、野田（1997:58）は、スコープの「の（だ）」の機能は「事態の成立以外の部分がフォーカスであることを示す」と述べている。韓国語の「-kes-i anita」は、このような組成の類似性の他、意味・機能的にも日本語の「〜のではない」と類似している。

(17) a. 悲しいから泣いたのではない。
    b. 슬퍼서　　우는　　　　것이　　　아니다.
       sulpese　　wunun　　kes-i　　anita.
       悲しいから　泣く（現在）　kes-が　（否定）
      （悲しいから泣いたのではない。）

野田（1997）によると、(17a) では、否定のフォーカスが「悲しいから泣いた」にあるのではなく、それ以外の部分、例えば、「嬉しいから泣いた」などがフォーカスであることが含意されていると言う。韓国語の「-kes-i anita」が用いられた (17b) においても同様の解釈ができるという点は、日本語の「〜のではない」と韓国語の「-kes-i anita」は同類の形式であることを示唆している。

以上の類似性から、「〜のではない」の「の」が、その前の部分を名詞化する機能として働いているのならば、同様に「-kes-i anita」のkes も、その前の部分を名詞化する機能として働いていると言えるだろう。そして、そのときの「の」と「kes」の名詞性は高いと言える。

「-kes-i anita」否定のkes は名詞性が高いということから、本来、kes の名詞性の高い kes-ita 文は、その文を「-kes-i anita」否定に変えても、kes の名詞性が保たれ、自然であるが、そうでない kes-ita 文は「-kes-i anita」否定にした場合、不自然になることが予想される。つまり、「-kes-i anita」に置き換えられる kes-ita 文の名詞性は高いと言える。以下では、本章の冒頭で用意した五つの kes-ita 文に対し、「-kes-i anita」否定の自然さを見ていく。

(18) a. 이　책은　타로가　읽은　것이다.　　（=(2)）
　　　b. 이　책은　타로가　읽은　것이 아니다.
　　　　　i　chayk-un　thalo-ka　ilkun　　kes-i　anita.
　　　　　この 本-は　太郎-が　読んだ（過去）kes-が（否定）
　　　　　（この本は、太郎が読んだ {もの／の} ではない。）

(19) a. 주방을　오픈하는　건　노하우를　다
　　　b. 주방을　오픈하는　건　노하우를　다
　　　　　cwupang-ul　ophunhanun　ke-n　nohawu-lul　ta
　　　　　厨房-を　オープンする　こと-は　ノウハウ-を　全部
　　　　　보여주는　거야.　　　　　　　　　（=(3)）
　　　　　보여주는　게 아니야.
　　　　　poyecwunun　ke-y　aniya.
　　　　　見せてあげる（現在）kes-が（否定）
　　　　　（厨房をオープンにすることは、ノウハウを全て見せる {こと／の} ではない。）

(20) ［ソウルへいつ行くのかを聞かれて］
　　　a. 13일에　가.　예정보다　2일　일찍　가는
　　　b. 13일에　가.　예정보다　2일　일찍　가는
　　　　　sipsamil-ey　ka.　yeyceng-pota　iil　ilccik　kanun
　　　　　13日-に　行く　予定-より　2日　早く　行く（現在）
　　　　　거야.　　　　　　　　　　　　　　　（=(4)）
　　　　　게 아니야.

	ke-y	aniya.		

ke-y   aniya.
kes-が   （否定）
（13日に行く。予定より2日早く行くのではない。）

(21) a. 문을　　여는　　소리가　　들렸다.　　타로가
　　 b. 문을　　여는　　소리가　　들렸다.　　타로가
　　　 mun-ul　yenun　soli-ka　tullyessta.　thalo-ka
　　　 ドア-を　開ける　音-が　聞こえた　太郎-が

　　돌아온　　　　것이다.　　　　　　　　（=(5)）
　　돌아온　　　　것이　　아니다.
　　tolaon　　　　kes-i　anita.
　　戻ってきた（過去）　kes-が　（否定）
（ドアを開ける音がした。太郎が帰ってきたのではない。）

(22) a. 　어제　　영화관에　　　갔는데　　타로가
　　 b.?? 어제　　영화관에　　　갔는데　　타로가
　　　 ecey　yenghwakwan-ey　kassnuntey　thalo-ka
　　　 昨日　映画館-に　　　行ったが　　太郎-が

　　있는　　거야.　　　　　　　　　　　（=(6)）
　　있는　　게　아니야.
　　issnun　ke-y　aniya.
　　いる（現在）kes-が　（否定）

　（18）〜（22）で分かるように、本来、名詞文と分類されるkes-itaⅠの用例である（18a）と（19a）のkes-ita文を「-kes-i anita」否定にした（18b）と（19b）は、当然ながら自然である。そして、従来の研究においてkes-itaⅡと分類されていた（20a）と（21a）も「-kes-i anita」否定文（（20b）と（21b））が自然である。それに対し、従来の研究では殆ど分析対象ではなかったkes-itaⅢの（22a）の場合、「-kes-i anita」否定にした（22b）は不自然になる。そのため、kes-itaⅡのkes-ita文は、kes-itaⅠと類似した特徴を持ち、kesの名詞性が高いのに対し、kes-itaⅢは、kes-itaⅠと異なり、名詞性は低いと考えられる。

4. 「-ita」抜きテスト

　신선경 (1993) では、kes-ita Ⅰ は「kes + ita」に分けることが可能なものであり、kes と ita は、それぞれの機能を果たしていると述べている。そして、kes-ita Ⅰ において kes の機能とは名詞としての機能を指している。kes-ita 文の kes が名詞として機能しているのならば、ita がなくてもその機能は果たされることになる。そのため、kes-ita 文から ita を省略した文が自然であれば、その kes-ita 文の kes は名詞として働いており、名詞性は高いと言える。

(23) a. 이　책은　　타로가　읽은　　것이다．(= (2))
　　 b. 이　책은　　타로가　읽은　　것．
　　　　i　chayk-un thalo-ka　ilkun　　kes．
　　　　この 本 - は　太郎 - が　読んだ（過去） kes
　　　　（この本は、太郎が読んだもの。）

(24) a. 주방을　　오픈하는　건　　　노하우를　다
　　 b. 주방을　　오픈하는　건　　　노하우를　다
　　　　cwupang-ul ophunhanun ke-n　　nohawu-lul ta
　　　　厨房 - を　オープンする　こと - は　ノウハウ - を　全部

　　　　보여주는　　　거야．　　　　　　　　(= (3))
　　　　보여주는　　　것．
　　　　poyecwunun　kes．
　　　　見せてあげる（現在） kes
　　　　（厨房をオープンにすることは、ノウハウを全て見せること。）

(25) [ソウルへいつ行くのかを聞かれて]
　　 a. 　13일에　　가．예정보다　　2일　일찍　가는
　　 b. 　13일에　　가．예정보다　　2일　일찍　가는
　　　　sipsamil-ey ka. yeyceng-pota　iil　ilccik　kanun
　　　　13日 - に　行く 予定 - より　2日　早く　行く（現在）
　　　　거야．　　　　　　　　　　　　　　　　　(= (4))
　　　　것．
　　　　kes．

kes

（13日に行く。予定より2日早く行くの。）

(26) a.　문을　　여는　　소리가　들렸다.　타로가　　돌아온
  b.　문을　　여는　　소리가　들렸다.　타로가　　돌아온
   mun-ul　yenun　soli-ka　tullyessta.　thalo-ka　tolaon
   ドア-を　開ける　音-が　　聞こえた　　太郎-が

것이다.　　　　　　　　　　　　　　　　　　（=(5)）
것.
kes.
戻ってきた（過去）kes

（ドアを開ける音がした。太郎が帰ってきたの。）

(27) a.　어제　　영화관에　　　갔는데　　　타로가
  b.??어제　　영화관에　　　갔는데　　　타로가
   ecey　　yenghwakwan-ey　kassnuntey　thalo-ka
   昨日　　映画館-に　　　行ったが　　　太郎-が

있는　　　거야.　　　　　　　　　　　　　　（=(6)）
있는　　　것.
issnun　　kes.
いる（現在）kes

　従来の研究においてkes-itaⅠに分類され、統語的に名詞文である（23a）と（24a）の場合、kes-itaからitaを削除した（23b）と（24b）は、自然であり、その意味と機能も変わらない。また、従来の研究でkesとitaがkes-itaと一語化されたとみなされているkes-itaⅡに分類される（25a）と（26a）の場合も、ita抜きの文である（25b）と（26b）は、自然であり、その意味と機能は殆ど変わらない。それに対し、従来の研究において分析対象ではなかったkes-itaⅢの（27a）の場合は、itaを抜いた（27b）は、不自然になる。そのため、ita抜きテストにおいてもkes-itaⅡは、名詞文であるkes-itaⅠと類似し、名詞性が高いと言えるが、kes-itaⅢはkes-itaⅠとは異なる特徴を持ち、名詞性が低いと言える。

5. 分裂文の成立テスト

　分裂文とは、「主語が補文で構成され、述語が補文から取り出された補文述語の補語によって構成されるコピュラ文（砂川 2005:138）」である。kes-ita Ⅰと分類され、「XはYだ*7」という構造で現れる典型的な名詞文の場合、X（波線部）を補語にした (28b) や (29b) のような分裂文が作られる。

(28) a. 이 책은　타로가　읽은　<u>것이다</u>.

　　　　　　　　　　　　　　　　　　　　　　　　（=(2)）

　　　　i　chayk-un thalo-ka　ilkun　　　kes-ita.
　　　　この 本-は　　太郎-が　読んだ（過去）kes-ita
　　　（この本は、太郎が読んだものだ。）

　b. 타로가　읽은　　　　　것은　<u>이 책이다</u>.

　　　thalo-ka ilkun　　　　kes-un　i　chayk-ita.
　　　太郎-が 読んだ（過去）kes-は　この 本-だ
　　（太郎が読んだのは、この本だ。）

(29) a. 주방을　오픈하는　건　노하우를　다

　　　cwupang-ul ophunhanun ke-n　nohawu-lul ta
　　　厨房-を　　オープンする こと-は ノウハウ-を 全部

　　　<u>보여주는　　　거야</u>.　　　　　　　（=(3)）

　　　poyecwunun　　　ke-ya.
　　　見せてあげる（現在）kes-ita
　　（厨房をオープンにすることは、ノウハウを全て見せることだ。）

　b. 노하우를　다　보여주는　　　것은

　　　nohawu-lul ta　poyecwunun　　　kes-un
　　　ノウハウ-を 全部 見せてあげる（現在）kes-ita

　　　<u>주방을　　오픈하는　거야</u>.

　　　cwupang-ul ophunhanun ke-ya
　　　厨房-を　　オープンする こと-だ
　　（ノウハウを全て見せることは、厨房をオープンにすることだ。）

それに対し、従来の研究においてkes-ita Ⅱに分類される（30a）や（31a）のようなkes-ita文は、「XはYだ」の典型的な名詞文の構造と比べ、「Xは」の部分が同一文内に現れず、Yのみが現れているため、（28a）や（29a）の名詞文と異なり、分裂文そのものを作ることができない。

（30）［ソウルへいつ行くのかを聞かれて］

  a. <u>13일에 가</u>. 예정보다 2일 일찍 가는
    sipsamil-ey ka. yeyceng-pota iil ilccik kanun
    13日-に 行く 予定-より 2日 早く 行く（現在）
    <u>거야</u>.   （＝（4））
    ke-ya.
    kes-ita
    （13日に行く。予定より2日早く行くんだ。）

  b. 13일에 가. *예정보다 2일 일찍 가는
    sipsamil-ey ka. yeyceng-pota iil ilccik kanun
    13日-に 行く 予定-より 2日 早く 行く（現在）
    것은 이다.
    kes-un ita
    kes-は ita

  c. <u>예정보다 2일 일찍 가는</u> 것은 <u>13일에</u>
    yeyceng-pota iil ilccik kanun kes-un sipsamil-ey
    予定-より 2日 早く 行く（現在）kes-は 13日-に
    <u>가는 것이다</u>.
    kanun kes-ita.
    行く こと-だ
    （予定より2日早く行くことは、13日に行くことだ。）

（31）a. 문을 여는 소리가 들렸다. 타로가
    mun-ul yenun soli-ka tullyessta. thalo-ka
    ドア-を 開ける 音-が 聞こえた 太郎-が
    <u>돌아온</u> 것이다.   （＝（5））
    tolaon kes-ita.
    戻ってきた（過去） kes-ita

(ドアを開ける音がした。太郎が帰ってきたのだ。)

b. 문을　　여는　소리가　들렸다．　*타로가
   mun-ul yenun soli-ka tullyessta. thalo-ka
   ドア-を 開ける 音-が　聞こえた　太郎-が

   돌아온　　　　　　것은　　이다
   tolaon　　　　　　kes-un ita
   戻ってきた（過去）kes-は ita

c.?? 타로가　　돌아온　　　　　　것은　　문을　　여는
   thalo-ka tolaon　　　　　　kes-un mun-ul yenun
   太郎-が　戻ってきた（過去）kes-は ドア-を 開ける

   소리가　들린　　것이다．
   soli-ka tullin kes-ita.
   音-が　聞こえた こと-だ

　（30b）や（31b）で分かるように、「XはYだ」という形で現れていないkes-ita文は、分裂文が求める補語（X）がないため、分裂文自体を作ることができない。この点は、kes-ita Ⅱが、名詞文であるkes-ita Ⅰと明確に異なる点である。但し、文を超えて、当該のkes-ita文が語っていると考えられるものを先行する文脈や状況などから取り出し、分裂文の補語にすることは可能な場合がある。（30a）の場合、（30c）のように先行する「13日に行く」という事態を分裂文の補語にすると分裂文として成り立つ。それに対し、（31a）の場合は、（31c）のように「ドアを開ける音がした」という事態を取り出し、分裂文の補語にしても、不自然に聞こえる。このように文を超えて、分裂文の補語を取り出すとき、（30c）と（31c）とで差はあったが、（30c）のような分裂文が可能となるということは、kes-ita Ⅱ文はその文だけではなく、文を超えた先行文脈や状況と何らかの関連があることを示唆している。

　最後に、従来の研究では殆ど分析対象ではなかった（32a）の場合は、kes-ita Ⅱと異なり、文を超えた先行する事態や状況などが想定できないため、分裂文を作ることは不可能である。

(32) a. 어제　영화관에　　　갔는데　　타로가　　있는
        ecey yenghwakwan-ey kassnuntey thalo-ka issnun

　　　　　昨日　映画館-に　　　行ったが　太郎-が　いる（現在）
　　　　거야.　　　　　　　　　　　　　　　　　　（=（6））
　　　　keya.
　　　　kes-ita
　　　　（昨日、映画館へ行ったんだけど、太郎がいるのよ。）
　b. *어제　영화관에　　　　갔는데　　　타로가
　　　ecey　yenghwakwan-ey　kassnuntey　thalo-ka
　　　昨日　映画館-に　　　行ったが　　太郎-が
　　　있는　　　　　것은　　이다.
　　　issnun　　　　kes-un　ita.
　　　いる（現在）　kes-は　だ

　以上、kes-ita 文に対して分裂文が成立できるか否かをテストした。これまで、名詞文である kes-ita Ⅰ と類似した特徴を持ち、高い名詞性が見られた kes-ita Ⅱ は、同一文内に「Xは」が欠如しているため、その文だけでは分裂文を作ることができなかった。但し、文を超えたところで、分裂文の補語に該当するものを見つけ出すことができる場合はあった。それに対し、便宜上、kes-ita Ⅲ と分類したものは、文を超えたところにおいても分裂文の補語に該当するものを見つけることができなかった点で、kes-ita Ⅱ とは異なると言える。

6. 名詞性の度合いから見た kes-ita 文の三分類

　以上、五つのテストを設け、kes-ita 文の名詞性の有無を検討した結果をまとめると、次のページの表 2–1 の通りである。
　まず、kes の代用テストでは、kes-ita Ⅰ の名詞文であっても kes を具体的な語彙に置き換えられるもの（例（2））と、そうでないもの（例（3））に分かれた。kes-ita Ⅱ と kes-ita Ⅲ は、いずれも kes を他のものに置き換えることはできなかったが、kes-ita Ⅱ の不自然さは kes を具体的な語彙に置き換えられない名詞文（例（3））と類似しているのに対し、kes-ita Ⅲ は、kes-ita Ⅰ や Ⅱ と異なり、非常に不自然であった。

表2–1　kes-ita文の名詞性の度合いテスト

テスト名	kes-ita I 例（2）	kes-ita I 例（3）	kes-ita II 例（4）（5）	kes-ita III 例（6）
① kesの代用	○	×	×	×
②「-(u)m」名詞化辞への置き換え	×	○	○	×
③「-kes-i anita」否定	○	○	○	×
④「ita」抜き	○	○	○	×
⑤ 分裂文の成立	○	○	×	×

　次に、「-(u)m」名詞化辞への置き換えテストでも、kesを具体的な語彙に置き換えられる名詞文（例（2））の場合は、「-(u)m」名詞化辞の性質のため、「-(u)m」への置き換えが不可能であるという制約はあったが、それ以外の名詞文（例（3））とkes-ita IIは、「-(u)m」名詞化辞への置き換えが可能であった。それに対し、kes-ita IIIはkesを「-(u)m」に置き換えることができなかった。

　また、「-kes-i anita（〜のではない）」否定テストや「ita」抜きテストにおいても、kes-ita Iとkes-ita IIは同類の特徴を示しているのに対し、kes-ita IIIは不自然になるなど、名詞文とは異なる特徴が見られた。

　最後に、分裂文の成立テストでは、名詞文であるkes-ita Iのみが可能であり、kes-ita IIとkes-ita IIIは分裂文を作ることができなかった。但し、kes-ita IIの場合、分裂文が作れなかったのは、当該の文が「XはYだ」という形で現れないためであって、文を超えたところの先行する事態や状況から分裂文の補語に該当するものを取り出し、分裂文を作ることができる場合があった。

　従来の研究では、「kes + ita」に分けることができ、kesとitaそれぞれの機能を果たしているkes-ita文をkes-ita I、kesとitaが一語化したものをkes-ita IIとしているが、表2–1の結果を見ると、kes-ita IIには、「分裂文の成立」以外のテストでは、kes-ita Iと同様、高い名詞性が見られた。特に、「-(u)m」置き換えテストや「-ita」抜きテストでは、kes-ita IIもkes-ita Iと同様、kes-itaと一語化したものではなく、「kes + ita」に分けることができる可能性

があることを示唆している。そのため、kes-ita Ⅱ を kes と ita に分けられず、kes-ita と一語化したものとみなしている従来の研究での分類は妥当ではないと言える。

　kes-ita 文の名詞性の有無は、当該の文が名詞文であるか否かを示す基準となり、その文が名詞文と類似した特徴を持っていないということは、名詞文でない、即ち、非名詞文であることを意味している。その点で、kes-ita Ⅰ は「名詞文」であるのに対し、kes-ita Ⅲ は「非名詞文」と呼んでよいだろう。一方、kes-ita Ⅱ の場合は、同一文内に「X は」が現れないなど、典型的な名詞文である kes-ita Ⅰ とは異なる文構成を持っているが、kes-ita Ⅰ の名詞性と同様の特徴も多く見られたため、完全に非名詞文であるとは言い切れない。そのため、本書では、kes-ita Ⅱ のような文は、統語的に名詞文ではないが、名詞文に類似した特徴を持っているという意味で、名詞文と非名詞文の間に位置づけ、「疑似名詞文」と呼ぶことにする。

　このように本書では、kes-ita 文を、①統語的に名詞文である「名詞文」、②統語的に名詞文とは言い難いが、名詞文に類似した特徴を持っている「疑似名詞文」、③統語的に名詞文でもなく、名詞文に類似した特徴をも持っていない「非名詞文」という三つに分類することにする。この三つの kes-ita 文を、従来の研究での分類と比べてまとめると、次の表2–2の通りである。

表2–2　本書での kes-ita 文の三分類

	同一文内の形	名詞性	先行研究での名称
① 名詞文	X は Y だ	高	kes-ita Ⅰ
② 疑似名詞文	Y だ	高	kes-ita Ⅱ
③ 非名詞文	Y だ	低	分析対象外

　以上、本節では、kes-ita 文の名詞性有無を基に（統語レベルで）、kes-ita 文を「名詞文」「疑似名詞文」「非名詞文」という三つに再分類した。次の第3章では、本書の理論的枠組みである「主題－解説」構造を概観し、本書で新たに分類した kes-ita 文を「主題－解説」構造の観点からどのように分析していくかについて述べる。

*1 「-ita」抜きテストとは、kes と ita の分離可能性を判断するため、kes-ita から ita を省略させ、文の自然さを判断するテストである。詳細は、2 章 4 節で後述する。
*2 kes-ita 文に対し、名詞性の度合いテストを実施した際、不自然になる文には日本語訳をつけない。
*3 名詞文における二種類の kes の性質についての詳細は、1 章 2 節を参照されたい。
*4 -(u)m 以外の韓国語の名詞化辞として -ki 名詞化辞がある。但し、-ki 名詞化辞は、-(u)m 名詞化辞と異なり、「文末に置かれ、単独で文を終結する際、過去時制が用いられない（金廷珉・堀江薫 2006:151）」という制約がある。

(1) a. 영어를　공부했음.
yenge-lul kongpuhayssum.
英語 - を　勉強した（過去）（名詞化辞）
（英語を勉強した。）
b. *영어를　공부했기.
yenge-lul　kongpuhaysski.
英語 - を　勉強した（過去）（名詞化辞）

【金廷珉・堀江薫 2006:151】

このような制約は -(u)m や -ki 名詞化辞に ita が後接した場合も、同様である。そのため、文末に現れる kes-ita 文の kes を韓国語の名詞化辞へ置き換えるテストでは、-ki 名詞化辞が適切ではないと考え、本書では、-(u)m 名詞化辞のみを用いることにする。
*5 現代韓国語において「죽다 cwukta 死ぬ」という動詞が -(u)m 名詞化辞によって名詞になり、「죽음 cwuk-um 死」という名詞として定着したもの以外に、-(u)m が ita と結合し文末に現れることは、ごく稀であるため、kes-ita 文の kes を -(u)m に置き換えられた (13b) (14b) (15b) の場合においても、使用例の少なさに起因した多少の違和感が感じられることはある。しかし、それが、当該の -(u)m 名詞文が不自然と判断するほどではない。それに対し、kes-ita Ⅲ と分類した (16b) は、-(u)m が文末に現れにくいという点を考慮しても非常に不自然である。
*6 野田 (1997) では、日本語のノダの機能を「ムードの「のだ」」と「スコープの「の（だ）」」という二つに分けている。
*7 厳密には、「NP1 は NP2 だ」であるが、ここでは、便宜上、「X は Y だ」と表記する。

第3章
「主題−解説」構造

1. 主題と「主題−解説」構造

　「主題」とは何かについては様々な定義がある。砂川（2005:14）は、「ある談話の中で用いられた文が、ある指示対象について何かを叙述するという述べ方になっているときに、その指示対象を「文の主題」と呼ぶ」と述べており、丹羽（2000:100）は、あるXについて何かを述べる文形式について、「「XはP」という文において、「Xは」の部分を主題（あるいは題目、トピック）と呼び、「は」の働きを主題提示と言う。それに対してPの部分は提示された主題に対する解説（あるいは説明、叙述、陳述、評言、コメント）を表す。このような主題解説関係をなす文を主題文と言う」と述べている。

　つまり、ある文が何かについて述べているとき、その文が述べる指示対象を「主題」と言い、主題は、「は」によって提示されるということである*1。そのため、「XはP」という表現形式がある場合、Xが助詞「は」を伴い、PがXについて何か述べているのであれば、Xは「主題」、Pは「解説」であり、その文は「主題−解説」構造を持っていると言える。

　このような「主題」と「主題−解説」構造の定義から見ると、「NP1はNP2だ」という表現形式で現れる（1）や（2）のような名詞文としてのkes-ita文は、「主題−解説」構造を持っている最も典型的な例であると言えるだろう。

(1)　이　　　책은　　타로가　　읽은　　　　것이다*2.
　　　i　　chayk-un　thalo-ka　ilkun　　　　kes-ita.
　　　この　本-は　　太郎-が　読んだ（過去）　kes-ita
　　（この本は、太郎が読んだものだ。）

(2)　주방을　　오픈하는　　건　　노하우를　　다

cwupang-ul	ophunhanun	ke-n	nohawu-lul	ta
厨房-を	オープンする	こと-は	ノウハウ-を	全部

보여주는　　　　　　　거야.
poyecwunun　　　　　　ke-ya.
見せてあげる（現在）　kes-ita

（厨房をオープンにすることは、ノウハウを全て見せる<u>こ</u><u>とだ</u>。）

【コーヒー】

　（1）と（2）のkes-ita文は、2章で名詞性の度合いからkes-ita文を分類したときの最も典型的な名詞文である。そして、名詞文であるkes-ita文がどのように意味解釈されるかを見ると、（1）のkes-itaで表されている部分（実線部）は、「この本」（波線部）について、それは何であるかというと「太郎が読んだものだ」と述べており、（2）のkes-itaで表されている部分（実線部）は、「厨房をオープンにすること」（波線部）について、それはどのようなことかというと「ノウハウを全て見せることだ」と述べていると解釈される。そのため、「NP1はNP2だ」の形で現れる（1）や（2）のようなkes-ita文は、統語的には「名詞文」であるが、意味的にはkes-itaで表される部分（NP2）がNP1について何かを述べているため、NP1は「主題」であり、（1）と（2）のkes-ita文は「主題－解説」構造を持っていると言える。

　第2章では、従来の研究でのkes-ita文の分類、即ち、kes-ita Ⅰとkes-ita Ⅱという分け方の不十分さを指摘し、名詞性の度合いからkes-ita文を「名詞文」「疑似名詞文」「非名詞文」という三つに分けた。これは、統語レベルでの分類である。一方、kes-ita文を意味レベルで見ると、典型的な名詞文であるkes-ita文が主題について何かを述べるものと意味解釈されるという点は、kes-itaの基本的な働きを明らかにするために重要な手がかりとなる。なぜなら、2章で見たように、本書で言う「疑似名詞文であるkes-ita文」に、「名詞文であるkes-ita文」と類似した名詞性が見られるということは、両者は意味的にも何らかの関連がある可能性が高いということを示唆しているためである。そのため、次節では、統語構造の異な

る三つのkes-ita文が「主題−解説」構造の観点からどのように意味解釈され、それぞれ意味的にどのように関連しているのかなど、kes-ita文の「主題−解説」構造について詳細に考察する。

2. kes-ita文の「主題−解説」構造

　前節では、典型的な名詞文であるkes-ita文が「主題−解説」構造を持っており、文の意味は、主題について何かを述べるものであることを確認した。ここでは、名詞文と類似した名詞性が多く見られた疑似名詞文であるkes-ita文も、名詞文と同様に「主題−解説」構造を持っているか否かを探ってみよう。

（3）　［ソウルへいつ行くのかを聞かれて］
　　　　13일에　　가．<u>예정보다　　2일　　일찍　　가는</u>
　　　　sipsamil-ey ka.　yeyceng-pota　iil　　ilccik　kanun
　　　　13日-に　　行く　予定-より　　2日　　早く　　行く（現在）
　　　　<u>거야</u>．
　　　　ke-ya.
　　　　kes-ita
　　　　（13日に行く。予定より2日早く行く<u>んだ</u>。）

（4）　문을　　여는　　소리가　　들렸다．<u>타로가　　돌아온</u>
　　　　mun-ul　yenun　soli-ka　tullyessta.　thalo-ka　tolaon
　　　　ドア-を　開ける　音-が　　聞こえた　太郎-が　戻ってきた（過去）
　　　　<u>것이다</u>．
　　　　kes-ita.
　　　　kes-ita
　　　　（ドアを開ける音がした。太郎が帰ってき<u>たのだ</u>。）

　（3）と（4）のkes-ita文は、本書で「疑似名詞文」と分類した用例であるが、名詞文である（1）や（2）と異なり、kes-ita文（実線部）の表現形式には「NP1はNP2だ」という統語構造は現れていない。「NP1はNP2だ」という名詞文の統語構造を「主題−解説」構造で表すと、「X（＝NP1）はP（＝NP2だ）」となるが、（3）や（4）のkes-ita文の場合、主題を表す「Xは」の部分はなく、

第3章「主題−解説」構造　　53

「P」のみが現れているため、(3) や (4) のような疑似名詞文である kes-ita 文は、丹羽 (2000) で言う「X は P」という文レベルでの「主題-解説」構造の定義では説明できなくなる。

　この問題を解決するため、再び、名詞文である kes-ita 文の意味解釈のプロセスについて考えてみる。前節で見た (1) や (2) の kes-ita 文は、主題に当たる「X は」が同一文内に明示的に現れていたが、実際は、名詞文である kes-ita 文であっても「X は」の部分がなく、「P」のみが現れる場合もある。但し、その場合でも、主題である「X は」の部分が何らかの形で与えられないと、文の意味を正しく解釈できない。

　次の (5) は、(1) から主題に該当する「X は」の部分、即ち、「この本は」の部分を削除し、kes-ita で表される部分 (P) のみで書き直したものである。そのうち、(5a) は話し手が発話現場にある本を指さしているという状況が与えられているのに対し、(5b) はそのような状況が全くない中、発話されたものである。

(5) a. ［ある本を指さしながら］

　　　타로가　　읽은　　　　것이다.
　　　thalo-ka　ilkun　　　　kes-ita.
　　　太郎-が　読んだ（過去）kes-ita
　　　（太郎が読んだものだ。）

　b. ?타로가　　읽은　　　　것이다.
　　　thalo-ka　ilkun　　　　kes-ita.
　　　太郎-が　読んだ（過去）kes-ita

　(5a) の場合、発話現場において話し手が目の前にある本を指さすという状況があるため、聞き手[*3]は、kes-ita で表される部分が述べている対象が「今話し手が指さしている本」であると特定でき、(5a) の kes-ita 文は、その本について述べていると意味解釈できる。つまり、「は」で表される主題が同一文内に現れていなくても、聞き手にとって kes-ita 文が述べている対象、即ち、主題として認識できるものが先行文脈や発話時の状況として提供されれば[*4]、kes-ita 文の意味解釈の際に、主題を文脈や状況から探し出し、「(今話し手が指さしている本は) 太郎が読んだものだ」と、kes-ita

文に欠けている要素を補い、kes-ita 文の意味を正しく解釈できるということである*5。それに対し、そのような状況がない（5b）の場合、聞き手は、kes-ita 文が何を意味しているのかが分からず、kes-ita 文の意味を解釈するために、「え？　何が太郎が読んだ kes ですか？」と反問するようになる。その後、話し手から「この本だよ」と、本などを見せられてはじめて、最初の kes-ita 文が「たった今話し手が見せた本」について述べていたと、kes-ita 文の意味を正しく解釈できるようになる。

　このように同一文内に「X は」の部分が現れていない名詞文である kes-ita 文の場合、kes-ita で表される部分だけでは、文の意味を正しく解釈することができず、文の意味を解釈するために必要なものを文脈や状況から探し出すということは、kes-ita 文の意味解釈には、二つの項が関わっていることを示唆している。そして、文の意味解釈に必要であるが、欠けていたのは、「主題」であり、kes-ita 文はそれについて何かを述べている。

　それでは、（5a）のような名詞文である kes-ita 文と同様に、同一文内に「X は」の部分が現れていなかった疑似名詞文である（3）や（4）の kes-ita 文の場合はどう意味解釈されるかを見てみよう。次の（3'）と（4'）で分かるように、疑似名詞文である（3）や（4）の kes-ita 文も、kes-ita で表される部分（実線部）だけでは、kes-ita 文の意味を正しく解釈できない。

（3'）［ソウルへいつ行くのかを聞かれて］
　　　?예정보다　　2일　일찍　가는　　　　거야.
　　　yeyceng-pota　iil　ilccik　kanun　　　ke-ya.
　　　予定 - より　　2日　早く　行く（現在）　kes-ita

（4'）?타로가　　　돌아온　　　　　　것이다.
　　　thalo-ka　　tolaon　　　　　　kes-ita.
　　　太郎 - が　　戻ってきた（過去）　kes-ita

　（3）において kes-ita で表される部分は、実線部の「予定より2日早く行く」という事態であるが、「ソウルへいつ行くか」と聞かれたときに、（3'）のように kes-ita で表される部分だけ発話されると、聞き手は、「え？　何が予定より2日早く行く kes ですか？」

と聞き返すようになる。また、(4)の場合も、(4′)のように「ドアを開ける音がする」などの状況がない場合、kes-itaで表される部分(「太郎が帰ってきた」)だけでは、kes-ita文の意味が解釈できず、「え？　何が太郎が帰ってきたkesですか？」と反問するようになる。もしその後、話し手から「13日に行くこと」や「ドアを開けるこの音」などの返答が与えられると、そのときはじめて、最初のkes-ita文について「あ、話し手は13日に行くことについて、予定より2日早く行くと述べているんだ(3′)」「あ、話し手はドアを開けるその音について、太郎が帰ってきたと述べているんだ(4′)」と、kes-ita文の意味を解釈することができる。この点は、同一文内に「Xは」の部分が現れていない疑似名詞文であるkes-ita文の場合も、名詞文であるkes-ita文と同様、kes-itaで表される部分以外に、文の意味を解釈するための何かが必要であることを示唆している。(3)と(4)のkes-ita文の場合、kes-ita文の意味解釈に必要な「13日に行く」「ドアを開ける音がした」という事態は、いずれも先行文にあった*6。以下では、(3)と(4)のような疑似名詞文であるkes-ita文の意味解釈のプロセスについてもう少し詳細に述べておく。次の(6)と(7)は、疑似名詞文である(3)と(4)のkes-ita文の再掲である。

(6)　［ソウルへいつ行くのかを聞かれて］

　　　13일에　　가.　　예정보다　　　2일　일찍　　가는
　　　sipsamil-ey　ka.　yeyceng-pota　iil　ilccik　kanun
　　　13日-に　　行く　予定-より　　　2日　早く　　行く（現在）

　　　거야.　　　　　　　　　　　　　　　　　　　　(=(3))
　　　ke-ya.
　　　kes-ita

　　　（13日に行く。予定より2日早く行くんだ。）

(7)　문을　　여는　　소리가　들렸다.　타로가　　돌아온
　　　mun-ul　yenun　soli-ka　tullyessta.　thalo-ka　tolaon
　　　ドア-を　開ける　音-が　聞こえた　　太郎-が　戻ってきた（過去）

　　　것이다.　　　　　　　　　　　　　　　　　　　(=(4))
　　　kes-ita.

kes-ita

（ドアを開ける音がした。太郎が帰ってきたのだ。）

　（3′）や（4′）でも述べたように、疑似名詞文である kes-ita 文の場合も、kes-ita で表される部分だけでは、文の意味を正しく解釈できない。そのため、（6）や（7）のような kes-ita 文が発話されると、聞き手は、それが述べている対象が何であるかを先行文脈や発話状況から探すようになる。そして、（6）の kes-ita 文は、先行文にある「13 日に行く」という事態（波線部）について、それがどのようなことであるかというと「予定より 2 日早く行く」ことであると述べており、（7）の場合は、先行文にある「ドアを開ける音がした」という事態（波線部）について、「太郎が帰ったきた」と述べていると解釈できる。

　（6）や（7）で分かるように、疑似名詞文である kes-ita 文の意味を解釈する際の一連のプロセスは、名詞文である（5a）の kes-ita 文の場合と同じである。そのため、同一文内に「X は」の部分が現れていない名詞文である kes-ita 文と疑似名詞文である kes-ita 文の意味解釈のプロセスには、次の三つの共通点が見られる。一つ目は、kes-ita で表される部分だけでは、文の意味を正しく解釈できないという点である。二つ目は、そのため、文の意味解釈に必要な情報を文脈や状況から探し出す必要があるという点である。三つ目は、当該の kes-ita 文は、文脈や状況から探し出したものについて何かを述べているという点である。

　これらの共通点は、名詞文と同様、疑似名詞文である kes-ita 文の意味解釈にも二つの項が関わっているということと、疑似名詞文である kes-ita 文も名詞文と同様、「主題－解説」構造を持っている可能性が高いことを示唆している。そのため、疑似名詞文の kes-ita 文の意味解釈に必要であるが、同一文内に現れていなかったものが、名詞文である上記の（5a）の場合と同様、「主題」であるか否かを確かめる必要がある。

　名詞文である（5a）では、kes-ita 文の意味解釈に必要なものを状況から探し出し、当該の kes-ita 文が「今話し手が指さしている本」について「太郎が読んだものだ」と述べているという解釈がで

きた。この場合、聞き手は、話し手がある本を指さしているという状況から探し出した主題は、同一文内に「は」で提示されるべき文構成要素であり、それが省略されていただけであると考えられる。このように主題が省略される場合について、野田（1984:66）では、主題を持つ文を「有題文」、主題を持たない文を「無題文」とし、「主題を提示する「は」が文の表面に現れなくても、主題が文脈や状況から明らかなために省略されている場合、その文は有題文である」と述べられている。つまり、(5a)は、同一文内に「Xは」が現れていないため、一見、主題を持っていない無題文に見えるが、その主題を聞き手が文脈や状況から見つけ出すことができるため、主題を持っている有題文であるということである。

　同様に、疑似名詞文である（6）や（7）のkes-ita文も、kes-ita文の意味解釈に必要なものを先行文から探し出した。それは、聞き手にとって文脈や状況から容易に認識できるほど明らかなものであり、kes-itaで表される部分が述べている対象であった。そのため、（6）や（7）のkes-ita文の意味解釈に必要だったものも「主題」であり、当該のkes-ita文は主題を持っている有題文であると言えるだろう。但し、（6）や（7）のような疑似名詞文であるkes-ita文が（5a）のような名詞文であるkes-ita文と異なる点が一つある。それは、名詞文であるkes-ita文の場合、文脈や状況から探し出した主題を「は」で表し、同一文内に文構成要素として共起させることができるのに対し、疑似名詞文であるkes-ita文の主題を同一文内に共起させると、意味的に不自然に聞こえるという点である。

(5a′) ［ある本を指さしながら］

이　　책은　　　타로가　　읽은　　　　것이다.
i　　chayk-un　thalo-ka　ilkun　　　　kes-ita.
この　本-は　　　太郎-が　読んだ（過去）　kes-ita

（この本は、太郎が読んだものだ。）

(6′) ［ソウルへいつ行くのかを聞かれて］

13일에　　가. ?13일에　　가는　　것은　　　예정보다
sipsamil-ey ka. sipsamil-ey kanun　kes-un　yeyceng-pota
13日-に　　行く 13日-に　　行く　こと-は　予定-より

I kes-ita文

```
        2일     일찍    가는          거야.
        iil    ilccik  kanun         ke-ya.
        2日    早く    行く（現在）   kes-ita
(7′)    문을     여는    소리가    들렸다.   ??문을     여는    소리가
        mun-ul   yenun   soli-ka   tullyessta.   mun-ul   yenun  soli-ka
        ドア-を  開ける  音-が    聞こえた    ドア-を  開ける  音-が
        들린             것은       타로가    돌아온           것이다.
        tullin           kes-un    thalo-ka  tolaon           kes-ita.
        聞こえた（過去）kes-は   太郎-が   戻ってきた（過去）kes-ita
```

つまり、(5a)は(5a′)のように話し手が本を指さしているという状況があっても主題を同一文内に「は」で提示した文が自然であるのに対し、(6)と(7)の場合、主題を同一文内に「は」で提示した(6′)や(7′)は、意味的に不自然になるということである*7。が、名詞文であるkes-ita文と疑似名詞文であるkes-ita文の間にこのような違いがあったとしても、実際、名詞文である(5a)のkes-ita文の意味を解釈する際、聞き手は、同一文内に欠けている主題を(5a′)のようなkes-ita文に復元してから解釈するだろうかには疑問がある。人間の言語理解の過程について解説した阿部他（1994:239）では、Halliday & Hasan（1976）の結束関係を表す「省略（ellipsis）」について、「一般に言語産出の過程で冗長さを避けるために不必要な表現を省くという省略が、言語理解の過程において省略された表現そのものが復元されるのではなく、聞き手は欠けている必須格要素についての推論を行い、それが何であるかという認識を得ているだけではないかと思われる」と述べている。kes-ita文の意味解釈にも同様のことが言えるのではないかと思われる。つまり、名詞文である(5a)のkes-ita文を意味解釈する場合、(5a′)のような文に復元するのではなく、聞き手はただ欠けている要素が何であるかだけを認識し、kes-ita文がそれについて述べていると解釈すると考えられる。そのため、主題が必ず同一文内に「は」によって明示的に現れなくても、ある文がそれに何かを述べているのであれば、その文は主題を持っている「有題文」であると言える。同様に、疑似名詞文である(6)や(7)のkes-ita文も、

文の意味解釈に欠けているものを文脈や状況から認識し、当該のkes-ita文がそれについて述べていると解釈できるという点で、欠けていたものは「主題」と考えてよく、(6) や (7) の kes-ita 文も主題を持っている「有題文」であり、「主題－解説」構造を持っていると言えるだろう。

　以上のことから、kes-ita文を「主題－解説」構造から考察する際は、前節で述べた文レベルにおいての「主題－解説」構造の定義を、文を超えた形に修正する必要がある。つまり、ある文が「主題－解説」構造を持っているか否かは、単に同一文内に主題が「は」で提示され、明示的に現れるか否かではなく、当該の文が何か（＝主題）について述べているものであるか否かによって判断できる。そして、主題に当たるものが、同一文内に現れていない場合、文脈や状況から容易に探し出せるのであれば、聞き手はそれを kes-ita 文の意味解釈に必要な主題として認識できる。また、kes-ita 文の「主題－解説」構造を説明する際は、名詞文であれ疑似名詞文であれ、kes-ita 文の意味解釈には二つの項が必要であることを考えなければならない。その一つをX、もう一つをYとすると、kes-ita 文は、XについてYを述べるものであり、そのとき、Xは「主題」、Yは「解説」である。そして、主題は同一文内に明示的に現れる場合もあれば、文脈や状況から探し出す場合もあるが、いずれの場合においても、kes-ita 文は、主題について何かを述べているため、「主題－解説」構造を持っていると言える。

　次の (8) は、本書における kes-ita 文の「主題－解説」構造の定義である。

　　(8)　本書における kes-ita 文の「主題－解説」構造の定義
　　　　情報構造の観点から見て「YがXについて何かを述べる」という解釈が可能であれば、Xは「主題」であり、Yは「解説」である。そのとき、XとYは、「主題－解説」構造をなしている。

　以上、名詞文である kes-ita 文と疑似名詞文である kes-ita 文の「主題－解説」構造を考察した。両者は、名詞性の類似性だけではなく、いずれも (8) のような情報構造の観点からの「主題－解

説」構造を持っていることで共通し、類似性が見られた。そのため、名詞文や疑似名詞文であるkes-ita文の場合、両者の関連を網羅的に説明するには、「主題－解説」構造の概念が有効に働くと考えられる。最後に、従来の研究では、殆ど分析対象ではなかった非名詞文であるkes-ita文の「主題－解説」構造について述べておく。

　非名詞文であるkes-ita文は、2章のkes-ita文の名詞性のテストで見たように名詞性が殆ど見られないなど、名詞文や疑似名詞文であるkes-ita文とは非常に異なる性質を持っていた。次の（9）は、kes-ita文の名詞性のテストに使用した非名詞文であるkes-ita文である。

(9)　어제 영화관에　　갔는데　타로가　있는　　　거야.
　　 ecey yenghwakwan-ey kassnuntey thalo-ka issnun　　keya.
　　 昨日 映画館-に　　　行ったが　太郎-が　いる（現在）　kes-ita
　　（昨日、映画館へ行ったんだけど、太郎がいるのよ。）

　(9)のkes-ita文も、疑似名詞文であるkes-ita文と同様、同一文内に主題に該当する「Xは」の部分は現れていない。が、疑似名詞文の場合、kes-itaで表される部分だけでは、文の意味を正しく解釈することができなかったのに対し、非名詞文である（9）のkes-ita文は、当該のkes-ita文だけで意味解釈が済まされる点が異なる。なぜなら、（9）の非名詞文であるkes-ita文は、疑似名詞文の場合と異なり、聞き手は「何が、昨日、映画館へ行ったら、太郎がいるというkesですか？」と反問するのではなく、当該のkes-ita文をただ後続発話と関連があるものと解釈し、「それで、その後どうなった？」のようにその続きを待つだけである。このように非名詞文であるkes-ita文は、文脈や状況から探し出した主題について述べているものではないため、名詞文や疑似名詞文であるkes-ita文のような「主題－解説」構造を持っていると言い難い。そのため、非名詞文であるkes-ita文は、名詞性の度合いの観点からも「主題－解説」構造の観点からも、一見、名詞文や疑似名詞文であるkes-ita文とは異質なものに見える。しかし、（9）のような非名詞文のkes-ita文の意味を「当該の文は、後続発話と関連がある」と解釈できるのは、その意味解釈のプロセスにおいて「主題－解説」構造

に起因したkes-itaの機能があるためであると思われる。「主題－解説」構造とkes-itaの機能から非名詞文であるkes-ita文をどのように説明できるかについての詳細は、第6章で後述することにし、次節では、「主題－解説」構造から見たkes-itaの基本的な機能について見ていく。

3. kes-itaの基本的機能（仮説）

　3章2節では、従来の研究において統語的にも意味的にも別のものとして区別してきたkes-itaⅠとkes-itaⅡ、即ち、本書で言う名詞文であるkes-ita文と疑似名詞文であるkes-ita文が、いずれも「主題－解説」構造を持っており、当該のkes-ita文は、主題について何かを述べている点で共通していることを示し、kes-ita文の考察に「主題－解説」構造という概念が有効に働くことの可能性を述べた。本節では、「主題－解説」構造の観点から見たkes-itaの基本的な機能について述べておく。

　前述したようにkes-ita文は、kes-itaで表される部分だけでは、文の意味を正しく解釈できない。そのため、文の意味解釈に必要なものを文脈や状況から探し出した結果、それはkes-itaで表される部分が述べている対象、即ち、主題であり、kes-ita文は、その主題について何かを述べていると解釈できた。つまり、kes-ita文は、文の意味解釈に必要な主題が同一文内に現れていない場合、それを文脈や状況などの文を超えたところで探そうとしているのである。それでは、なぜkes-ita文の意味解釈に、そのような解釈過程が行われるのだろうか。

　それは、kes-itaそのものが何かについての解説であることを示しているためであると考えられる。以下では、kes-itaが用いられた文と、そうでない文との比較を通じて、kes-itaの基本的な機能を探ってみたい。次の(10)は、何も文脈や状況が与えられていない場合、kes-itaが用いられた文（(10b)）と、そうでない文（(10a)）である。

　(10) a. 타로가　　읽었다.

```
        thalo-ka   ilkessta.
        太郎 - が   読んだ
       （太郎が読んだ。）
   b. ?타로가    읽은           것이다.
        thalo-ka   ilkun         kes-ita.
        太郎 - が   読んだ（過去） kes-ita
```

　（10a）が発話されると、聞き手は、「太郎が何を読んだんですか？」と反問するのに対し、（10b）の場合は、3章2節でも見たように「何が太郎が読んだkesですか？」と聞き返す。（10a）の場合、聞き手が文の意味を解釈する際、最低限に必要な情報は、「何を」であり、それは、「읽다 ilkta（読む）」という動詞が持つ属性によって決まる。同様に、kes-itaが用いられた（10b）の場合は、聞き手にとって必要な情報は、「何を」ではなく「何が」であり、それは、「읽은 것이다 ilkun kes-ita」のkes-itaが持つ属性によって決まると考えられる。そのため、kes-itaで表される部分だけでは、文の意味を正しく解釈することができず、どこかにあるはずの主題を探さなければならない。

　これは、疑似名詞文であるkes-ita文の場合も同様である。

```
（11） a.  타로가    돌아왔다.
          thalo-ka   tolawassta.
          太郎 - が   戻ってきた
         （太郎が帰ってきた。）
     b. ?타로가    돌아온          것이다.
          thalo-ka   tolaon         kes-ita.
          太郎 - が   戻ってきた（過去） kes-ita
```

　（11a）が発話される際、聞き手は、「いつ帰ってきたんですか？」「なぜ帰ってきたんですか？」などの質問が不可能ではないが、これらは（11a）の文の意味を解釈するのに必須成分ではない。なぜなら「돌아오다 tolaota（帰る）」という動詞の属性が最低限に必要としている必須成分は、動作主が現れていることから満たされているためである。そのため、（11a）の発話だけで文の意味解釈は十分可能となる。それに対し、（11b）のkes-ita文の場合、聞き

手は、「何が太郎が帰ってきたkesですか?」と反問するようになる。なぜなら、(10b)と同様、(11b)も「돌아온 것이다 tolaon kes-ita」のkes-itaの属性は、それが述べている対象、即ち、主題を求めているためである。

　このようにkes-itaが用いられた文が、文の意味解釈において主題を求めているということは、kes-itaが主題についての解説であることを示していることを示唆している。そして、このようなkes-itaの働きによって、主題のない無題文に見えるkes-ita文も、無題文ではなく主題がある有題文であることが示されるため、kes-ita文の意味解釈に必要な主題を、文を超えた文脈や状況から探さなければならないのである。

　以上、kes-ita文は、主題について何かを述べるという「主題－解説」構造を持っていることと、同一文内に主題が明示的に現れていない場合、それを文脈や状況から探し出すということから、kes-itaの基本的な機能について、次の(12)のような仮説を立てる。

(12) kes-itaの基本的機能(仮説)

　　　kes-itaの基本的な機能は、当該の文が「主題－解説」構造の中で、「主題についての解説であることを示す」ことである。そのため、聞き手は同一文内に主題が明示的に現れていない場合は、文を超えたところの先行文脈や発話状況などから主題を探し、kes-ita文の意味を、「主題について何かを述べている」と解釈する。

　ここで一つ、注意しなければならない点は、kes-itaで表される部分は「主題－解説」構造の中で「解説」の部分を担っているが、kes-itaの機能が「解説」そのものではないという点である。以下では、kes-itaの機能を「説明のモダリティ表現」とした従来の研究での見解と、本書で仮説として立てた「主題についての解説であることを示す」という機能との違いについて述べておく。

　従来の研究のようにkes-itaの機能を「説明」とする場合、kes-itaの機能は「説明」であるため、何について何を説明してもいいということになる。例えば、次の(13a)のように話し手自身の中にしか内在していないことについて説明をするような場面でも、

kes-ita は用いられるはずである。

（13）［バス乗り場にて］

 a. ??　저기요, 시부야에　가고　싶은　건데요.
   cekiyo　sipuya-ey　kako　sipun　ke-ndeyyo.
   あのう　渋谷-に　行きたい（現在）kes-ita

 b.　あのう、渋谷に行きたい<u>んですが</u>。

　もし kes-ita の機能が「説明」そのものであれば、(13a) のように話し手の願望について説明をするような場面においても、kes-ita が用いられるべきであるが、kes-ita が用いられた (13a) は不自然になる。それに対し、(13b) で分かるように、kes-ita と同様、「説明のモダリティ表現」とされる日本語のノダは自然に用いられる*8。kes-ita の機能を「説明」とした先行研究の大半は、日本語のノダとの比較を通じ、kes-ita の意味・機能をノダと同様、「説明のモダリティ表現」としているが、ノダと kes-ita の使用頻度や使用条件に大きな差があると指摘している。(13) でも分かるように、ノダと kes-ita の間に使用条件の差が大きいということは、kes-ita はノダと同様の「説明のモダリティ表現」ではない可能性を示唆している。単に (13a) だけ見ても分かるように、「説明」という kes-ita の機能では、(13a) の kes-ita 文の不自然さを上手に説明できなくなる。

　それに対し、本書で仮説として立てた「主題についての解説であることを示す」という kes-ita の機能では、(13a) において kes-ita の使用が不自然になるのが説明できる。(13a) の場合、kes-ita の機能は当該の文が主題についての解説であることを示しているため、kes-ita が用いられたからには、聞き手は、kes-ita で表される部分が何について述べているのか、即ち、主題を探さなければならない。が、主題に当たるものは、話し手の中に内在するものであるため、聞き手はそれを認識することができない。そのため、(13a) の kes-ita 文は、「主題－解説」構造の中で主題について何かを述べるという kes-ita 文の意味解釈が成立できなくなり、kes-ita の使用は不自然になる。

　以上のことから、kes-ita の機能をノダと同様、広い幅を持つ

「説明」とし、ノダとの異なる使用条件を設定するという従来の研究での見解は、kes-ita本来の機能を説明するに妥当であったと考え難い。1章4節でも述べたように、ノダとの比較を通じてkes-itaの機能を考察した従来の研究には、kes-itaの意味・機能がノダのそれに影響されやすいという問題がある。そのため、本書では、ノダとの比較ではなく、kes-itaのみを分析対象とし、kes-itaの基本的な機能について、当該の文が「主題−解説」構造の中で、主題についての解説であることを示すことであるという仮説を立て、「主題−解説」構造の観点からkes-ita文を考察しつつ、その仮説の検証を行う。

その研究方法として、本書の本論である第4章から第6章では、2章でkes-ita文のkesの名詞性の度合いによって分けた、統語構造の異なる「名詞文」「疑似名詞文」「非名詞文」という三つのkes-ita文を対象にし、「主題−解説」構造の観点からそれぞれの意味解釈と特徴を分析する。kes-ita文を「主題−解説」構造から見たとき、kes-ita文の意味は、kes-itaで表される部分が「主題」について何を述べるかによって異なる。そのため、kes-ita文の意味を考察する際は、kes-ita文が述べている「主題」の特徴を分析する必要がある。従って、第4章から第6章では、統語構造の異なる三つのkes-ita文が、それぞれ主題について何を述べているのか、主題はどのように現れているのか、などの諸特徴を分析していく。

次の表3–1は、kes-ita文の分類とそれぞれの用例数をまとめたものである*9。

表3–1　本書におけるkes-ita文の分類と用例数

kes-ita文の分類	会話文	地の文	計
名詞文としてのkes-ita文	81(44.0%)	103(56.0%)	184(100%)
疑似名詞文としてのkes-ita文	140(45.9%)	165(54.1%)	305(100%)
非名詞文としてのkes-ita文	16(84.2%)	3(15.8%)	19(100%)
計	237(46.7%)	271(53.3%)	508(100%)

表3–1を見ると、最も多く現れたkes-ita文の用例は、疑似名詞文としてのkes-ita文（305例）であり、次は、名詞文としての

kes-ita 文（184 例）である。それに対し、非名詞文としての kes-ita 文の用例は、19 例と非常に少ない。

＊1　主題を表す最も典型的な表現は「は」ではあるが、他に無助詞や「なら」「ったら」などによって表されることもある（日本語記述文法研究会 2009:179–182）。
＊2　以後の用例において、主題を表す部分には波線（　　）をひく。
＊3　本書で言う「聞き手」とは「聞き手・読み手」両方を指している。同様に、「話し手」とは「話し手・書き手」両方を指している。
＊4　主題が先行文脈として提供される例としては、次のような用例が考えられる。(1) の kes-ita 文の場合、主題は、先行文の中に現れている「机の上に置いてある本」である。
　(1)　책상　　　　위에는　　책이　　　하나　　놓여　　　있었다.　타로가
　　　chaksang　wi-eynun　chayk-i　hana　nohye　　issessta.　thalo-ka
　　　机　　　　上 - には　本 - が　　一つ　　置かれて　いた　　　太郎 - が
　　　쓴　　　　　　　　　것이다.
　　　ssun　　　　　　　　kes-ita.
　　　書いた（過去）　　　kes-ita
　　　（机の上には本が一冊置いてあった。太郎が書いたものだ。）
＊5　名詞文である kes-ita 文において「主題」が同一文内に明示的に表れていない場合、主題を探し出し、kes-ita 文の意味を解釈するプロセスについては、4 章 2 節と 4 章 3 節で詳述する。
＊6　(4) の場合、先行文ではなく、ドアを開ける音がしたという状況を認識し、それについて「太郎が帰ってきた」と述べることも可能である。
＊7　名詞文である kes-ita 文と疑似名詞文である kes-ita 文とのこのような違いについての詳細は、5 章 1 節で後述する。また、(7′) に比べ、(6′) がそれほど不自然に聞こえない理由についても 5 章 1 節で詳述する。
＊8　本書で考察した kes-ita と日本語のノダとの比較については、第 10 章で詳述する。
＊9　全用例数の分布については、巻末の「用例数のまとめ」を参照されたい。

第4章
名詞文としての kes-ita 文

　名詞文としての kes-ita 文とは、kes-ita 文の構成要素である kes が名詞として働き、文全体が統語的に名詞文になるものを指す*1。そのため、名詞文である kes-ita 文は、「NP1 は NP2 だ」という統語構造を持っている。一方、名詞文としての kes-ita 文がどのような意味を持っているかという意味的な観点から見ると、kes-ita で表される部分（NP2）は、NP1 について何かを述べている。そのため、名詞文である kes-ita 文は、主題について何かを述べるという「主題 − 解説」構造を有しており、NP1 は「主題」であると言える*2。本書では、このように名詞文としての kes-ita 文が、主題について何かを述べるという「主題 − 解説」構造を持っていることに着目し、全ての kes-ita 文における kes-ita の基本的な機能は、当該の文が「主題 − 解説」構造の中で、「主題についての解説であることを示すこと」ではないかという仮説を立てた*3。その仮説の検証にあたり、まずは、kes-ita 文の中で最も基本となる名詞文としての kes-ita 文の「主題 − 解説」構造の特徴を詳細に考察する必要がある。

　名詞文としての kes-ita 文は、kes が名詞として働くものであるが、kes の性質が全て同じであるわけではない。これについて남기심（2001:221–223）は、「kes 名詞節における kes の性質は、ある特定の事物を指し、一種の代名詞的な機能をしているものと、特定の事物を指さず、文を名詞化する機能のみをしているものという二つがある」と述べている。さらに、李英蘭（2009:24）では、「kes-ita 文の kes が同一文内あるいは文脈内の何かを指す場合、kes が指している対象によって、具体的なものと抽象的なものという二つに分けられる」と述べている。ある特定の事物を指す kes は、kes をそれが指しているものに置き換えることができるという点で、「代

用」のkesとみなされることもあるが、李英蘭（2009）の指摘のように、kesが指している対象の抽象化により、kesを他の具体的な語彙に置き換えにくいものも存在しているという点から、本書では、남기심（2001）と李英蘭（2009）の見解を総合的にとらえ、名詞文としてのkes-ita文を、kesの性質によって、次の三つに分けることにする。一つ目は、kesが具体的なものを指し示しており、kesをその具体的な語彙に置き換えられるkes-ita文である。二つ目は、kesが何かを指し示してはいるが、具体的な語彙には置き換えにくい抽象的なものを指し示すkes-ita文である。三つ目は、kesに何かを指し示すという働きは見られず、単に先行する事態を名詞句にする名詞化辞として働くkes-ita文である。

　一方、名詞文としてのkes-ita文を主題の現れ方から見ると、同一文内に主題が「は」や無助詞によって文構成要素として明示的に現れる場合と、そうでない場合という二つに分けることができる。本書では、前者を構文明示的である場合、後者を構文非明示的である場合と呼ぶことにする。3章2節でも述べたように、主題が構文明示的ではない場合は、先行文脈や発話状況から主題に該当するものを探し出し、kes-ita文の意味を解釈できた。この点は、kes-ita文の意味解釈には、kes-itaで表される部分だけではなく、それが何について述べているかが深く関わっていることを示唆している。そのため、名詞文としてのkes-ita文を「主題‐解説」構造の観点から考察する際、主題の構文上の出現有無は、本書で仮説として立てたkes-itaの基本的な機能を検証するにあたり、重要な手がかりになると考え、本章では、名詞文としてのkes-ita文に対し、kesの性質による上記の三つの分類に加え、その主題の現れ方によるkes-ita文の特徴をも一緒に考察したい。

　以上、本章では、名詞文としてのkes-ita文を、まず、主題の構文上の出現有無によって、①主題が構文明示的である場合と、②主題が構文非明示的である場合という二つに分けた後、さらにkesの性質によって、①kesが具体的なもの指し示す場合、②kesが抽象的なものを指し示す場合、③kesが名詞化辞として働く場合という三つに分けてそれぞれの特徴を順に考察していく。

1. 主題が構文明示的である場合

1.1 kesが具体的なものを指し示す場合

　名詞文としてのkes-ita文には、kesが名詞として働き、同一文内あるいは文脈内の具体的な何かを指し示すものがある。この場合、kesは、その具体的な語彙に置き換えることができる。

(1) 첫　　번째　이　　　표는　　우리　　　가게
　　ches　penccay　i　　phyo-nun　uli　　　kakey
　　一　　番目　　この　表-は　　うちの　　店

　　주변　　유동　　인구를　　시간대　　별로
　　cwupyen　yutong　inkwu-lul　sikantay　pyel-lo
　　周辺　　遊動　　人口-を　　時間帯　　別-に

　　체크한　　　　　것입니다*4.
　　cheykhuhan　　　ke-pnita.
　　チェックした（過去）kes-ita

　　（一番目のこの表は、当店周辺の人の流れを時間帯ごとにチェックした<u>もの</u>です。）　　　　　　　　【コーヒー】

(2) 그　뉴스는　　　미국의　　시각으로　편집된
　　ku　nyusu-nun　mikwuk-uy　sikak-ulo　phyenciptoyn
　　その　ニュース-は　米国-の　視覚-で　編集された（過去）

　　것이다.
　　kes-ita.
　　kes-ita

　　（そのニュースは、アメリカの視点から編集された<u>ものだ</u>。）　　　　　　　　　　　　　　　　　　　【朝鮮】

　(1)と(2)のkes-ita文は、kesが、それぞれ同一文内の「表」と「ニュース」を指しており、kesを、それが指している具体的な語彙に置き換えることができる実例である。以下では、(1)や(2)のように、名詞文としてのkes-ita文のうち、kesが具体的なものを指し示すkes-ita文を、便宜上、次の(3)のように簡潔に書き直した作例を用いて論を進めていく。

(3) 이　　그림은　　내가　　그린　　　것이다.

	i	kulim-un	nay-ka	kulin	kes-ita.
	この	絵-は	私-が	描いた（過去）	kes-ita

（この絵は、私が描いたものだ。）

(4) 이　　그림은　　내가　　그린　　　　그림이다.

	i	kulim-un	nay-ka	kulin	kulim-ita.
	この	絵-は	私-が	描いた（過去）	絵-だ

（この絵は、私が描いた絵だ。）

　（3）のkes-ita文において、kesは同一文内の「絵」を指しており、(4)のように、kesを、それが指している「絵」に置き換えた文と同じ意味を持つ。そして、(4)の「この絵は、私が描いた絵だ」という文が「NP1はNP2だ」という統語構造を持っている名詞文であるのと同様、(3)のkes-ita文も、kesが名詞として働いているため、「NP1はNP2だ」の統語構造を持っている名詞文である。

　一方、(3)のkes-ita文の意味は、kes-itaで表されている部分の「私が描いたものだ」が「この絵」について述べていると解釈できる。そのため、(3)のkes-ita文は、主題について何かを述べているという「主題－解説」構造を持っていると言える。(3)の場合、主題は同一文内の「この絵」であり、(3)のkes-ita文は、主題（＝この絵）について、それは何であるかというと「私が描いたものだ」と述べている。このようにkesが具体的なものを指し示すkes-ita文は、「主題－解説」構造を持っており、主題について、それは「何であるか」を述べていると解釈される*5。kesが具体的なものを指し示すkes-ita文が「主題－解説」構造を有していることを確認したところで、次は、この種のkes-ita文の「主題－解説」構造の特徴について見ていく。

　名詞文としてのkes-ita文のうち、具体的なものを指し示すkes-ita文には、主題に該当する部分に大きく三つの特徴が見られる。

　第一に、具体的なものを指し示すkes-ita文の主題は、「指示的」であることが多い。そのため、この種のkes-ita文の主題は、主に指示表現を伴うことが多い。(3)のkes-ita文の場合、主題には「この」という指示詞が伴われていた。(3)のkes-ita文の主題である「この絵」は、発話現場にある特定のものを指しているため、指

示的であると言える。また、当該の絵のことが既に発話されたり、今、目の前にある絵を指さしたりするなどの状況では、「この絵」の代わりに次の（5）や（6）のように「それ」または「これ」などの指示詞を用いることも可能である。

(5) 벽에는　　　　그림이　　걸려　　　있었다.　그것은　　　내가
　　 pyek-eynun　kulim-i　kellye　issessta. kukes-un　nay-ka
　　 壁-には　　　絵-が　　かかって　いた　　それ-は　　　私-が

　　 그린　　　　　　　것이다.
　　 kulin　　　　　　 kes-ita.
　　 描いた（過去）　　kes-ita

（壁には絵がかかっていた。それは、私が描いたものだ。）

(6) ［絵を指さしながら］
　　 이건　　　내가　　　그린　　　　　거야.
　　 ike-n　　nay-ka　　kulin　　　　　ke-ya.
　　 これ-は　私-が　　　描いた（過去）　kes-ita

（これは、私が描いたものだ。）

　（5）では、先行文に「壁に絵がかかっている」と発話され、kes-ita文の主題である「それ」は、先行文脈内の既出情報である「壁にかかっている絵」を指している。また、（6）は、発話現場にある「絵」を指さしながら発話する場面で、kes-ita文の主題である「これ」は、発話現場において「話し手が指さしている絵」を指している。但し、主題を「これ」「それ」「あれ」などの指示詞で受けることができるからといって、具体的なものを指し示すkes-ita文の主題が指示的であるというわけではない点には注意を払いたい。なぜなら、（5）や（6）のようなkes-ita文の主題が指示的であることは、「それ」や「これ」という指示詞で受けられているが、それらが指しているのは、「壁にかかっているその絵」や「話し手が指さしているこの絵」であり、それが指さしできる特定のものであるため、指示的であると言えるのである。

　また、具体的なものを指し示すkes-ita文の主題が指示的であるため、指示表現を伴うことが多いが、指示的であるか否かが必ず指示表現の有無を意味しているわけではない点にも注意を払いたい。

(7)　　［お母さんが自分のコーラを飲もうとしたら］
　　　　엄마는　　우유　　시켰잖아.　　　　콜라는　　　내가
　　　　emma-nun　uyu　　sikhyesscanha.　kholla-nun　nay-ka
　　　　母-は　　　牛乳　　注文したじゃない　コーラは　　私-が
　　　　시킨　　　　　　　거야.
　　　　sikhin　　　　　　ke-ya.
　　　　注文した（過去）　kes-ita
　　　　（お母さんは牛乳頼んだでしょ？コーラは、僕が頼んだ<u>も
　　　　のだよ</u>。）　　　　　　　　　　　　　　　【ごめん】

(8)　　겉옷은　　　사모님께서　　　이용하시던　　　　렌트카에
　　　　kethos-un　samonim-kkeyse　iyonghasiten　　leynthukha-ey
　　　　上衣-は　　奥様-が　　　　利用なさっていた　レンタカー-に
　　　　남겨져　　　있던　　　　　겁니다.
　　　　namkyecye　issten　　　　ke-pnita.
　　　　残されて　　いた（過去回想）kes-ita
　　　　（ジャケットは、奥様が利用されていたレンタカーに残さ
　　　　れていた<u>ものです</u>。）　　　　　　　　【カップル】

　(7) と (8) の場合、kes-ita 文の主題である「コーラ」と「ジャケット」に指示表現は用いられていない。が、(7) の kes-ita 文の主題である「コーラ」は、コーラという一般的な飲み物を指しているのではなく、話し手が注文し、今、話し手と聞き手の目の前に置いてある「コーラ」を指している点で、指示的であると言える。また、(8) の場合も、ジャケット全般を指しているのではなく、発話現場において話し手と聞き手の目の前にある「特定のジャケット」を指している点で、主題は指示的であると言える。つまり、kes-ita 文の主題が指示的であるということは、発話現場において指で指すことができるほど、それが指示している特定の対象が存在しているということを意味している。これは、日本語の名詞句の意味を「指示的名詞句」と「非指示的名詞句」の観点から考察し、「文に登場する名詞句の中には、対象を指示する機能をもつ「指示的名詞句」と、そのような機能を一切持たない「非指示的名詞句」があり、文中の名詞句が指示的であることは、世界の中の個体を指

すという意味で指示的である」と述べている西山（2003:59）の見解と類似していると思われる*6。

　第二に、具体的なものを指し示すkes-ita文の場合、主題に現場指示の指示表現を伴うときは、主題を表す典型的な助詞である「은/는 un/nun（は）」は現れず、主題は無助詞によって表されることが多いという特徴がある。

(9)　이　　그림, 내가　　그린　　　거야.
　　　i　　kulim　nay-ka　kulin　　　ke-ya.
　　　この　絵　　私-が　　描いた（過去）kes-ita
　　　（この絵、私が描いたものだ。）

　(9)において、主題である「この絵」は、無助詞で表されている。これは、特に話し合いの中で、話し手が絵を手にもって発話したり、指さしたりする場面など、kes-ita文の主題が指している対象が発話現場に存在している場合、よく現れる特徴であると思われる*7。kes-ita文の主題が無助詞として現れた実例としては、次の(10)や(11)などがある。

(10)　이　　나무, 처음　　이　　집　　이사왔을　　때
　　　i　　namu　cheum　i　　cip　　isawassul　ttay
　　　この　木　　初めて　この　家　　引っ越しきた　とき
　　　느이　　엄마하구　　셋이서　　심었던　　거다.
　　　nui　　emma-hakwu　seys-ise　simessten　ke-ta.
　　　お前の　母-と　　　3人-で　　植えた（過去回想）kes-ita
　　　（この木、初めてこの家に引っ越ししてきたとき、お母さんと3人で植えたものだ。）　　　　　　　　　　【犬】

(11)　그　반지, 나한테　　정말　　중요한　　거예요.
　　　ku　panic　na-hanthey　cengmal　cwungyohan　ke-yeyyo.
　　　その　指輪　私-に　　　本当　　重要な（現在）kes-ita
　　　（あの指輪、私には本当に大事なものです。）【カップル】

　(10)と(11)のkesは、それぞれ「木」と「指輪」を指しており、(10)のkes-ita文は「この木」について、(11)のkes-ita文は「あの指輪」について述べているが、いずれも主題は、無助詞によって表されている。

第4章　名詞文としてのkes-ita文　　75

第三に、具体的なものを指し示すkes-ita文は、「主題－解説」構造の中で、主題が同一文内に明示的に現れないことがある。これは特に、その主題が先行発話に現れているか、あるいは、発話現場において具体的な事物を指さすなど、聞き手にとって、先行文脈や発話状況からkes-ita文の主題が何であるかが容易に認識できる場合、主題は同一文内に明示的に現れていない。

(12) 벽에는　<u>그림이　걸려　있었다</u>. <u>내가</u>
　　　pyek-eynun kulim-i　kellye　issessta. nay-ka
　　　壁‐には　絵‐が　かかって　いた　　私‐が

　　　<u>그린　　　　것이다</u>.
　　　kulin　　　　kes-ita.
　　　描いた（過去） kes-ita

　　　(<u>壁には絵がかかっていた</u>。私が描いた<u>ものだ</u>。)

(13) [<u>絵を見せながら</u>]
　　　<u>내가　그린　　　　거야</u>.
　　　nay-ka kulin　　　　ke-ya.
　　　私‐が　描いた（過去） kes-ita

　　　(私が描いた<u>ものだ</u>。)

　(12)のkes-ita文には、いわゆる「XはP」という「主題－解説」構造のうち、「P」のみが現れ、主題にあたる「X」は現れていない。が、聞き手は、「私が描いたものだ」というkes-ita文は、先行文にある「<u>壁にかかっている絵</u>」について述べていると解釈できる。また、(13)も同様、「絵を見せられた」という状況があるため、主題が明示されていなくても、聞き手は、当該のkes-ita文が「今、話し手に見せられた絵」について述べていることが分かる。このように、聞き手が、当該のkes-ita文が何について述べているかを文脈や状況から認識できる場合、主題は同一文内に明示的に示されないことがある。

　(12)と(13)のようにkesが具体的なものを指し示すkes-ita文において、主題が構文上に明示されないものについては、4章2節でより詳細に考察することにし、本節では、具体的なものを指し示すkes-ita文の主題の現れ方の特徴として取り上げる程度でとどめ

76　Ⅰ　kes-ita文

たい。

　以上、kes が具体的なものを指し示す kes-ita 文における主題の三つの特徴を考察した。但し、これまで見てきた例は、kes が具体的なものを指し、kes をその具体的な語彙に置き換えられるものであった。上記の（3）を再掲した（14）を見ると、kes は「絵」のみを指しており、kes を「絵」に置き換えることはできるが、それ以外の語彙に置き換えることはできない。

　（14）이　　그림은　　내가　　그린　　　　　것이다．（＝（3））
　　　　i　 kulim-n　nay-ka　kulin　　　ke-ya.
　　　　この　絵-は　　私-が　　描いた（過去）　kes-ita
　　　（この絵は、私が描いたものだ。）

しかし、具体的なものを指し示す kes-ita 文の中には、kes が一つの特定の具体的な語彙ではなく、いくつかの語彙への置き換えが可能に見えるものがある。

　（15）의자는　　앉을　　때　　쓰는　　　것이다．
　　　　uyca-nun　ancul　ttay　ssunun　　kes-ita.
　　　　椅子-は　　座る　　とき　使う（現在）kes-ita
　　　（椅子は、座るときに使うものだ。）

（15）の kes-ita 文の kes は、一見、「가구 kakwu（家具）、집기 cipki（什器）、도구 tokwu（道具）」などの語彙に置き換えることができるように見える。が、（15）の kes-ita 文の kes がこれらの語彙のうち、いずれか一つを指していると特定するのは恣意的であることと、これらの語彙は、いずれも一定の形のある物体全般を表す上位概念である「물건 mulken（物）」で網羅できることから、（15）の場合、kes の指示対象が複数であるというより、kes が形のある物体全般を表す「물건 mulken（物）」を指していると考えた方が合理的であろう。但し、（15）のように kes が形のある物体全般を表す「物」を指している kes-ita 文の場合、kes をそれが指している語彙に置き換えても意味上の差し支えはないが、kes のままの方がより自然に聞こえる。また、この種の kes-ita 文は、主題について、それは何であるかを定義するものが多い。（15）の場合、kes-ita 文は、主題である「椅子」について「座るときに使うものだ」

と定義している。そのため、(15) の kes-ita 文の主題は、ある特定の椅子を指しているのではなく、一般的なものを表すようになる。

さらに、kes-ita 文の kes は、次の (16) や (17) のように形のない漠然とした「何か」を指し示すこともある。

(16) 도구는　　　　인간이　　　만든　　　　　　것이다.
　　　tokwu-nun　inkan-i　　mantun　　　　　kes-ita.
　　　道具-は　　 人間-が　　作った（過去）　kes-ita
　　　(道具は、人間が作った<u>もの</u>だ。)

(17) 종교는　　　　인간이　　　만든　　　　　　것이다.
　　　congkyo-nun　inkan-i　 mantun　　　　　kes-ita.
　　　宗教-は　　　人間-が　　作った（過去）　kes-ita
　　　(宗教は、人間が作った<u>もの</u>だ。)

(16) と (17) の kes-ita 文は、それぞれ「道具」と「宗教」について、それは「人間が作った何かだ」と述べている。その「何か」が何であるかという判断は非常に困難ではあるが、「表」や「ニュース」「絵」などの具体的なものを明確に指していた (1) ～ (3) の kes-ita 文に比べると、kes が指しているものは、かなり抽象的であることは確かであろう。その中でも、「道具」について述べている (16) に比べ、(17) は「宗教」という抽象的な概念について述べているため、より抽象的なものを指し示していると思われる。また、(16) と (17) の kes-ita 文の主題は、kes が形のある物体全般を指していた (15) と同様、ある特定の「道具」や「宗教」ではなく、一般的な「道具」や「宗教」である。つまり、(16) や (17) の kes-ita 文の主題は指示的ではないということである。この点も、kes が具体的なものを指し示し、kes-ita 文の主題が指示的であった (1) ～ (3) の kes-ita 文と異なる。

このように kes-ita 文の kes の指示対象は、ある特定の具体的なものから物体全般を表すもの、さらに抽象的なものまでと幅があり、kes が具体的なものを指し示すか、あるいは、抽象的なものを指し示すかによって kes-ita 文の主題の特徴に違いが見られる。そのため、kes が具体的なものを指し示す kes-ita 文と抽象的なものを指し示す kes-ita 文は、いずれも kes が何かを指している点では類似し

ているが、両者は主題について何を述べているかに差が見られる可能性があると考えられる。次節では、抽象的なものを指し示すkes-ita文が、具体的なものを指し示すものに比べ、どのように異なる特徴を持っているかを考察する。

1.2　kesが抽象的なものを指し示す場合

　名詞文としてのkes-ita文には、前節の4章1.1節で見たようにkesが具体的なものを指し示す場合と異なり、抽象的な何かを指し示すものがある。この場合、kesは、ある特定の語彙に置き換えることができない。

(18)　<u>폭력은</u>　　<u>무조건</u>　　<u>나쁜</u>　　　　<u>거야</u>.
　　　phoklyek-un　mucoken　　nappun　　　 ke-ya.
　　　暴力 - は　　 無条件　　 悪い（現在）kes-ita
　　　（暴力は、理由を問わず、悪い<u>ものだ</u>。）　　　【ごめん】

(19)　<u>사랑은</u>　　<u>참는</u>　　　　　<u>것이다</u>.
　　　salang-un　 chamnun　　　　kes-ita.
　　　愛 - は　　 我慢する（現在）kes-ita
　　　（愛は我慢する<u>ものだ</u>。）

　(18)や(19)の場合、kes-ita文のkesが「행위 hayngwi（行為）」や「습관 supkwan（習慣）」「마음 maum（気持ち）」などの実質的な意味を持つ語彙を指しているとは考え難い。なぜなら、kesが指しているのはそのいずれも当てはまるため、何か一つの語彙に特定することは恣意的であるためである。そのため、(18)や(19)のようなkes-ita文のkesは、4章1.1節で見た具体的なものを指し示すkes-ita文のkesが、「가구 kakwu（家具）、집기 cipki（什器）、도구 tokwu（道具）」など、複数のものを指しているように見える場合、kesは、それらを全て網羅できる、形のある物体全般を表す「물건 mulken（物）」を指していると考えた方が合理的であったのと同様、「행위 hayngwi（行為）」や「습관 supkwan（習慣）」「마음 maum（気持ち）」などの抽象的な概念を網羅できる抽象的な「何か」を指していると考えた方が合理的であろう。但し、具体的なものを指し示すkes-ita文の場合、kesを、物体全般を表す

「물건 mulken（物）」に置き換えることが可能であるのに対し、(18) や (19) のように抽象的なものを指し示す kes-ita 文の場合は、そのような置き換えはできない。

(18) や (19) のような kes-ita 文の場合、kes が抽象的ではあるが何かを指しているという点は、具体的なものを指し示す kes-ita 文の kes と変わりがないため、kes は名詞として働き、当該の文は統語的に「NP1 は NP2 だ」という構造を持っている名詞文である。そして、(18) は、「暴力」について「悪いものだ」と述べており、(19) は、「愛」について「我慢するものだ」と述べている点で、主題について何かを述べているという「主題－解説」構造を有していると言える。一方、具体的なものを指し示す kes-ita 文は、主題について、それは「何であるか」を述べているのに対し、kes が抽象的なものを指すとき、kes-ita 文は、主題について、それは「どのようなものであるか」、即ち、その属性を述べている。つまり、(18) の kes-ita 文は、「暴力」はどのようなものかについて「悪いものだ」と、暴力の属性を述べており、(19) の kes-ita 文は、「愛」はどのようなものかについて「我慢するものだ」と、愛の性質を述べているのである。

kes が抽象的なものを指し示す kes-ita 文が「主題－解説」構造を有していることを確認したところで、次は、この種の kes-ita 文の特徴について見ていく。抽象的なものを指し示す kes-ita 文には、大きく四つの特徴が見られる。

第一に、kes が抽象的なものを指し示す場合、NP1 と NP2 の間には、「NP1 ⊂ NP2」という包含関係が成立する。つまり、(18) の場合、暴力は「悪いもの」という抽象的なものの集合の部分集合であり、(19) の場合、愛は「我慢するもの」という抽象的なものの集合の部分集合である。その結果、(18) は、「暴力」について「暴力は悪い」という性質を表し、(19) は、「愛」について「愛は我慢する」という性質を表すことになる。そのため、実際の用例では、kes-ita で表される部分の述語には、ものの性質を表す形容詞が用いられた用例が多かった*8。

第二に、kes が抽象的なものを表す kes-ita 文は、具体的なものを

指し示す場合と異なり、主題にあたる部分に指示表現を伴わないのが一般的である。もし指示表現を伴うと抽象的な何かを指し示さず、具体的なものを指すようになる。

(20) 이　　폭력은　　　좋은　　　　　것이다.
　　　i　　phoklyek-un　cohun　　　　kes-ita.
　　　この　暴力-は　　　良い（現在）　kes-ita
　　　（このような暴力は良いものだ。）

(21) 이　　사랑은　　　참는　　　　　것이다.
　　　i　　salang-un　　chamnun　　　kes-ita.
　　　この　愛-は　　　我慢する（現在）kes-ita
　　　（このような愛は我慢するものだ。）

(20)と(21)のように「暴力」や「愛」に「이 i（この）」という指示表現を用いた場合、kes-ita文のkesは、「このような暴力はいい暴力だ」「このような愛は我慢する愛だ」というニュアンスを帯び、抽象的なものを指し示さず、同一文内に主題として現れている「暴力」や「愛」という実質的な語彙に置き換えられるようになる。上記の(18)や(19)のようにkesが抽象的なものを指し示すkes-ita文の場合、主題である「暴力」や「愛」は、特定の「このような暴力」や「このような愛」ではなく、一般的な「暴力」や「愛」を表しているため、主題は指示的ではないと言える。

　第三に、抽象的なものを指し示すkes-ita文は、kes-itaで表される部分に、「X는 그런 것이다 X-nun kulen kes-ita（Xは、そういうものだ）」のように主題（X）に対し、既に先行文に現れた性質を受ける「그렇다 kulehta（そうだ）」という表現を用いたり、「X는 ～같은 것이다 X-nun ～katun kes-ita（Xは、～のようなものだ）」のように主題（X）に対して比喩的な表現を用いたりすることがある。

(22) 어머니는　　자식을　　위해　　희생한다.
　　　emeni-nu　casik-ul　wihay　huysaynghanta.
　　　母-は　　　子供-を　　ため　　犠牲する
　　　어머니의　사랑은　　그런　　　　것이다.
　　　emeni-uy　salang-un　kulen　　　kes-ita.

　　　　　母-の　　　　愛-は　　　そういう（現在）kes-ita
　　　　（母は子供のために犠牲になる。母の愛はそういう<u>もの</u>だ。）
(23)　사랑은　　　꿈같은　　　　　<u>것이다</u>.
　　　salang-un　kkwumkathun　kes-ita.
　　　愛-は　　　夢みたいな　（現在）kes-ita
　　　（愛は夢のような<u>もの</u>だ。）

(22)は、「母の愛」について「子供のために犠牲するものだ」ということを「그렇다 kulehta（そうだ）」という表現を用いて述べている。また、(23)は、「愛」について「夢のようなものだ」と愛を夢にたとえ、比喩的に述べている。(22)と(23)のkesは、いずれも抽象的なものを指し示している。

第四に、kesが抽象的なものを指し示すkes-ita文は、主題に対する本質や傾向を表しており、「NP1はNP2だ」という文全体の命題内容が「当然、そうである」「当然、そうするべきである」という当為判断を表す場合がある。

(24)　사람은　　　누구나　　　죽는　　　　<u>것이다</u>.
　　　salam-un　nwukwu-na　cwuknun　kes-ita.
　　　人-は　　　誰-でも　　死ぬ（現在）　kes-ita
　　　（人は誰でも死ぬ<u>もの</u>だ。）
(25)　［早く寝ない子供に］
　　　<u>어린이는</u>　일찍　　자는　　　　거야.
　　　elini-nun　　ilccik　canun　　　ke-ya.
　　　子供-は　　　早く　寝る（現在）　kes-ita
　　　（子供は早く寝る｛<u>もの／の</u>｝だ。）

(24)は、「人」の本質・傾向は、「誰でも死ぬ」と述べており、(25)は、「子供」について、その本質・傾向は、「早く寝る」と述べている。(24)と(25)のkesは、いずれも、主題に対する本質や傾向という抽象的なものを指し示している。が、文の意味は「抽象的な何か」で終わるのではなく、kes-ita文全体の命題内容は、(24)の場合、「当然、人は誰でも死ぬ」という当為判断を表している。また、(25)の場合は、「当然、子供は早く寝る」という社会一般的な通念を押しつけ、早く寝ようとしない子供に「早く寝

べき」とその行為の実行を促している。

　このようにkesが抽象的なものを指し示し、主題に対する本質や傾向を表すkes-ita文は、kes-itaを韓国語の当為判断の表現である「법이다 pep-ita（モノダ）」に置き換えることができるという点から、「当為判断」を表していると言える。

(24′) 사람은　　누구나　　　죽는　　　　법이다.
　　　salam-un　nwukwu-na　cwuknun　　pep-ita.
　　　人 - は　　誰 - でも　　死ぬ（現在）　pep-ita
　　　（人は誰でも死ぬものだ。）

(25′) 어린이는　　일찍　　자는　　　　법이야.
　　　elini-nun　　ilccik　canun　　　pep-iya.
　　　子供 - は　　早く　寝る（現在）　pep-ita
　　　（子供は早く寝るものだ。）

　kesが抽象的なものを指し示すkes-ita文のうち、当為判断を表すものは、聞き手が置かれた状況により二次的に派生する意味であると思われる。当為判断を表すkes-ita文の二次的な意味については、後述する第7章で詳細に考察することにし、本節では、kesが抽象的なものを指し、主題についての本質・傾向を表すkes-ita文には、「当為判断」といったもう一つの意味合いがあるということを述べるにとどめたい。

　以上、kesが具体的なものを指し示すkes-ita文（4章1.1節）と、抽象的なものを指し示すkes-ita文（4章1.2節）を考察した。両者は、kesの指示対象において、それが具体的であるか抽象的であるかという差はあったが、いずれも何かのものを指しているという「もの」的な存在感があるという点では共通していた。そして、kesが具体的なものを指し示すか、抽象的なものを指し示すかは、kes-ita文の主題の特徴とも関係があった。つまり、kes-ita文の主題が指示的であれば、kesが指し示す対象も具体的なものになるのに対し、kes-ita文の主題が非指示的であれば、kesの指示対象も抽象的なものになるのである。

1.3　kesが名詞化辞として働く場合

4章の1.1節と1.2節で考察した名詞文としてのkes-ita文の場合、kesは具体的なものや抽象的なものを指し示し、具体的であれ抽象的であれ何らかの指示対象のある名詞として働いていた。が、名詞文としてのkes-ita文には、kesが具体的なものも抽象的なものも指し示さず、kesが何かを指しているというより、ただ述語を名詞化し、先行する事態を名詞文にする機能のみを持っているものがある。

(26)　결혼은　　　남녀가　　　법적으로　　　부부가　　　되는
　　　kyelhon-un namnye-ka pepcek-ulo   pupu-ka   toynun
　　　結婚-は   男女-が   法的-に   夫婦-が   なる（現在）

　　　것이다.
　　　kes-ita.
　　　kes-ita

　　　（結婚は男女が法律上夫婦になる<u>ことだ</u>。）

(27)　주방을　　　오픈하는　　건　　　노하우를　　다
　　　cwupang-ul ophunhanun ke-n   nohawu-lul   ta
　　　厨房-を   オープンする こと-は ノウハウ-を 全部

　　　보여주는　　　　　　거야.
　　　poyecwunun   ke-ya.
　　　見せてあげる（現在） kes-ita

　　　（厨房をオープンにすることは、ノウハウを全て見せる<u>ことだ</u>。）　【コーヒー】

(26)と(27)のkes-ita文においてkesは、「結婚は、男女が法律上夫婦になる何かだ((26))」「厨房をオープンにすることは、ノウハウを全て見せる何かだ((27))」のように具体的や抽象的な何かを指し示しているとは考え難い。そのため、具体的や抽象的なものを指していたkes-ita文と異なり、(26)と(27)の場合、kesの指示対象はないと言える。このように特定の事物を指さないkesを、남기심(2001:221-223)では、「文を名詞化する機能のみをしているものである」と述べている。そのため、(26)と(27)のkes-ita文のkesは、ある特定のものを指し示さず、ただ先行する事態を名詞化する働き、即ち、名詞化辞として働いていると考えられ

る。(26)でkesは、「男女が法律上夫婦になる」という事態を名詞化し、「男女が法律上夫婦になること」という名詞句にしている。また、(27)でkesは、「ノウハウを全て見せる」という事態を名詞化し、「ノウハウを全て見せること」という名詞句にしている。そして、文全体は、それぞれ「結婚（NP1）は、男女が法律上夫婦になること（NP2）だ」、「厨房をオープンにすること（NP1）は、ノウハウを全て見せること（NP2）だ」のように「NP1はNP2だ」という統語構造を持つ名詞文になる。

　一方、(26)や(27)のkes-ita文の意味を考えると、(26)のkes-ita文は、「結婚」について、それは「男女が法律上夫婦になることである」と述べており、(27)の場合は、「厨房をオープンにすること」について、それは「ノウハウを全て見せることである」と述べていると解釈できる。このようにkesが名詞化辞として働く場合も、kes-itaで表される部分は、主題について何かを述べている点で、「主題－解説」構造を持っていると言える。

　(26)や(27)のようにkesが名詞化辞として働くkes-ita文は、大きく三つの特徴を持っている。

　第一に、名詞化辞として働くkes-ita文は、主題について、その詳細を述べたり、主題と同じ意味を持っているもう一つの事態を述べたりするものが多い。上記の(26)では、「結婚」についてその詳細を述べており、(27)では、「厨房をオープンにすること」は「ノウハウを全て見せること」と同じであることを述べている。そのため、「NP1はNP2だ」の統語構造を持っており、名詞化辞として働くkes-ita文のNP1とNP2の間には、「NP1 = NP2」という等位関係が成立するようになる。

　第二に、名詞化辞として働くkes-ita文の主題は、抽象的なものを指し示すkes-ita文の主題と同様、指示的ではないという特徴がある。(26)のkes-ita文の主題である「結婚」は、「この結婚」のようにある特定の結婚を指しているのではなく、一般的な概念としての結婚を表しているため、kes-ita文の主題は指示的ではない。また、(27)の場合も、「厨房をオープンにする」という一般的なことを表している点で、主題は指示的であると言えない。そのため、

次の(28)や(29)のように(26)と(27)の主題である「結婚」や「厨房をオープンにすること」に、「이i (この)」という指示表現を用いると、kesの働きが変わったり、文の意味が曖昧になったりしてしまう。例えば、(28)のkes-ita文のkesは、名詞化辞として働くのではなく、「結婚」という具体的なものを指しているため、kesを「結婚」という語彙に置き換えることができるようになる。また、(29)の場合は、「이i (この)」という指示詞が「厨房」を指しているのか、それとも「厨房をオープンにすること」全体を指しているのかが明確ではないため、文の意味が曖昧になってしまう。

(28) <u>이　　結婚은　　남녀가　　법적으로　　부부가</u>
　　　i　　kyelhon-un　namnye-ka　pepcek-ulo　pupu-ka
　　　この　結婚 - は　　男女 - が　　法的 - に　　夫婦 - が
　　　<u>되는</u>　　　　　<u>것이다</u>.
　　　toynun　　　　kes-ita.
　　　なる（現在）　kes-ita
　　　（この結婚は男女が法律上夫婦になる<u>ことだ</u>。）

(29) <u>이　　주방을　　　오픈하는　　건　　　노하우를　　다</u>
　　　i　　cwupang-ul　ophunhanun　ke-n　　nohawu-lul　ta
　　　この　厨房 - を　　オープンする　こと - は　ノウハウ - を　全部
　　　<u>보여주는</u>　　　　　　<u>것이다</u>.
　　　poyecwunun　　　　　kes-ita.
　　　見せてあげる（現在）　kes-ita
　　　（この厨房をオープンにすることは、ノウハウを全て見せる<u>ことだ</u>。）　　　【コーヒー】

(28)や(29)のように指示表現を伴うと、名詞化辞として働くkes-ita文の意味が変わるなど、指示表現が伴われにくいと述べたが、次の(30)や(31)のように(26)と(27)の文を二つの文に分けた場合、kes-ita文の構文上の主題として、先行文を受けている指示詞を用いることは可能である。

(30) 결혼.　　그것은　　남녀가　　법적으로　　부부가
　　　kyelhon.　kukes-un　namnye-ka　pepcek-ulo　pupu-ka

結婚　それ-は　男女-が　法的-に　夫婦-が
되는　　　　것이다.
toynun　　　kes-ita.
なる（現在）　kes-ita
（結婚。それは男女が法律上夫婦になることだ。）

(31) 주방을　　　오픈한다.　그것은　　노하우를　　다
　　 cwupang-ul　ophunhanta.　kukes-un　nohawu-lul　ta
　　 厨房-を　　　オープンする　それ-は　　ノウハウ-を　全部
　　 보여주는　　　　　것이다.
　　 poyecwunun　　　kes-ita.
　　 見せてあげる（現在）　kes-ita
　　 （厨房をオープンにする。それは、ノウハウを全て見せることだ。）

が、(30)の場合、構文上の主題である「그것 kukes（それ）」は、先行文に現れている「結婚」を指しており、(31)の場合は、先行文の「厨房をオープンにする」という事態を指しているだけである。4章1.1節でも述べたようにkes-ita文の構文上の主題を「これ」「それ」「あれ」などで受ける場合、主題が指示的であるか否かは、kes-ita文の事実上の主題で判断しなければならない。(30)や(31)のようなkes-ita文の事実上の主題は、「それ」という指示詞ではなく、それが指している「結婚」や「厨房をオープンにすること」である。そのため、(30)や(31)のkes-ita文は、(26)や(27)の文と同質のものであり、主題は非指示的である。

最後に、第三の特徴は、名詞化辞として働くkes-ita文は、主題の部分も、kes-itaで表される部分と同様、名詞化辞として働く文中のkesによって表され、「-ㄴ 것은 -ㄴ 것이다 -n kes-un -n kes-ita（～することは、～することだ）」のような構文として現れることが多々あるという点である。

(32) 상을　　나누는　　　것은　　실은　　상을　　받는
　　 sang-ul　nanwunun　　kes-un　sil-ul　sang-ul　patnun
　　 賞-を　　分ける（現在）　kes-は　実-は　賞-を　　もらう
　　 기쁨도　나누는　　　　것이다.

kippum-to nanwunu   kes-ita.
喜び-も   分ける（現在）   kes-ita

（賞を分けることは、実は、賞をもらう喜びも分けることだ。）
【中央】

(33) 상호신뢰   구축과   민족   동질성   회복을
sanghoshinloy kwuchwu-kwa mincok tongcilseng hoypok-ul
相互信頼   構築-と   民族   同質性   回復-を
위해   가장   바람직한   것은   단일팀을
wihay kacang palamcikhan   kes-un tanilthim-ul
ため   最も   望ましい（現在） kes-は 単一チーム-を
구성하는   것이다.
kwusenghanun   kes-ita.
構成する（現在） kes-ita

（相互信頼構築と民族同質性の回復のため、最も望ましいことは、単一チームを構成することだ。） 【ハンギョレ】

（32）では、「賞を分ける」という事態について、それは「賞をもらう喜びも分ける」という事態と同じであると述べている。一方、（33）では、「相互信頼構築と民族同質性の回復のため、最も望ましいこと」について、その詳細を「単一チームを構成する」と述べている。このように名詞化辞として働くkes-ita文が、「～することは、～することだ」という構文として現れ、主題となる事態について、それと同等なもう一つの事態を述べたり、詳細を述べたりするものは、第5章で後述する「疑似名詞文としてのkes-ita文」と非常に類似している。これについては、第5章で詳しく考察する。

1.4　kesの指示対象の意味拡張

　これまでは、名詞文としてのkes-ita文を、kesの性質によって「kesが具体的なものを指す場合」「kesが抽象的なものを指す場合」「kesが名詞化辞として働く場合」という三つに分けてそれぞれの特徴を考察した。ここで言うkesの性質とは、kesが何かを指し示すか否かであった。本節では、名詞文としてのkes-ita文においてkesの指示対象の意味拡張について少し見ておきたい。

(34) 이　　그림은　　내가　　그린　　것이다．　（＝（3））
　　　i　　kulim-un　nay-ka　kulin　　kes-ita.
　　　この　絵-は　　　私-が　　描いた（過去）　kes-ita
　　（この絵は、私が描いたものだ。）

(35) 폭력은　　무조건　　나쁜　　　거야．　　（＝（18））
　　　phoklyek-un　mucoken　nappun　　ke-ya.
　　　暴力-は　　　無条件　　悪い（現在）　kes-ita
　　（暴力は、理由を問わず、悪いものだ。）　　【ごめん】

(36) 주방을　　오픈하는　　건　　노하우를　　다
　　　cwupang-ul　ophunhanun　ke-n　nohawu-lul　ta
　　　厨房-を　　オープンする　こと-は　ノウハウ-を　全部
　　　보여주는　　　　　것이다．　　　　（＝（27））
　　　poyecwunun　　　kes-ita.
　　　見せてあげる（現在）　kes-ita
　　（厨房をオープンにすることは、ノウハウを全て見せることだ。）　　【コーヒー】

　まず、4章1.1節で考察した（34）のkes-ita文のkesは、具体的なものを指しており、その指示対象は同一文内に現れている「絵」である。そして、（34）のkesは、それが指している具体的なもの、即ち、「絵」に置き換えることができる。そのため、kesが具体的なものを指し示す場合、kesの指示対象は、語彙的意味を持っていると言える。次に、4章1.2節で考察した（35）のkes-ita文の場合、kesは、ある特定の一つの具体的な語彙に置き換えることはできないが、「行為」や「習慣」などの意味を全て網羅できる抽象的なものを指している。そのため、kesが抽象的なものを指し示す場合、kesの指示対象も抽象的ではあるが、ある程度の語彙的意味が現れていると言える。

　それに対し、4章1.3節で考察した（36）のkes-ita文のkesは、具体的であれ抽象的であれ何かを指していた（34）や（35）のkesと異なり、何も指していない。つまり、（36）のようにkesが名詞化辞として働く場合、kesの指示対象はないため、語彙的意味は持っておらず、ただ先行する述語を名詞化するという機能しか持って

いないと言える。

　このように名詞としてのkes-ita文のkesの指示対象の意味は、具体的で実質的な意味から抽象的な意味へと薄れ、さらに実質的な意味を失っていくと考えることができる。これは、語彙的意味を持っていたものが機能語に変わるという「文法化（grammaticalization）」に類似している。「文法化」という言語変化について、Hopper & Traugott（1993）は、次のように定義している。

> We define grammaticalization as the process whereby lexical items and constructions come in certain linguistic contexts to serve grammatical function, and, once grammaticalized continue to develop new grammatical functions.
> 　　　　　　　　　　　　　　　（Hopper & Traugott 1993:xv）

　つまり、文法化とは、実質的な意味を持っていた語彙的項目が何らかの影響で実質的な意味を失い、文法的項目に変化する過程を言うのであろう。このような文法化の定義から、名詞文としてのkes-ita文のkesは、実質的な意味を持っている具体的なものから抽象的なものへと拡張し、さらに指示対象を持たず、語彙的意味を失い、名詞化辞という文法的機能を新たに持つものへと意味拡張してきたのではないかと考えられる。そして、このような意味拡張を及ぼした要因としては、kesの指示対象の抽象化が挙げられる。これは、具体的な内容語の意味が希薄になって、機能語として現れるようになるという言語変化の動機づけの一つである「意味の漂白化（semantic bleaching）」（Hopper & Traugott（1993:87–93、大堀 2002:189）と相通じている。

　このように名詞文としてのkes-ita文が、具体的なものを指し示していたkesの指示対象の「抽象化」により、その語彙的意味が「漂白化」し、実質的な意味を持つ名詞としての働きから、述語を名詞化する機能語へと意味拡張したという考えは、文法化の定義からの仮説であり、これを検証するには、さらにkesの意味変化を通時的に考察する必要がある。が、kesの意味に対する通時的な考察

は、本書の考察範囲を超えているため、今後の課題とする。以上の名詞文としてのkes-ita文のkesの意味拡張の仮説を図で示すと、次の図4–1のようになる。

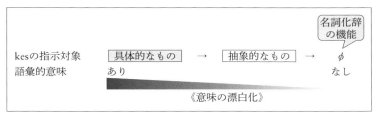

図4–1　名詞文としてのkes-ita文のkesの指示対象の意味拡張（仮説）

　以上、名詞文としてのkes-ita文のうち、主題が同一文内に明示されている場合を、kesの性質によって三つに分けて考察した。次節では、名詞文であるが、主題が同一文内に明示されていないkes-ita文について考察する。

2. 主題が構文非明示的である場合

　名詞文としてのkes-ita文の中には、4章1節で考察した、主題が同一文内に文構成要素として明示的に現れるもの（構文明示的）と異なり、同一文内に主題が明示的に現れないもの（構文非明示的）がある。名詞文としてのkes-ita文のうち、主題が構文非明示的であるkes-ita文も、構文明示的である場合と同様、kesが何を指し示しているかというkesの性質によって、「具体的なものを指し示すもの」「抽象的なものを指し示すもの」「名詞化辞として働くもの」という三つに分けることができる。その上、それぞれの特徴は主題が構文明示的であるkes-ita文と同様であるため、本節では、主題が同一文内に明示的に現れないkes-ita文が、どのように意味解釈されるかを中心に考察していく。

　まず、次の（37）と（38）は、kesが具体的なものを指し示すkes-ita文であるが、同一文内に主題は現れていない。

　（37）［報告書を見せながら］
　　　　저희　　팀　　강민기　　요원이　　올린

```
        cehuy    thim   kangminki  yowen-i   ollin
        うちの   チーム  カン・ミンギ  要員-が   上げた（過去）
        겁니다.
        ke-pnita.
        kes-ita
```
（うちのチームのカン・ミンギが出した<u>ものです</u>。）　　【犬】

(38)　［展示場の美術品を指さしながら］

```
    A: 아저씨,  저게    뭐예요?
       acessi   cekey   mwe-yeyyo?
       おじさん  あれ-が  何-ですか
```
（ハンソンさん、あれは何ですか？）

```
    B: 자개를   잘라서   일일이   붙인
       cakay-lul  callase  ilili    puthin
       螺鈿-を    切って   一つ一つ  貼りつけた（過去）
       거야.
       ke-ya.
       kes-ita
```
（貝を切って一つ一つ貼りつけた<u>ものなんだ</u>。）【コーヒー】

　3章2節で述べたように、主題が同一文内に明示的に現れていない（37）や（38）のようなkes-ita文は、kes-itaで表される部分だけでは、文の意味を正しく解釈できず、文の意味解釈に必要な情報を文脈や状況から探すようになる。（37）のkes-ita文の場合、聞き手は、発話現場で報告書を見せられているという状況から、kes-itaで表される部分である「カン・ミンギが出したkes-ita」は、その報告書について何かを述べていると解釈できる。そして、（37）のkes-ita文は、「話し手が見せている報告書」について、それは何であるかというと「カン・ミンギが出したものだ」と述べているという意味解釈ができた時点で、（37）のkes-ita文のkesは、「報告書」という具体的なものを指していると判断できる。（38）の場合も、発話現場においてAがある美術品を指さしているという状況から、kes-itaで表される部分である「貝を切って一つ一つ貼りつけたkes-ita」は、その美術品について述べていると解釈できる。そして、

(38)のkes-ita文は、「Aが指さしている美術品」について、それは何であるかというと「貝を切って一つ一つ貼りつけたものだ」と述べているという意味解釈ができた時点で、(38)のkes-ita文のkesは、形のある具体的なものを指していると判断できる。(37)や(38)の場合、主題は同一文内には現れていないが、報告書を見せたり、美術品を指さしたりするなどの状況から、話し手と聞き手は、当該のkes-ita文が何について述べているのかをお互い認識し共有しているため、聞き手は、それを発話時の状況から容易に探し出すことができ、kes-ita文の意味を正しく解釈することができる。

　次に、(39)は、kesが抽象的なものを指し示すkes-ita文の場合である。

(39) ［情報機関の任務中、Aが予想外の出来事で任務に失敗した］

　　A：작전에　　누를　　　끼쳐서　　　죄송합니다.
　　　　cakcen-ey　nwu-lul　kkichyese　coysonghapnita.
　　　　作戦-に　　迷惑-を　　かけて　　申し訳ありません
　　　　(作戦にご迷惑をおかけして申し訳ありません。)

　　B：<u>원래　　다　　그런　　　　거야</u>. 현장에선
　　　　wenlay　ta　kulen　　　　ke-ya.　hyencang-eysen
　　　　元来　　全部　そういう (現在)　kes-ita. 現場-では
　　　　무슨　　일이　　터질지　　알　　수가　　없다니까.
　　　　musun　ili　　thecilci　　al　　swu-ka　epstanikka.
　　　　何の　　事-が　　起こるか　　知る　　手-が　　ないから
　　　　(そもそも全てそういう<u>もの</u>さ。現場では何が起こるか
　　　　わからないんだから。)　　　　　　　　　　　【犬】

　(39)は、Aが予想外の出来事で任務に失敗したときに、BがAを慰める場面で行われた発話である。(39)のkes-ita文の場合も、(37)や(38)と同様、kes-itaで表される部分だけでは、文の意味を正しく解釈できず、「何が？」と反問するようになる。(39)のkes-ita文の場合、話し手と聞き手が、Aが失敗した任務の現場について話しているという文脈から、kes-itaで表される部分である「そもそもそういうkes-ita」は、「作戦現場」について述べている

と解釈できる。但し、(39)の場合、kes-itaで表される部分が述べているのは、話し手と聞き手が話をしていた「任務に失敗したその現場」ではなく、情報機関などの任務が行われる一般的な「作戦現場」である。これは、話し手と聞き手が、Aが失敗した任務の現場について話しているという文脈の中、話し手と聞き手が持っている知識から推論することができる。そして、(39)のkes-ita文は、「一般的な作戦現場」について、「本来そういうものだ」と属性を述べているという意味解釈ができた時点で、(39)のkes-ita文のkesは、具体的なものではなく、抽象的な何かを指していると判断できる。

　最後に、(40)は、kesが名詞化辞として働くkes-ita文の用例である。

(40) A：보습이　　뭐야？
　　　　posup-i　　mweya?
　　　　保湿-が　　何か
　　　　（保湿って何？）

　　　B：얼굴에　　물　　주는　　　　거야.
　　　　elkwul-ey　mul　cwunun　　　　ke-ya.
　　　　顔-に　　水　あげる（現在）　kes-ita
　　　　（顔に水をあげることだよ。）　　　　【カップル】

(40)のkes-ita文は、「保湿とは何か」というAの問いの返答として発話されている。(40)のkes-ita文の場合も、上記の(37)〜(39)と同様、「保湿とは何か」というAの問いがないと、kes-itaで表される部分だけでは、文の意味を正しく解釈できない。(40)のkes-ita文の場合、kes-itaで表されている部分の「顔に水をあげるkes-ita」は、先行発話に現れた「保湿」について述べていると解釈できる。そして、(40)のkes-ita文は、「保湿」について「顔に水をあげることだ」と、その定義を述べているという意味解釈ができた時点で、(40)のkes-ita文のkesは、「顔に水をあげる」という事態を「顔に水をあげること」と名詞句にする名詞化辞として働いていると判断できる。このようにkesが名詞化辞として機能する場合も、話し手と聞き手は、当該のkes-ita文が何につい

て述べているのかをお互いに認識し共有しているため、それを文脈から容易に探し出すことができ、kes-ita 文の意味を正しく解釈することができる。

　（37）〜（40）で分かるように、名詞文としての kes-ita 文のうち、同一文内に主題が明示的に現れない場合は、いずれも話し手と聞き手が、当該の kes-ita 文が何について述べているのかを先行文脈や発話状況からお互い認識し共有している。そのため、聞き手は、それを文脈や状況から容易に探し出すことができ、kes-ita 文の意味を正しく解釈することができる。その際、kes-ita 文の意味解釈に必要であるが、同一文内には欠けていたため、聞き手が文脈や状況から探し出したものは、kes-ita 文が述べている対象、即ち、「主題」である。そして、同一文内に主題が明示的に現れない kes-ita 文の意味は、文脈や状況から探し出した主題について何かを述べている点で、「主題－解説」構造を持っていると言える。

　主題が構文非明示的である kes-ita 文の一つの特徴は、その文が名詞文であるがゆえに、文脈や状況から探し出した主題を同一文内に共起させても文の性質や意味が変わらないという点である。そのため、上記の（37）〜（40）の kes-ita 文は、次の（37′）〜（40′）のように主題を同一文内に共起させることができる。

（37′）［報告書を見せながら］

이　　　보고서는　　　저희　　　팀　　　강민기　　　요원이
i　　　pokosw-nun　　cehuy　　thim　　kangminki　　yowen-i
この　　報告書-は　　うちの　　チーム　カン・ミンギ　要員-が

올린　　　　　　　겁니다.
ollin　　　　　　　ke-pnita.
上げた（過去）　　kes-ita

（この報告書は、うちのチームのカン・ミンギが出したものです。）

（38′）［展示場の美術品を指さしながら］

　A：아저씨,　　저게　　　뭐예요?
　　　acessi　　cekey　　　mwe-yeyyo?
　　　おじさん　あれ-が　　何-ですか

(ハンソンさん、あれは何ですか？)

B： <u>저건　　자개를　　잘라서　　일일이　　붙인</u>
　　あれ-は　螺鈿-を　　切って　　一つ一つ　貼りつけた（過去）
　　ceke-n　cakay-lul　callase　　ilili　　　puthin

　　<u>거야</u>．
　　ke-ya．
　　kes-ita

（あれは、貝を切って一つ一つ貼りつけた<u>ものなんだ</u>。）

【コーヒー】

(39′)［情報機関の任務中、Ａが予想外の出来事で任務に失敗した］

A： 작전에　　누를　　　끼쳐서　　　죄송합니다．
　　cakcen-ey　nwu-lul　kkichyese　coysonghapnita．
　　作戦-に　　迷惑-を　　かけて　　　申し訳ありません

（作戦にご迷惑をおかけして申し訳ありません。）

B： <u>작전　　현장은　　원래　　다　　　그런</u>
　　cakcen　hyencang-un　wenlay　ta　　　kulen
　　作戦　　現場-は　　　元来　　全部　　そういう（現在）

　　<u>거야</u>．현장에선　　무슨　　　일이　　터질지　　알
　　ke-ya．hyencang-eyse-n　musun　　ili　　thecilci　al
　　kes-ita．現場-では　　　何の　　　事-が　起こるか　知る

　　수가　　없다니까．
　　swu-ka　epstanikka．
　　手-が　　ないから

（作戦現場は、そもそも全てそういう<u>もの</u>さ。現場では何が起こるかわからないんだから。）

(40′) A： 보습이　　뭐야？
　　　　 posup-i　mweya?
　　　　 保湿-が　　何か

（保湿って何？）

B： <u>보습이란　　얼굴에　　물　　주는　　　거야</u>．
　　posuo-ilan　elkwul-ey　mul　cwunun　ke-ya．
　　保湿-とは　　顔-に　　　水　　あげる（現在）kes-ita

96　　Ⅰ　kes-ita 文

（保湿とは、顔に水をあげる<u>こと</u>だよ。）

　（37′）〜（40′）で分かるように、主題が構文非明示的であった（37）〜（40）のkes-ita文の主題を同一文内に共起させた（37′）〜（40′）のkes-ita文は、（37）〜（40）と全く同様の場面で、（37）〜（40）のkes-ita文と全く同様の意味を持つ。そのため、名詞文としてのkes-ita文のうち、主題が構文非明示的である場合の主題は、文の構成成分であり、冗長さを避けるために省略されたと考えられる。このように文脈や状況から探し出した主題を文構成要素として共起できるか否かは、名詞文としてのkes-ita文が第5章で考察する「疑似名詞文としてのkes-ita文」と異なる特徴である。

　名詞文として働くkes-ita文のうち、同一文内に主題が明示的に現れないkes-ita文の特徴を確認したところで、次節では、主題が構文非明示的であるkes-ita文の意味解釈に、なぜ「同一文内に主題がないと認識」→「文脈や状況から主題を探し出す」→「kes-ita文の意味解釈」という一連のプロセスが起きるかについて、kes-itaの機能と関連して考えてみる。

3. 名詞文としてのkes-ita文の意味解釈のプロセス

　主題が構文非明示的である名詞文としてのkes-ita文の場合、主題を探し、kes-ita文の意味を解釈するというプロセスが起きるのは、kes-itaそのものにkes-ita文の意味解釈のプロセスにかかわる何らかの働きがあるためであると考えられる。そのようなkes-itaの機能について、本書では、当該の文が「主題－解説」構造の中で、「主題についての解説であることを示すこと」ではないかという仮説を立てた。なぜなら、主題が構文明示的であるkes-ita文と構文非明示的であるkes-ita文は、いずれも主題について何かを述べるという「主題－解説」構造を持っていることで共通しており、kes-itaは「解説」の部分に現れるためである。そして、主題が構文明示的であるkes-ita文の場合は、既に主題が同一文内に明示されているため、主題を探す必要がなく、文の意味をそのまま解釈できる。

それに対し、主題が構文非明示的であるkes-ita文の場合は、主題が同一文内には現れていないが、文の意味解釈に必要であるため、文脈や状況から主題を探し出し、kes-ita文の意味を解釈するのである。

但し、kes-itaの機能が、「主題を探し出せ」という指示ではないという点には注意を払いたい。なぜなら、主題が構文明示的であるkes-ita文の場合、既に同一文内に存在する主題を改めて探し出す必要はないため、kes-itaの機能そのものが「主題を探せ」と指示しているとは考え難いためである。それに対し、本書で立てた仮説のように、kes-itaの機能が「主題についての解説であることを示すこと」であれば、主題が構文明示的な場合とそうでない場合、いずれの場合についても統一的な説明が可能となる。つまり、主題が構文明示的であるkes-ita文の場合、kes-itaは主題についての解説であることを示しているだけであるため、当該のkes-ita文は、同一文内に明示的に現れている主題について何かを述べていると解釈できる。それに対し、主題が構文非明示的であるkes-ita文の場合は、kes-itaの機能により、当該のkes-ita文は、主題についての解説であることが示されているため、同一文内に明示的に現れていない主題を探す必要が出てくる。そして、文脈や状況から主題を探し出し、当該の文がその主題について何かを述べていると解釈できるというようになる。

このように名詞文としてのkes-ita文の場合、主題が構文明示的である場合と構文非明示的である場合、いずれの場合においてもkes-itaの機能を統一的に説明できるため、kes-itaの基本的な機能は、当該の文が「主題−解説」構造の中で、「主題についての解説であることを示すこと」であるという本書の仮説は妥当であると考えられる。名詞文としてのkes-ita文におけるkes-itaの基本的な機能を確認したところで、この「主題についての解説であることを示す」という機能と、「名詞文をなす」という統語的な機能との関連について少し述べておく。

「名詞文をなす」というkes-itaの機能は、kesが名詞として働くか否かというkesの機能によって定められる統語レベルでの機能で

ある。そして、kesが名詞として働く場合、即ち、kesが具体的や抽象的なものを指し示すか、名詞化辞として働く場合、当該のkes-ita文は統語的に名詞文になる。一方で、本書で仮定した「主題についての解説であることを示す」というkes-itaの機能は、kes-ita文の意味解釈には主題が必要であり、当該のkes-ita文の意味は、主題について何かを述べるものとして解釈されるという意味レベルでの機能である。つまり、kes-itaには、文が名詞文か否かを判断する統語レベルでの機能と、文の意味解釈にかかわる意味レベルでの機能というレベルの異なる二つの機能があるということである。そして、主題が同一文内に明示的に現れていないkes-ita文の意味解釈は、kesが名詞であるか否かという統語レベルでのkes-itaの機能に影響を与えている。次の（41）の用例を見よう。

（41）a. ［ワンピースを指さしながら］

<u>미호가</u>　콘서트에　입고　간　<u>것이다</u>.
miho-ka　khonsetu-ey　ipko　kan　kes-ita.
美穂-が　コンサートに　着て　行った（過去）　kes-ita
（美穂がコンサートへ着て行った<u>ものだ</u>。）

b. ［クロゼットの中から大事にしていたワンピースがなくなったのを見て］

<u>미호가</u>　콘서트에　입고　간　<u>것이다</u>.
miho-ka　khonsetu-ey　ipko　kan　kes-ita.
美穂-が　コンサートに　着て　行った（過去）　kes-ita
（美穂がコンサートへ着て行った<u>のだ</u>。）

（41a）と（41b）は、いずれも「美穂がコンサートへ着て行った」という事態がkes-itaで表されており、主題は同一文内に明示的に現れていない。が、（41a）のkes-ita文の主題は、「話し手が指さしているワンピース」であり、当該の文は、それについて、それは「美穂がコンサートへ着て行ったものだ」と述べている。そして、その際、（41a）のkes-ita文のkesは、「ワンピース」という具体的なものを指し示し、名詞として働いているため、（41a）のkes-ita文は名詞文である。それに対し、（41b）のkes-ita文は、クロゼットからなくなったワンピースについて述べるものではなく、「クロ

ゼットの中から大事にしていたワンピースがなくなった」という事態（または、状況）を認識し、それについて何かを述べている。つまり、（41b）の kes-ita 文の主題は、「クロゼットの中から大事にしていたワンピースがなくなった」という事態（または、状況）である。そして、その際、kes-ita 文の kes は、具体的や抽象的な何かを指し示したり、名詞化辞として働いたりしないため、kes の名詞としての機能が定かではなく、（41b）の kes-ita 文は、名詞文であると言い難い。（41b）のような kes-ita 文は、本書では「疑似名詞文としての kes-ita 文」に分類されるもので、第 5 章で詳述する。

　（41a）と（41b）で分かるように、主題が構文非明示的であり、同じ文構成を持っている場合においても、当該の kes-ita 文が述べている対象、即ち、主題が何であるかによって、kes-ita 文の名詞性に違いが見られる。この点は、kes-ita 文の「主題 – 解説」構造は、意味レベルだけではなく、統語レベルにも影響を及ぼしており、文脈や状況から探し出した主題の性質によって、当該の kes-ita 文が名詞文として意味解釈されるか、あるいは、疑似名詞文として意味解釈されるかという判断に重要な役割をしていることを示唆している。そして、（41a）の主題と（41b）の主題を区別する性質は、文脈や状況から探し出した主題を同一文内に共起させることができるか否かである。4 章 2 節でも述べたように、名詞文としての kes-ita 文は、文脈や状況から探し出した主題を同一文内に共起させることができるため、名詞文である（41a）の kes-ita 文は、次の（41′a）のように文脈や状況から探し出した主題を同一文内に共起させても、（41a）と同様の場面で、同様の意味を持つ。それに対し、疑似名詞文である（41′b）の kes-ita 文は、名詞文と異なり、次の（41′b）のように文脈や状況から探し出した主題を同一文内に共起させることができない。

(41′) a.　［ワンピースを指さしながら］

이	원피스는	미호가	콘서트에	입고
i	wenphisu-nun	miho-ka	khonsetu-ey	ipko
この	ワンピース-は	美穂-が	コンサートに	着て

간　　　　　것이다.

   kan   kes-ita.
   行った（過去） kes-ita
  （このワンピースは、美穂がコンサートへ着て行った<u>ものだ</u>。）
 b. [クロゼットの中から大事にしていたワンピースがなくなったのを見て]
  ?? <u>원피스가</u> <u>없어진</u> <u>것은</u> <u>미호가</u> <u>콘서트에</u>
  wenphisu-ka epsecin kes-un miho-ka khonsetu-ey
  ワンピース-が なくなった こと-は 美穂-が コンサートに
  <u>입고</u> <u>간</u> <u>것이다</u>.
  ipko kan kes-ita.
  着て 行った（過去） kes-ita

　(41′a) のように文脈や状況から探し出した主題を同一文内に共起させることができるにも関わらず、(41a) の kes-ita 文に主題が同一文内に現れていないのは、話し手がワンピースを指さしているという状況から、話し手と聞き手は主題が何であるかをお互いに認識し共有しているため、冗長さを避けるために省略されたと考えられる。そのため、名詞文としての kes-ita 文の主題は、同一文内に明示的に現れていなくても、本来は文構成要素であると言える。そして、主題が文構成要素である場合、即ち、文脈や状況から探し出した主題を同一文内に共起させることができる場合、kes-ita 文は名詞文として意味解釈される。一方、(41′b) のように文脈や状況から探し出した主題を同一文内に共起させることができない kes-ita 文は、疑似名詞文として意味解釈されるわけであるが、これについては5章1節で詳細に述べることにする。

　以上、名詞文としての kes-ita 文の主題の出現有無による意味解釈のプロセスを図で示すと、次の図4–2の通りである。

　図4–2で分かるように、名詞文としての kes-ita 文の意味解釈の際は、まず、主題が構文明示的であるか否かを判断し、同一文内に主題が明示的に現れる場合は、そのまま kes-ita 文の意味解釈を行う（《A》の意味解釈）。それに対し、主題が同一文内に現れていない場合は、文脈や状況から主題を探し出すようになる。そして、主

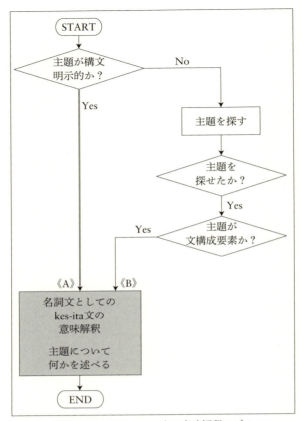

図4–2　名詞文としてのkes-ita文の意味解釈のプロセス

題を探し出すことができた場合、その主題が文構成要素であるか否かを判断し、文脈や状況から探し出した主題を同一文内に共起させることができる場合、名詞文としてのkes-ita文の意味解釈を行う（《B》の意味解釈）。このように名詞文としてのkes-ita文の意味解釈のプロセスには、主題が構文明示的であるか否かによって二通りのルートがある。が、いずれも主題について何かを述べているという意味解釈は同じである。そこには、当該の文が「主題−解説」構造の中で、「主題についての解説であることを示す」という意味レベルでのkes-itaの機能が関わっていると考えられる。

　本節では、名詞文としてのkes-ita文を「主題−解説」構造の観

点から考察した。ここでは、その特徴をまとめておく。

まず、kes の性質によって三つに分類した名詞文としての kes-ita 文の特徴は、次の表 4–1 のとおりになる。

表 4–1　名詞文としての kes-ita 文の特徴

	kes が具体的なものを指し示す場合	kes が抽象的なものを指し示す場合	kes が名詞化辞として働く場合
kes の指示対象	具体的	抽象的	なし
主題の指示性	指示的	非指示的	非指示的
主題（X）について述べる内容	X は、何であるか	X は、どのようなものであるか（属性）	X についての詳細・X と同等な意味をもつもう一つの事態

本章で、①kes が具体的なものを指し示すもの、②抽象的なものを指し示すもの、③kes が名詞化辞として働くものという三つに分類した名詞文としての kes-ita 文は、それぞれ、kes の指示対象や主題について述べている内容、主題の指示性などには多少の差が見られるものの、いずれも名詞文であることと、kes-ita で表される部分が主題について何かを述べているという「主題－解説」構造を持っていることでは共通していた。

一方、名詞文としての kes-ita 文は、主題が構文上に明示的に現れる場合と、そうでない場合があるが、いずれの場合でも、上記の表 4–1 の特徴は、主題の構文上の出現有無には関係なく、同様であった。但し、kes-ita 文の意味解釈において、主題が同一文内に明示的に現れない場合は、当該の文が「主題についての解説であることを示す」という意味レベルでの kes-ita の機能により、文脈や状況から主題を探し出し、kes-ita 文の意味を解釈するようになるという点が、主題が同一文内に明示的に現れる場合とは異なっていた。主題が同一文内に明示的に現れる場合も意味レベルでの kes-ita の機能は同じであるが、既に同一文内に主題が明示されているため、主題を探す必要はなかった。

最後に、名詞文としての kes-ita 文の用例数は、次の表 4–2 の通りである。

表4–2　名詞文としてのkes-ita文の用例数

kes-ita文の分類	会話文	地の文	計
kesが具体的なものを指し示す場合	35（35.7％）	63（64.3％）	98（100％）
kesが抽象的なものを指し示す場合	39（86.7％）	6（13.3％）	45（100％）
kesが名詞化辞として働く場合	7（17.1％）	34（82.9％）	41（100％）
計	81（44.0％）	103（56.0％）	184（100％）

　表4–2を見ると、名詞文としてのkes-ita文の中で、最も多く現れたのは、kesが具体的なものを指し示す場合（98例）である。次に、kesが抽象的なものを指し示す場合（45例）と、kesが名詞化辞として働く場合（41例）の順になる。

　その中、会話文と地の文において顕著な差が見られるのは、kesが抽象的なものを指し示す場合と、名詞化辞として働く場合である。kesが抽象的なものを指し示す45の用例のうち、会話文に現れた用例が39例で、全体の86.7％を占めているのに対し、地の文の用例は7例と13.3％しか占めていない*9。一方、kesが名詞化辞として働く場合は、全41例のうち、8割を上回る34の用例が地の文に現れ、会話文にはたった7例しか現れていない。

＊1　名詞文としてのkes-ita文は、従来の研究で言うkes-its Iに該当する。
＊2　本書における「主題－解説」構造の定義については、3章2節を参照されたい。
＊3　kes-itaの基本的な機能（仮説）については、3章3節を参照されたい。
＊4　以後の用例において、波線（　）は「主題」を、実線（　）はkes-itaによって提示される「解説」の部分を表す。また、kes-itaには二重線（　）をひく。
＊5　上記の（1）や（2）に対しても（3）と同様のことが言える。つまり、（1）においてkes-itaで表される部分は、同一文内にある「一番目のこの表」について、それは何であるかというと「当店周辺の人の流れを時間帯ごとにチェックしたものだ」と述べており、（2）においてkes-itaで表される部分は、

同一文内の「そのニュース」について、それは何であるかというと「アメリカの視点から編集されたものだ」と述べている。そのため、(1)と(2)のkes-ita文は「主題－解説」構造を持っていると言える。

*6　西山（2003:59）では、「ある名詞句が指示的であるか否かは、あくまで文中の名詞句が述語との関係で果たす意味機能としての問題になることであって、文から独立に名詞や名詞句それ自体が有している性質ではない、という点に注意すべきである」と述べ、次の(1)と(2)ように同じ名詞句の「洋子の好きな作曲家」であっても、(1)は指示的であるのに対し、(2)は非指示的であると指摘している。

　(1)　<u>洋子の好きな作曲家</u>は病気だ。
　(2)　あの人は、洋子の好きな作曲家だ。

*7　日本語記述文法研究会（2009:180）では、「話しことばの主題は、助詞が用いられない無助詞によって表されることが多い」と述べ、その理由として「「は」を用いると、対比的な意味が強くなるからである」と述べている。

*8　抽象的なものを指し示すkes-ita文の用例45例のうち、7章1節で後述するkesが抽象的なものを指し示すkes-ita文から二次的に派生した「当為判断」を表すkes-ita文（25例）を除くと、全ての抽象的なものを指し示すkes-ita文の用例の述語は形容詞であった（20例）。

*9　但し、会話文において、抽象的なものを指し示すkes-ita文の39例のうち、61％に相当する24例が、第7章で後述する「当為判断」という二次的な意味が現れるものである。

第 5 章
疑似名詞文としての kes-ita 文

　第 2 章では、五つの名詞性のテスト＊1 を設け、kes-ita 文を名詞性の度合いによって、①名詞文としての kes-ita 文、②疑似名詞文としての kes-ita 文、③非名詞文としての kes-ita 文という三つに分類した。本章で考察する「疑似名詞文としての kes-ita 文」は、kes を他の語彙に置き換えることはできないが、韓国語の名詞化辞である「-(u)m」に置き換えることはできる点や、kes が明確に名詞として機能している「-kes-i anita（〜のではない）」否定文が自然である点、kes-ita から「ita」を抜いた文が自然であるため、kes と ita を分離できる可能性がある点など＊2、統語的に「名詞文としての kes-ita 文」に非常に類似していた。しかし、名詞文と異なり、分裂文が成立できないなど、完全に名詞文とは言えない特徴があったため、本書では、この種の kes-ita 文を「疑似名詞文としての kes-ita 文」と分類した。
　疑似名詞文としての kes-ita 文は、「疑似名詞文」という名称通り、名詞性のテストの際も名詞文と類似した特徴が多く見られたのと同様、「主題 - 解説」構造から考察する際も名詞文との類似性が見られる可能性が高い。そのため、本章では、まず、疑似名詞文としての kes-ita 文の意味解釈のプロセスを考察しつつ、疑似名詞文として kes-ita 文が名詞文としての kes-ita と異なる点を明確にしたい。その後、疑似名詞文としての kes-ita 文をどのように分類するかを述べ、それぞれを「主題 - 解説」構造から考察していく。

1. 疑似名詞文としての kes-ita 文の意味解釈のプロセス

　第 4 章では、名詞文としての kes-ita 文について考察した。名詞文である kes-ita 文の最も著しい二つの特徴は、kes が統語的に名詞

として働いている点と、kes-ita文を「主題－解説」構造から見た際の主題が「は」や無助詞などで表され、文構成要素として同一文内に現れることが多いという点であろう。

(1) 이　　　그림은　　　내가　　　그린　　　것이다.
　　　i　　　kulim-un　　nay-ka　　kulin　　　kes-ita.
　　　この　　絵-は　　　私-が　　描いた(過去)　kes-ita
　　（この絵は、私が描いたものだ。）

(1) は、第4章で考察したように最も典型的な名詞文としてのkes-ita文である。(1) のkes-ita文は、「この絵」について「私が描いたもの」と述べており、その際の主題である「この絵」は、同一文内に明示的に現れている。そして、(1) においてkesは、「絵」という具体的なものを指し示し、名詞として働いている。一方、名詞文としてのkes-ita文には、次の (2) のように、kes-ita文の主題が同一文内に明示的に現れないものもあったが、この場合、文脈や状況から主題を探し出し、kes-ita文の意味を解釈することができた。

(2) ［絵を見せながら］
　　　내가　　　그린　　　거야.
　　　nay-ka　　kulin　　　ke-ya.
　　　私-が　　描いた(過去)　kes-ita
　　（私が描いたものだ。）

4章2節で述べたように、主題が構文非明示的であるkes-ita文の場合は、kes-itaで表されている部分が述べている対象、即ち、主題を文脈や状況から探し出し、kes-ita文の意味を解釈する。(2) の場合、聞き手は、「話し手が絵を見せている」という状況から、当該のkes-ita文が「その絵」について述べていると解釈できる。そして、(2) のkes-ita文は、今、話し手が見せている「その絵」について「私(＝話し手)が描いたものだ」という意味解釈ができた時点で、kesは「絵」という具体的なものを指していると判断できる。このように同一文内に主題が明示的に現れていないkes-ita文の場合、kes-itaで表される部分だけでは、文の意味を正しく解釈できず、文の意味解釈に必要な主題を文脈や状況から探し出し、

kes-ita 文の意味を解釈するというプロセスが起きるのは、kes-ita に、当該の文が「主題－解説」構造の中で、「主題についての解説であることを示す」という機能があるためであると述べた。

一方、疑似名詞文としての kes-ita 文を見ると、(3)～(5) の用例で分かるように、疑似名詞文としての kes-ita 文も、主題が同一文内に明示的に現れていない名詞文としての kes-ita 文（例 (2)）と同様の文構造（「X は P」ではなく「P」のみ現れている構造）をしている点と、kes-ita で表される部分だけでは、kes-ita 文の意味を正しく解釈できない点で、主題が構文非明示的である名詞文としての kes-ita 文と類似している。そのため、疑似名詞文としての kes-ita 文の場合も、名詞文としての kes-ita 文と同様、文の意味解釈に必要な情報を文脈や状況から探し出し、文の意味を解釈するというプロセスが起きると想定できる。

(3) ［クロゼットの中から大事にしていたワンピースがなくなったのを見て］
미호가　콘서트에　입고　간　것이다.
miho-ka　khonsetu-ey　ipko　kan　kes-ita.
美穂-が　コンサートに　着て　行った（過去）　kes-ita
（美穂がコンサートへ着て行った<u>のだ</u>。）

(4) 타로와　지로가　왔다. 이걸로　전원　모인
thalo-wa　cilo-ka　wassta.　ike-llo　cenwen　moin
太郎-と　次郎-が　来た　これ-で　全員　集まった（過去）
것이다.
kes-ita.
kes-ita
（太郎と次郎が来た。これで全員集まった<u>{わけ／の}</u>だ。）

(5) 조용하던　열차　안이　갑자기
coyonghaten　yelcha　an-i　kapcaki
静かだった　列車　中-が　急に
소란스러워졌다.
solansulewecessta.

うるさくなった
아이들이　　　떠들기　　시작한　　　것이다.
aitul-i　　　　ttetulki　sicakhan　　kes-ita.
子供たち-が　　騒ぎ　　始めた（過去）　kes-ita

（静かだった列車の中が急にうるさくなってきた。子どもたちが騒ぎ始めた<u>のだ</u>。）　　　　　　　　【中央】

　（3）において、kes-itaで表される部分（実線部）だけでは、kes-ita文の意味を正しく解釈できないため、先行文脈や発話状況から文の意味解釈に必要な情報を探すようになる。そして、当該のkes-ita文は、発話状況にある「ワンピースがなくなった」という事態について、「美穂がコンサートへ着て行った」と述べていると解釈できる。また、（4）や（5）の場合も同様の意味解釈のプロセスによって、（4）のkes-ita文は、先行文に現れる「太郎と次郎が来た」という事態について、「これで全員集まった」と述べており、（5）のkes-ita文は、同様に先行文にある「静かだった列車の中が急にうるさくなってきた」という事態について、「子どもたちが騒ぎ始めた」と述べていると解釈できる。このように疑似名詞文である（3）〜（5）のkes-ita文が、kes-ita文の意味解釈に必要であるため、kes-ita文が述べている対象、即ち、主題を文脈や状況から探し出し、文の意味を解釈するという点は、名詞文としてのkes-ita文のうち、（2）のように主題が構文非明示的である場合のkes-ita文の意味解釈のプロセスと酷似している。

　しかし、kes-ita文の意味解釈のプロセスにおいて、（3）〜（5）のような疑似名詞文としてのkes-ita文が、（2）のような名詞文としてのkes-ita文と異なる点が一つある*3。それは、4章2節や4章3節でも述べたように、名詞文としてのkes-ita文の場合、kes-ita文の意味解釈に必要であったため文脈や状況から探し出した主題を、同一文内に共起させることができるのに対し、疑似名詞文としてのkes-ita文の場合、主題を同一文内に共起させることができないということである。

　名詞文としてのkes-ita文である（2）の場合、文脈や状況から探し出した主題を同一文内に共起させてもその文は自然であり、文の

意味も変わらないのに対し、疑似名詞文としてのkes-ita文である（3）〜（5）の場合は、文脈や状況から探し出した主題を同一文内に共起させると、その文は意味的に不自然にある。

(2′) ［絵を見せながら］

이　　　그림은　　　내가　　　그린　　　　　　것이다.
i　　　kulim-un　　nay-ka　　kulin　　　　　kes-ita.
この　絵-は　　　　私-が　　描いた（過去）　kes-ita

（この絵は、私が描いた<u>もの</u>だ。）

(3′) ［クロゼットの中から大事にしていたワンピースがなくなったのを見て］

??원피스가　　　없어진　　　것은　　미호가　　콘서트에
　wenphisu-ka　epsecin　　　kes-un　miho-ka　khonsetu-ey
　ワンピース-が　なくなった　こと-は　美穂-が　コンサートに

입고　　간　　　　　것이다.
ipko　kan　　　　　kes-ita.
着て　行った（過去）　kes-ita

(4′) 타로와　지로가　왔다.　??타로와　지로가　온　것은
　　thalo-wa　cilo-ka　wassta.　thalo-wa　cilo-ka　won　kes-un
　　太郎-と　次郎-が　来た　　　太郎-と　次郎-が　来た　こと-は

이걸로　전원　　　　모인　　　　　것이다.
ike-llo　cenwen　　moin　　　　　kes-ita.
これ-で　全員　　　集まった（過去）　kes-ita

(5′) 조용하던　　　열차　　　안이　　　갑자기　　소란스러워졌다.
　　coyonghaten　yelcha　　an-i　　　kapcaki　　solansulewecessta.
　　静かだった　　列車　　　中-が　　急に　　　うるさくなった

　??조용하던　　　열차　　안이　　갑자기　　소란스러워진　　것은
　　coyonghaten　yelcha　an-i　　kapcaki　　solansulewecin　kes-un
　　静かだった　　列車　　中-が　急に　　　うるさくなった　こと-は

아이들이　　　떠들기　　시작한　　　　것이다.
aitul-i　　　ttetulki　sicakhan　　　kes-ita.
子供たち-が　騒ぎ　　　始めた（過去）　kes-ita

名詞文である（2）のkes-ita文は、（2′）のように状況から探し

出した主題を同一文内に共起させても、話し手が絵を見せている場面において自然である。そして、(2′) の kes-ita 文も、(2) と同様、話し手が見せている「この絵」について「私が描いたものだ」と述べている他、kes が「絵」という具体的なものを指し示し、名詞文であることも変わらない。つまり、主題が同一文内に現れるか否かに関係なく、名詞文である (2) は、(2′) と全く同様の文であるということである。それに対し、疑似名詞文である (3) 〜 (5) の kes-ita 文の場合、同一文内に主題を明示した (3′) 〜 (5′) は、文が意味的に不自然に聞こえる。これは、名詞文の場合、主題が同一文内に明示されていなかった (2) の kes-ita 文の主題は、本来、同一文内に共起するべき文構成要素であるのに対し、疑似名詞文の場合、文脈や状況から探し出した主題は、文構成要素ではないためである。

但し、疑似名詞文としての kes-ita 文の中には、次の (6) や (7) のように文脈や状況から探し出した主題を同一文内に共起させた文が、名詞文に比べると不自然であるが、疑似名詞文である上記の (3) 〜 (5) に比べるとそれほど不自然に聞こえないものもある。

(6) [ソウルへいつ行くのかを聞かれて]

    a. 13일에　가. 예정보다　2일　일찍　가는
       sipsamil-ey ka.　yeyceng-pota　iil　ilccik　kanun
       13日-に　行く　予定-より　2日　早く　行く(現在)
       거야.
       ke-ya.
       kes-ita
       (13日に行く。予定より2日早く行くんだ。)

    b. 13일에　가. ?13일에　가는 것은　예정보다
       sipsamil-ey ka.　sipsamil-ey kanun kes-un　yeyceng-pota
       13日-に　行く　13日-に　行く　こと-は　予定-より
       2일　일찍　가는　거야.
       iil　ilccik　kanun　ke-ya.
       2日　早く　行く(現在) kes-ita

(7) [BがAの肩をもみ始める]

A：지금　　뭐　　　하는　　　　거야?
　　cikum　mwe　hanun　　　ke-ya?
　　今　　　何　　する（現在）　kes-ita（疑問）
　（今何してんの？）
B：a．<u>아부하는　　　거예요</u>．
　　　apuhanun　　　ke-yeyyo.
　　　へつらう（現在）kes-ita
　　（ご機嫌をとってるんです。）
　　b．?어깨를　　주무르는　　　이　　행동은
　　　　ekkay-lul　cwumulunun　i　hayngtong-un
　　　　肩‐を　　もむ　　　　　この　行動‐は
　　　　<u>아부하는　　　거예요</u>．
　　　　apuhanun　　　ke-yeyyo.
　　　　へつらう（現在）kes-ita

　（6a）のkes-ita文は、先行文にある「13日に行く」という事態について、「予定より2日早く行く」と述べており、（7a）のkes-ita文は、「急に肩をもむ」というB（＝話し手）の行動について、「へつらっている」と述べていると解釈できる。そして、（6a）や（7a）のkes-ita文が述べている対象、即ち、主題を同一文内に共起させた（6b）と（7b）は、名詞文としてのkes-ita文に比べると不自然であるが、上記の（3b）〜（5b）に比べるとそれほど不自然には聞こえない。これは、（6a）や（7b）のkes-ita文の主題となる「事態1」とkes-itaで表される「事態2」との間に成り立つ「事態1＝事態2」という関係が、「NP1＝NP2」という等位関係を持っている名詞文としてのkes-ita文と類似しているためであると思われる。が、（6b）と（7b）の文は、名詞文としてのkes-ita文と異なり、問いかけとその返事とが噛み合わず、談話全体が意味的に不自然になるため、本書では、（6a）や（7a）のようなkes-ita文は、名詞文と区別し、疑似名詞文としてのkes-ita文と分類する。
　このように、名詞文としてのkes-ita文と疑似名詞文としてのkes-ita文は、いずれも同一文内に主題が明示的に現れないため、いわゆる「XはP」という「主題‐解説」構造から「P」のみが現

れている点と、文脈や状況からkes-ita文の意味解釈に必要な主題を探し出すという点では、共通している。しかし、(2)のようなkes-ita文は、その主題を同一文内に文構成要素として共起させ、「XはP」という形で示すことができるため、名詞文として意味解釈されるのに対し、(3)～(7)のようなkes-ita文は、文脈や状況から探し出した主題を同一文内に共起させることができないため、疑似名詞文として意味解釈されるという点が、kes-ita文の意味解釈のプロセスにおいて異なる点である。

　以上、疑似名詞文としてのkes-ita文の意味解釈のプロセスを考察しつつ、名詞文としてのkes-ita文との違いを明確にした。疑似名詞文としてのkes-ita文の形は、名詞文としてのkes-ita文のうち、主題が同一文内に明示的に現れない場合と類似しており、kes-ita文の意味解釈に必要な主題を文脈や状況から探し出すという点も共通しているが、名詞文としてのkes-ita文の主題は、同一文内に共起させることができるため、文構成要素であるのに対し、疑似名詞文としてのkes-ita文の主題は、それができないため、文構成要素ではないという点が異なっていた。このように主題の性質は異なるが、統語レベルの異なる疑似名詞文としてのkes-ita文の場合も、kes-itaで表される部分だけでは、文の意味を解釈できないため、文脈や状況から主題を探し出し、kes-ita文の意味を解釈するという意味解釈のプロセスは、名詞文としてのkes-ita文の意味解釈のプロセスと類似している。この点は、名詞文としてのkes-ita文と疑似名詞文としてのkes-ita文は意味的に密接に関連しており、疑似名詞文としてのkes-ita文においてkes-itaの機能も、名詞文としてのkes-ita文と同様、当該の文が「主題－解説」構造の中で、「主題についての解説であることを示すこと」であることを示唆している。そのため、文の意味解釈に必要な主題を探し出すという過程が必然的に伴われるのである。以上の疑似名詞文としてのkes-ita文の意味解釈のプロセスを図で示すと、次の図5–1の通りである。

　図5–1で分かるように、疑似名詞文としてのkes-ita文の意味を解釈する際は、まず、主題が構文明示的であるか否かを判断する。が、疑似名詞文としてのkes-ita文の場合、主題は同一文内に存在

しないため、ここでの判断は常に「No」となる。主題は同一文内にないため、文の意味解釈に必要な主題を文脈や状況から探し出すようになる。そして、主題を探すことができた時点で、その主題の性質、即ち、主題が文構成要素であるか否かを判断する。が、疑似名詞文としてのkes-ita文の場合、文脈や状況から探し出した主題は同一文内に共起させることができないため、即ち、文構成要素ではないため、ここでの判断も常に「No」になる。そのため、この種のkes-ita文は「疑似名詞文」として意味解釈されるが、文の意味は、名詞文としてのkes-ita文と同様、主題について何かを述べていると解釈される。

　本章では、疑似名詞文としてのkes-ita文の意味解釈には、図

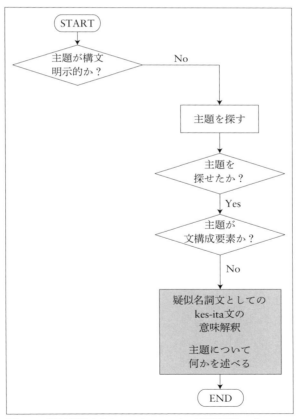

図5–1　疑似名詞文としてのkes-ita文の意味解釈のプロセス

5–1のような一連のプロセスがあると想定し、疑似名詞文としてのkes-ita文を「主題−解説」構造の観点から見た特徴を考察していく。が、その考察にあたり、疑似名詞文としてのkes-ita文をどのように下位分類するかについて述べておく必要がある。

　第4章で考察した名詞文としてのkes-ita文は、kesの性質によって、①kesが具体的なものを指し示す場合、②kesが抽象的なものを指し示す場合、③kesが名詞化辞として働く場合という三つに下位分類した。しかし、疑似名詞文としてのkes-ita文の場合は、kesが名詞として働かないため、kesの性質によってkes-ita文を分けることは困難である。そこで、名詞文としてのkes-ita文の三つの下位分類は、いずれも主題について何かを述べているが、主題について何を述べるか、即ち、主題について述べる内容は、それぞれ異なっていた*4ことに着目し、疑似名詞文としてのkes-ita文も、「主題−解説」構造の中で、当該の文が主題について何を述べているかによって下位分類してみたい。

　kes-ita文が主題について何を述べるかは、主題となる事態とkes-itaで表される事態との関係によって分かる。が、そのような関係については既に先行研究での考察で明らかになった部分が多い。特にkes-ita文をノダ文と比較し、kes-ita文の使用条件を考察した李英蘭（2013b:34）では、「ノダ文とkes-ita文の意味解釈には二つの項、即ち、ノダやkes-itaで表される事態（Y）と、それによって前提される事態（X）が関わっている」と述べている。その二つの項は、本書で言う、kes-itaで表される事態と主題となる事態に該当するものである。そして、李英蘭（2013b）では、kes-ita文がノダ文に対応する用法として、《言い換え》《結果》《原因・理由》を表す用法を挙げている*5。このような用法は、kes-ita文の意味解釈に関わる二つの項の関係を表しているため、「言い換え」「結果」「原因・理由」というのは、本書で言う、kes-ita文が主題について述べる内容に該当すると言える。そのため、本章でも、李英蘭（2013b）にならい、疑似名詞文としてのkes-ita文を、当該のkes-ita文が主題について述べる内容によって「言い換え」「結果」「原因・理由」に分ける。但し、「原因・理由」の場合、原因と

理由はいずれも「P→Q」という因果関係の中でPを表しているため、本章では、便宜上、「理由」とまとめて考察することにする。

一方、上記で見た疑似名詞文としてのkes-ita文の用例には、主題について述べる内容が、「言い換え」「結果」「理由」のいずれかにも該当しないものがあった。

(8)　［BがAの肩をもみ始める］　　　　　　　　　　（＝(7a)）

　　A：지금　뭐　　하는　　　거야？
　　　　cikum mwe　hanun　　ke-ya?
　　　　今　　何　　する（現在）kes-ita（疑問）
　　　　（今何してんの？）
　　B：아부하는　　　거예요.
　　　　apuhanun　　ke-yeyyo.
　　　　へつらう（現在）kes-ita
　　　　（ご機嫌をとってるんです。）

(8)のkes-ita文は、急にAの肩をもみ始めたBの行動について、その行動の意味を問われ、「へつらっている」と述べているものである。ある行動の意味を述べるというのは、話し手がその行動の意味を主観的に解釈し述べているため、(8)のようなkes-ita文は、主題となる行動について話し手の「主観的解釈」を述べていると言える。そのため、本章では、疑似名詞文としてのkes-ita文を、上記の「言い換え」「結果」「理由」に「主観的解釈」をも加えた、四つに分けて、それぞれの特徴を詳細に考察する。その後、先行研究においての問題点として指摘した、疑似名詞文におけるkes-ita文と非kes-ita文との違いについて述べる。

2. 言い換えを述べるkes-ita文

疑似名詞文としてのkes-ita文には、主題となる事態について、それを「言い換えると」「つまり」「要するに」、kes-itaで表される部分であると述べたりするものがある。kes-ita文がある事態について、言い換えを述べるとき、主題となる事態は先行文に現れることが多い。

(9) 독자의 주장대로 짝수날에 짝수차를 운행할 수 있게 한다면 10부제를 적용할 때 5일에는 끝번호가 5인 차량에만 도로 사용을 허용하자는 말과 같다. 나머지 차는 움직여서는 안 되는 것이다.

<u>나머지 차는   움직여서는   안   되는   것이다</u>.
nameci cha-nun umcikyese-nun an toynun kes-ita.
残り 車-は   動かして-は   (否定) なる (現在) kes-ita

(読者の主張通りに偶数の日に偶数のナンバーを通行できるようにすると、10部制を適用するとき、5日には自動車ナンバーの下1桁が5である車両のみが道路使用を許されるということと同じである。残りの車は走らせてはならないのである。)　　　　　　　　　　　　　　【朝鮮】

(10) 장마철이다. 비오는 날 사람들이 많이 드나드는 곳에 가보면 우산을 넣을 수 있는 비닐봉투가 준비돼 있다. 안으로 들어갈 때는 비닐봉투에 우산을 넣어 가지고 가는데, 나갈 때는 입구의 비닐봉투 옆에 마련된 쓰레기통에 다들 버리고 나간다. 그런데 다음 목적지에 도착하면 우산을 또 접어야 한다. 또 한 번 비닐을 사용해야 하는 것이다.

<u>또   한   번   비닐을   사용해야   하는</u>
tto han pen pinil-ul sayonghayya hanun
また 一 回 ビニール-を 使用しなければならない（現在）
<u>것이다</u>.
kes-ita.
kes-ita

(梅雨の季節だ。雨の日に人々がたくさん出入りする場所へ行くと、塗れた傘を入れるビニール袋が用意されている。中へ入るときはそのビニール袋に傘を入れて持っていくが、出るときは入り口のビニール傘入れの隣にあるゴミ箱にみな捨てて出ていく。ところで、次の目的地に着くと、また傘をたたまなければならない。もう一度ビニール袋を使わなければならないのだ。)　　　　　　　　　【中央】

(11) 서울은행은 다행히 그간의 자체적인 구조조정 노력에다 국내경기의 회복에 힘입어 작년에 흑자로 돌아섰다. 부실대출비율도 2% 대

로 낮아졌다. 이에 따라 국내외 기업과 금융기관 10여개가 사겠다고 나섰다. <u>사려는 이가 많아진 '공급자 시장'으로 변한 것이다</u>.

사러는	이가	많아진	'공급자	시장'으로
salyenun	i-ka	manhacin	kongkupca	sicang-ulo
買おうとする	者 - が	多くなった	供給者	市場 - に

변한	것이다.
pyenhan	kes-ita.
変わった (過去)	kes-ita

(幸い、ソウル銀行は、これまで自らの構造調整努力に加え、国内景気の回復が追い風となり、昨年、黒字に転換した。不良債権の割合も2％代と低くなった。これによって国内外企業と金融機関10社余りが買収に出た。買い手が多くなった「供給者市場」に変わった<u>のだ</u>。) 【朝鮮】

(12) 수현아, 지금까지 살아온 모든 걸 버리는 거다. 니 이름, 니 추억, 니가 사랑하는 모든 사람 앞에서 <u>너란 존재가 완전히 사라지는 거야</u>.

너란	존재가	완전히	사라지는	거야.
nelan	concay-ka	wancenhi	salacinun	ke-ya.
お前という	存在 - が	完全に	消える (現在)	kes-ita

(スヒョン、今まで生きてきた全てを捨てることだ。お前の名前、お前の思い出、お前が愛しているすべての人の前から、お前という存在が完全に消える<u>んだ</u>。) 【犬】

(9)〜(12) のkes-ita文（実線部）は、いずれもkes-itaで表れる部分だけでは、kes-ita文の意味を正しく解釈できず、その意味を解釈するために、それが述べている対象、即ち、主題を探すようになる。(9)〜(12) の場合、主題は、いずれも先行文（波線部）にある。そして、(9) は、先行する「読者の主張のようにすると、10部制を適用するとき、5日には自動車ナンバーの下1桁が5である車両のみが道路使用を許されるということと同じである」という事態について、「残りの車は走らせてはならない」と述べており、(12) は、先行する「今まで生きてきた全てを捨てる」という事態について、「存在が完全に消える」と述べていると解釈

できる。このように、(9)～(12)のkes-ita文は、それぞれ先行文に現れる事態について何かを述べている点で、「主題－解説」構造を持っていると言える。

　また、(9)～(12)のようなkes-ita文が、先行文脈から探し出した主題について何を述べているかを見ると、(10)のkes-ita文は、「次の目的地に着いて、また傘をたたまなければならない」という事態について、それを言い換えると、「もう一度ビニール袋を使わなければならない」と同じであると述べており、(11)の場合は、「国内外企業と金融機関10社余りが買収に出た」という事態について、それは、つまり「買い手が多くなった「供給者市場」に変わった」ということであると述べている。このように、(9)～(12)のようなkes-ita文は、主題となる事態について、「それを言い換えると」、あるいは、「それは、つまり」、kes-itaで表される事態であると述べている点で、主題となる事態についての「言い換え」を述べていると言える。

　一方、kes-ita文には、主題となる事態についての「言い換え」というより、主題となる事態についての「詳細」を述べるものがある。kes-ita文が主題について詳細を述べる際、主題となる事態は、言い換えを述べるkes-ita文と同様、先行文に現れることが多い。

(13) 미국에서 변호사를 통해 유언장을 작성했다고 합니다. <u>1년 후에 사모님이 법적으로 사망 처리 되면 모든 재산은 사장님 손을 떠나는 겁니다</u>.

<u>1년　　후에　　사모님이　　법적으로　　사망　　처리　　되면</u>
ilnyen　hwu-ey　samonim-i　pepcek-ulo　samang　chili　toymyen
1年　　後-に　　奥様-が　　法的-に　　死亡　　処理　　されたら
<u>모든　　재산은　　사장님　　손을　　떠나는　　겁니다</u>.
motun　caysan-un　sacangnim　son-ul　ttenanun　ke-pnita.
全ての　財産-は　　社長様　　　手を　離れる(現在)　kes-ita
(アメリカで弁護士を通して遺言書を作成したそうです。1年後、奥様の死亡が法律的に処理されたら、全ての財産は社長の手から離れる<u>のです</u>。)　　　　　【カップル】

(14) 너 예전에 나한테 했던 얘기 기억나? 유주 길들이려고 하니까 내

가 힘든 거라고. 남자들이 다 그런 것 같아. 나도 그렇고. 여자가 내 여자가 됐다 싶은 순간 그 여자가 내 뜻대로 살길 바라는 <u>거야</u>.

<u>여자가</u>	내	여자가	됐다	싶은	순간
yeca-ka	nay	yeca-ka	twayssta	sipun	swunkan
女-が	私の	女-が	なった	思った	瞬間

그	여자가	내	뜻대로	살길
ku	yeca-ka	nay	ttustaylo	salki-l
その	女が	私の	意思通りに	生きること-を

바라는	<u>거야</u>.
palanun	ke-ya.
望む（現在）	kes-ita

（お前、昔俺に言った話覚えてる？ ユジュを手なずけようとするから、俺がつらいんだと。男たちはみんなそうみたい。俺もそうだし。女が自分の女になったと思った瞬間、その女が自分の思い通りに生きてほしい<u>んだ</u>。）【コーヒー】

(15) 집에 있던 동전들을 지폐로 교환하기 위해 농협을 찾았다가 어처구니없는 일을 당했다. (中略) 근처 농협 지점에 동전을 교환하러 갔지만 납득하기 어려운 이유로 거절당한 <u>것이다</u>.

납득하기	어려운	이유로	거절당한	<u>것이다</u>.
naptukhaki	elyeun	iyu-lo	keceltanghan	kes-ita.
納得すること	難しい	理由-で	拒絶された（過去）	kes-ita

（家にあった硬貨を紙幣に交換するためにJA共済を尋ねたが、とんでもない目にあった。（中略）近くのJA共済支店に硬貨を交換しに行ったが、納得のつかない理由で断られ<u>たのだ</u>。）【朝鮮】

(16) 시민들이 기대한 변화는 패러다임의 전환이었다. 속도와 대량생산 대신 환경을, 차량 대신 사람을, 건설과 개발 대신 해체와 복원을 요구한 <u>것이다</u>.

해체와	복원을	요구한	<u>것이다</u>.
haychey-wa	pokwen-ul	yokwuhan	kes-ita.
解体-と	復元-を	要求した（過去）	kes-ita

（市民たちが期待していた変化はパラダイムの転換だった。

スピードと大量生産の代わりに環境を、車の代わりに人を、建設と開発の代わりに解体と復元を要求した<u>のだ</u>。）

【ハンギョレ】

　（13）～（16）においてkes-ita文（実線部）は、いずれもkes-itaで表される部分だけでは、kes-ita文の意味を正しく解釈できず、その意味を解釈するため、それが述べている対象、即ち、主題を探すようになる。（13）～（16）の場合、kes-ita文の意味解釈に必要な主題は、いずれも先行文（波線部）にある。そして、（13）は、先行する「アメリカで弁護士を通して遺言書を作成した」という事態について、「1年後、奥様の死亡が法律的に処理されたら、全ての財産は社長の手から離れる」と述べており、（15）は、先行する「JA共済を尋ねたところ、とんでもない目にあった」という事態について、「納得のつかない理由で断られた」と述べていると解釈できる。このように（13）～（16）は、それぞれ先行文に現れる事態について、何かを述べている点で、「主題－解説」構造を持っていると言える。

　また、（13）～（16）のようなkes-ita文が、先行文脈から探し出した主題について何を述べているかを見ると、（14）のkes-ita文は、「自分を含め、男の人はみなそうだ」という事態についての詳細を「女が自分の女になったと思った瞬間、その女が自分の思い通りに生きてほしい」と述べており、（16）の場合は、「市民たちが期待していた変化はパラダイムの転換だった」という事態についての詳しい内容を「スピードと大量生産の代わりに環境を、車の代わりに人を、建設と開発の代わりに解体と復元を要求した」と述べている。そのため、（13）～（16）のようなkes-ita文は、主題となる事態についての「詳細」を述べていると言える。

　kes-ita文の主題について（9）～（12）のように「言い換え」を述べるkes-ita文と、（13）～（16）のように「詳細」を述べるkes-ita文は、一見、主題について異なる内容を述べているかのように見えるが、いずれもkes-itaで表される事態は、主題となる事態を別の角度から見て、それと類似関係にあるもう一つの事態である点で共通している他、次に述べる特徴も酷似しているため、「詳細」

は広い意味での「言い換え」ととらえ、本節では、両者を一緒に「言い換え」を述べるものとして扱うことにする*6。

　主題となる事態について、言い換えを述べるkes-ita文には、大きく四つの特徴が見られる。

　第一に、ある事態についての言い換えを述べるkes-ita文の主題は、先行文に現れ、言語化されるが、それは「非指示的」である。4章1.1節でも述べたように、主題が指示的であるということは、発話時において指で指すことができるほど、それが指示している特定の対象が存在しているということを意味している。その意味で、(9)～(16)のkes-ita文の主題となる、先行文に現れている事態は、発話時に指さしできるような、ある特定のものを指示しているとは考え難いため、「非指示的」であると言える。

　第二に、主題となる事態についての言い換えを述べるkes-ita文の意味解釈にかかわる二つの事態、即ち、kes-itaで表される事態と、それが述べている対象（＝主題）となる事態の間には「P＝Q」という類似関係*7が成り立つ。上記でも述べたように、言い換えを述べるkes-ita文においてkes-itaで表される事態は、主題となる事態を別の角度から見て、それと類似関係にあるもう一つの事態である。但し、このような類似関係は、kes-ita文が主題について何かを述べているものであるため、主題となる事態と、kes-itaで表されている事態という二つの事態の間に「言い換え」という類似関係が成り立つだけであって、「言い換え」そのものがkes-itaの機能ではないということに注意を払いたい。これについては、5章6節で詳述する。

　第三に、主題となる事態について、言い換えを述べるkes-ita文は、名詞文としてのkes-ita文のうち、kesが名詞化辞として働く場合と意味的に類似している。

(17) 결혼은　　남녀가　　법적으로　부부가　　되는　　　　것이다.
　　　kyelhon-un namnye-ka pepcek-ulo pupu-ka toynun　　kes-ita.
　　　結婚-は　　男女-が　　法的-に　　夫婦-が　なる (現在) kes-ita
　　　(結婚は男女が法律上夫婦になることだ。)

(18) 도서관 담당 업무는 단순한 작업이었다. 도서 목록은 이미 각 중대

방에 배포되어 있었고, 그 목록을 보고 아침밥을 먹을 때 대출 신청을 받아, 수번과 책 이름을 적어 놓았다가 저녁밥을 먹을 때까지 책을 찾아서 신청자에게 대출해 주면 되는 것이다.

신청자에게	대출해	주면	되는	것이다.
cinchengca-eykey	taychwulhay	cwumyen	toynun	kes-ita
申請者-に	貸し出しして	あげれば	なる（現在）	kes-ita

（図書館担当の業務は単純な作業だった。図書リストは既に各中隊の部屋に配布されており、そのリストを見て朝食のとき、貸し出しの申請を受け、兵士の番号と本のタイトルを記入しておいた後、夕食までに本を探し、申請者に貸し出せばいいのだ。） 【ハンギョレ】

（17）は、kes が名詞化辞として働く名詞文であり、「結婚」とは何であるかを定義しているものである。が、「結婚」とは何であるかを定義するということは、「結婚」について、その詳細を述べていることであると考えられる。一方、疑似名詞文である（18）の kes-ita 文は、単に「図書館担当の業務」とは何であるかを定義するものではないが、先行文に現れる「図書館担当の業務は単純な作業だった」という事態について、その詳細を述べている。そのため、名詞文である（17）の kes-ita 文と、疑似名詞文である（18）の kes-ita 文は、いずれも、主題についての詳細を述べているということで、意味的に密接な関連があると考えられる。

また、次の（19）と（20）も、名詞文としての kes-ita 文のうち、kes が名詞化辞として働く kes-ita 文と、言い換えを述べる疑似名詞文としての kes-ita 文とが意味的に類似している。

（19）[社長から厨房をオープンにすると言われた料理長の発話]

주방을	오픈하는	것은	노하우를	다
cwupang-ul	opunhanu	kes-un	nohawu-lul	ta
厨房-を	オープンする	こと-は	ノウハウ-を	全部

보여주는	것이다.
poyecwunun	kes-ita.
見せてあげる（現在）	kes-ita

（厨房をオープンにすることは、ノウハウを全て見せるこ

とだ。）　　　　　　　　　　　　　　　　　　　　【コーヒー】

(20) ［厨房をオープンにしようと思った社長の発話］

주방을　　　　오픈한다.　　노하우를　　　　다
cwupang-ul　　opunhanta.　　nohawu-lul　　ta
厨房 - を　　　オープンする　　ノウハウ - を　　全部

보여주는　　　　　　　　것이다.
poyecwunun　　　　　　　kes-ita.
見せてあげる（現在）　　　kes-ita

（厨房をオープンにする。ノウハウを全て見せるのだ。）

　(20) は、(19) の二句一文の名詞文*8 が、二つの文に分けられたもので、いずれも、主題（=厨房をオープンにする）について、「ノウハウを全て見せる」と述べている点で類似している。また、kes-ita で表される事態（Y）は、主題となる事態（X）を別の角度から見て、それと同等な関係にあるもう一つの事態であるため、両者の事態（X）と事態（Y）の間には、いずれも類似関係が成り立つという点も類似している。そのため、(20) のように主題についての言い換えを述べる kes-ita 文は、(19) のように同等関係を持っている名詞化辞としての kes-ita 文と意味的に密接な関係があると考えられる。

　但し、(19) は、社長から厨房をオープンにすると言われた料理長の不満げな発話で、名詞化辞として働く kes-ita 文であり、名詞文である。それに対し、(20) は、厨房をオープンにしようと思った社長の発話で、「厨房をオープンにする」という事態について、それと類似した意味を持つもう一つの事態（=ノウハウを全て見せること）を述べている疑似名詞文である。このように kes-ita 文が主題について何を述べるかや、「事態（X）=事態（Y）」という関係を持っているという類似性からは、(19) と (20) の kes-ita 文は、単に二句一文か、二つの文かという違いしかないように見えるが、実際、(20) の場面で、(19) の発話は用いられにくいという点などから、名詞文としての kes-ita 文と疑似名詞文としての kes-ita 文の性質は異なると言える。

　最後に、第四の特徴は、主題となる事態について、言い換えを述

べるkes-ita文は、会話文より地の文に最も多く現れるという点である。この点も、名詞化辞として働く名詞文としてのkes-ita文が地の文に多く現れていたという点と類似している。

　以上、言い換えを述べる疑似名詞文としてのkes-ita文の四つの特徴、即ち、①主題が「非指示的」であり、②主題となる事態とkes-itaで表される事態の間には「P = Q」という類似関係が成り立ち、③kes-itaで表される部分は主題についての「詳細」や「言い換え」を述べており、④会話文より「地の文」に多く現れるという特徴は、いずれも名詞文としてのkes-ita文のうち、kesが名詞化辞として働く場合の特徴と酷似している。4.2.3で見た名詞化辞として働くkes-ita文も、主題は「非指示的」であり、主題である部分とkes-itaで表される部分の間には「NP1 = NP2」という同等関係が成立し、kes-itaで表される部分は主題についての「詳細」や「言い換え」を述べており、会話文より「地の文」に多く現れていた。そのため、主題となる事態について、言い換えを述べるkes-ita文は、kesが名詞化辞として働くkes-ita文と意味的に密接な関連があると考えられる。両者のこのような類似性は、従来の研究において別々とされてきた名詞文としてのkes-ita文と、疑似名詞文としてのkes-ita文とが、本書で理論的枠組みとしている「主題－解説」構造の観点からは意味的につながっている可能性が高いことを示唆している。

3. 結果を述べるkes-ita文

　疑似名詞文としてのkes-ita文には、主題となる事態が原因や理由となり、その結果を述べるものがある。kes-ita文がある事態について、その結果を述べるとき、主題となる事態は先行文に現れることが多い。

(21) 커피프린스 하면 바리스타가 직접 볶고 갈아서 만드는 커피, 수제 커피라는 인식이 돼 있습니다. 바로 그 바리스타의 솜씨와 정성을 믿고 찾아오는 겁니다.
바로　　그　　바리스타의　　솜씨와　　정성을　　믿고

palo	ku	palisutha-uy	somssi-wa	cengseng-ul	mitko
まさに	その	バリスタ-の	腕前-と	真心-を	信じて

<u>찾아오는</u>　　　　　<u>겁니다</u>.
chacaonun　　　　　ke-pnita.
尋ねて来る（現在）　kes-ita

（コーヒープリンスというと、コーヒーマスターが直に豆をローストし、ひいたコーヒー、即ち、自家製コーヒーというイメージがあります。そのマスターの腕を信用して訪ねてくる<u>わけです</u>。）　　　　　　　　【コーヒー】

(22) 이런 상황에선 요령 좋고 배경 좋은 사람들만 법망을 빠져나가고 정직하고 법을 지키는 사람들은 본전은 커녕 손해를 보게 된다. 어쩌다 걸린 사람은 잘못했다는 생각보다는 <u>억울하다는 생각부터 들게 되는 것이다</u>.

억울하다는	생각부터	들게	되는
ekulhatanun	sayngkak-puthe	tulkey	toynun
くやしいという	考え-から	生じるように	なる（現在）

<u>것이다</u>.
kes-ita.
kes-ita

（このような状況下では、要領もよくてコネのある人々だけが法律の網からすり抜けられ、正直で法律を守る人は、元金はともかく損失を被るだけである。たまたま引っかかった人は、法律違反をしたというより運が悪かったという思いが先によぎる<u>のである</u>。）　　　　　　　　【東亜】

(23) 대통령의 사면・복권권은 1948년 8월 30일 사면법률 제2호로 제정된 이래 단 한번도 손질되지 않았다. 그간 역대 대통령들에 의해 사면・복권이 선심 내지 민심 회유용으로 <u>남용돼 왔던 것이다</u>.

민심	회유용으로	남용돼	왔던		것이다
minsim	hoyyuyong-ulo	namyongtway	wassten		kes-ita
民心	懐柔用-に	濫用されて	来ていた（過去回想）		kes-ita

（大統領の恩赦権は、1984年8月30日、赦免法律第2号で定められて以来、一度も修正されていなかった。これまで

歴代の大統領らによって赦免・復権が大統領の人気とりとして濫用されてきたのである。)　　　　　　　　　　【朝鮮】

　(21)～(23)においてkes-ita文(実線部)は、いずれもその文のみが発話されると、聞き手は、「何が？」と反問するようになる。つまり、kes-itaで表される部分だけでは、kes-ita文の意味を正しく解釈できず、その意味を解釈するためには、それが述べている対象、即ち、主題が必要となるということである。(21)～(23)の場合、kes-ita文の意味解釈に必要な主題は、いずれも5章2節で見た主題となる事態についての「言い換え」を述べるkes-ita文と同様、先行文(波線部)にある。そして、(21)のkes-ita文は、先行する「コーヒープリンスは自家製コーヒーというイメージがある」という事態について、「バリスタの腕を信用して訪れてくる」と述べており、(23)は、「大統領の恩赦権が定められて以来、一度も修正されていなかった」という事態について、「歴代の大統領らによって赦免・復権が大統領の人気とりとして濫用されてきた」と述べていると解釈できる。このように(21)～(23)は、それぞれ先行文に現れる事態について、何かを述べている点で、「主題－解説」構造を持っていると言える。

　また、(21)～(23)のようなkes-ita文が、先行文脈から探し出した主題について何を述べているかを見ると、(21)のkes-ita文は、「コーヒープリンスは自家製コーヒーというイメージがある」という事態について、「自家製コーヒーは美味しい」「コーヒーが美味しいとたくさんの人が訪れるだろう」などの推論を行い、「バリスタの腕を信用して訪れてくる」という事態をその結果として述べており、(22)は、「要領のいい人は法律の網からすり抜けられ、正直な人は損失を被る」という事態について、推論を行い、その結果として「たまたま引っかかった人は、法律違反をしたというより運が悪かったと思うようになる」という事態を述べている。このように、(21)～(23)のようなkes-ita文は、主題となる事態が原因や理由となり、それを材料にし推論を行い、その結果として至った事態を述べている点で、主題について「結果」を述べるkes-ita文であると言える。

主題について結果を述べるkes-ita文には、大きく五つの特徴が見られる。

　第一に、ある事態について推論を行い、その結果を述べるkes-ita文の主題は、5章2節で見た主題についての言い換えを述べるkes-ita文の主題と同様、「非指示的」である。つまり、(21)～(23)のkes-ita文の主題となる、先行文に現れている事態は、発話時に指さしできるような、ある特定のものを指示しているとは考え難いということである。

　第二に、主題について結果を述べるkes-ita文の意味解釈に関わる二つの事態の間には「P→Q」という因果関係が成り立つ。つまり、主題となる事態は原因や理由（P）となり、kes-itaで表される事態は、その結果（Q）となるということである。但し、このような因果関係を表すことが、kes-itaの機能ではないことには注意を払いたい。なぜなら、「P→Q」のような因果関係は、kes-ita文が主題について何かを述べているという意味解釈により、主題となる事態と、kes-itaで表されている事態という二つの事態の間に因果関係が成立しただけであるためである。これについては、5章6節で詳述する。

　第三に、結果を述べるkes-ita文は、kes-ita文に「그래서 kulayse（だから）」「그렇기 때문에 kulehki ttaymuney（そのため）」などの原因・理由を表す接続表現を伴うことがある。

(24) 우리는 우물 안의 다녔던 영역을 그저 맴돌고 있다고 착각하고 있다. 그래서 삶의 자세에 문제가 생긴 것이다.

<u>그래서　삶의　자세에　문제가　생긴　것이다</u>.
kulayse　salm-uy　casey-ey　muncey-ka　sayngkin　kes-ita.
だから　人生-の　姿勢-に　問題-が　生じた(過去)　kes-ita

（私たちは井の中の蛙のように同じ領域をただ回っていると勘違いしている。そのため、人生の姿勢に問題が生じたのだ。）　　　　　　　　　　　　　　　　　　　　　　　　　　【朝鮮】

(25) 타로와 지로가 왔다. 이걸로 전원 모인 것이다.
thalo-wa　cilo-ka　wassta. ike-llo　cenwen　moin　kes-ita.
太郎-と　次郎-が　来た　これ-で　全員　集まった(過去)kes-ita

（太郎と次郎が来た。これで全員集まった｛わけ／の｝だ。）

(24) の kes-ita 文の場合、「그래서 kulayse（だから）」という原因・理由を表す接続表現を用いることで、主題である事態と kes-ita 文で表される事態の間の「P→Q」という因果関係を明示的に表している。また、(25) の場合は、理由の表現は伴っていないが、「이걸로 ike-llo（これで）」が、「太郎と次郎が来た」という事態から推論を行い、「全員集まった」という結果に至るまでの判断材料（「太郎と次郎が来た」）を表している点では (24) と同様であり、それは、原因や理由を表す表現と同様に kes-ita 文に共起している。

第四に、疑似名詞文としての kes-ita 文が結果を述べる場合、「条件節＋結果節」構文をとることがある。

(26) ［彼氏を信じなくなったと部屋を出て行こうとする彼女に］
　　　이대로　　가면　　우린　　　헤어지는　　거야．
　　　itaylo　　kamyen　uli-n　　heyecinun　　ke-ya.
　　　このまま　行くと　私たち-は　別れる（現在）　kes-ita
　　　（このまま出て行くと、私たちは別れる<u>のよ</u>。）【コーヒー】

(27) ［保育園で熱を出している子供がいるとき］
　　　약을 먹이고 아이를 뉘어서 얼음주머니로 닦아주기도 한다．그런데도 상태가 더 나빠지면 부모님께 전화를 드리는 <u>것이다</u>．
　　　상태가　　더　　나빠지면　　부모님들께
　　　sangthay-ka　te　nappacimyen　pumonimtul-kkey
　　　状態-が　　もっと　悪くなると　　両親たち-に
　　　전화를　　드리는　　　　것이다．
　　　cenhwa-lul　tulinun　　kes-ita.
　　　電話-を　　差し上げる（現在）　kes-ita
　　　（薬を飲ませ、子供を寝かせた後、氷袋で（体を）拭いたりもする。それでも状態が悪化すると、親御さんに電話をして差し上げる<u>のだ</u>。）　　　【中央】

(26) は、「このまま部屋を出て行く」という事態について「私たちは別れることになる」という結果を述べており、(27) は、「状態が悪化する」という事態について「親に電話をする」という結果を述べている。(26) や (27) の kes-ita 文は、上記の原因や

理由についての結果を述べるkes-ita文と少し異なり、「条件節＋結果節」構文として現れ、ある条件についての結果を述べているが、kes-ita文が「P→Q」という因果関係において「結果（Q）」を表していることは共通している。

　最後に、第五の特徴は、主題についての結果を述べるkes-ita文も、5章2節で見た、事態についての言い換えを述べるものと同様、会話文より地の文に最も多く現れるという点である。

4. 理由を述べるkes-ita文

　kes-itaは、因果関係にある二つの事態の間においてよく用いられる。本節では、ある事態について、その理由を述べる際に用いられるkes-ita文について考察する。kes-ita文がある事態についての理由を述べる際は、当該の理由が、話し手自身の領域に属している情報であるか否かによって、kes-ita文は二つの異なる形で現れる。そのため、以下では、ある事態についての理由を述べるkes-ita文を、①理由が話し手の領域に属する情報である場合（話者域内情報）と、②理由が話し手の領域に属する情報でない場合（話者域外情報）という二つに分け、それぞれの特徴を考察する。

4.1　理由が話し手の領域に属する情報である場合

　kes-ita文が、ある事態についての理由を述べているが、その理由が話し手自身の領域に属している情報であるということは、話し手が既に事実として知っている理由を述べているということである。次の（28）〜（30）のkes-ita文は、ある事態について、話し手が既に知っている理由を述べている点で、理由が話し手の領域に属している情報である場合の用例である。

（28）［なぜここに来たかを聞かれて］

나	뭐	좀	알아볼	게	있어서	온
na	mwe	com	alapol	ke-y	issese	on
私	何	ちょっと	調べてみる	こと-が	あって	来た（過去）

거야.

ke-ya.

kes-ita

(俺、ちょっと調べたいことがあって来たんだ。)

【カップル】

(29) [Bが彼氏のAにあれこれ家事をさせている]

A: <u>오늘 나 일 너무 많이 시킨다．(中略) 별쭘해서 자꾸 일 시키는 거야?</u>

(今日、俺をこき使ってるね。(中略) 気まずいからやたらこき使ってるのか?)

B: <u>필요해서　　시키는　　　　거야</u>．
　 philyohayse　sikhinun　　　ke-ya.
　 必要して　　させる（現在）　kes-ita
　(必要だからさせて<u>いるの</u>。)　　　【コーヒー】

(30) A: 약까지　　사　　들고,　왜　　집에　　안　　들어오고
　　　 yak-kkaci　sa　tulko,　way　cip-ey　an　tuleoko
　　　 薬-まで　買って　もって　なぜ　家-に　(否定)　入ってきて

　　　 여기　　　　　있냐?
　　　 yeki　　　　　issnya?
　　　 ここ　　　　　いる（疑問）

　　　(薬まで買ってきたのに、なんで家に入らないでここにいるの?)

B: 걱정하는　　　척　　　하지마．
　 kekcenghanun　chek　hacima.
　 心配する　　　ふり　するな

　 <u>니네　　집보다　여기가　편해서　있는　　　거야</u>．
　 niney　cip-pota　yeki-ka　phyenhayse　issnun　ke-ya.
　 あなたの　家-より　ここ-が　楽だから　いる（現在）kes-ita
　(心配してるふりしないで。あなたの家よりここが居心地がいいから、ここに<u>いるの</u>。)　【カップル】

(28) ～ (30) の kes-ita 文 (実線部) は、ある文脈や状況などがなければ、いずれも kes-ita で表される部分だけでは、kes-ita 文の意味を正しく解釈できず、文の意味を解釈するために、それが述

べている対象、即ち、主題を探すようになる。(28)〜(29)の場合、kes-ita文の主題は、いずれも話し手自身が発話現場において行った「行動」である。これは、5章2節と5章3節で見た「言い換え」や「結果」を述べるkes-ita文の主題が、先行文にあったことと大きく異なる。そして、(28)のkes-ita文は、「ここに来た」という話し手自身の行動について、「調べたいことがあるからここに来た」と述べており、(29)のkes-ita文は、「Aにあれこれ家事の指示を出す」という話し手自身の言語行動について、「必要だからさせている」と述べていると解釈できる。このように(28)〜(30)のkes-ita文は、いずれも主題となる行動について何かを述べている点で、「主題−解説」構造を持っていると言える。

　また、(28)〜(30)のようなkes-ita文が主題について何を述べるかを見ると、(28)のkes-ita文は、「ここに来た」という話し手自身の行動について、その理由を「調べたいことがあるからここに来た」と述べており、(30)の場合は、「家に入らないで、外にいる」という話し手自身の行動についての理由を「家より外の方が居心地がいいから、外にいる」と述べている。このように(28)〜(30)のようなkes-ita文は、いずれも主題となる行動について、そのような行動をした理由を述べているため、この種のkes-ita文は、主題について「理由」を述べるものであると言える。

　一方、(28)〜(30)のようなkes-ita文の主題は、いずれも話し手自身が行った行動であり、それについて話し手がそのような行動をした理由を述べているため、当該の理由は、話し手自身が既に知っており、事実として認識しているものである。そのため、(28)〜(30)のkes-ita文が述べる理由は、話し手の領域に属している情報であると言える。このようにkes-ita文が、ある行動（または、事態）について、話し手が既に知っている理由を述べる場合は、kes-ita文に「-아서/어서 -ase/ese」や「-(으)니까 -(u)nikka」「-기 때문에 -ki ttaymwney*9」（「から、ので、ために」）など、韓国語の理由を表す表現が明示的に共起している。そのため、この種のkes-ita文は、従属節には「理由」を表すものが、主節にはその「結果」を表すものが現れ、「理由節＋結果節」という複文

全体がkes-itaでマークされる形で現れる。つまり、理由を表す部分に直接kes-itaが後接しないということである。この点は、5章4.2節で後述する、理由が話し手の領域に属する情報でない場合は、理由を表す部分に直接kes-itaが後接する形で現れる点と異なっており、(28)～(30)のkes-ita文に対し、理由の表現を共起させず、理由を表す部分に直接kes-itaが後接した次の(28′)～(30′)の文は不自然になる。

(28′)［なぜここに来たかを聞かれて］

??　나　뭐　좀　알아볼　게　있는　거야.
　　na　mwe　com　alapol　ke-y　issnun　ke-ya.
　　私　何　ちょっと　調べてみる　こと-が　ある（現在）kes-ita

(29′)［なぜこき使っているのかを聞かれて］

??　필요한　거야.
　　philyohan　ke-ya.
　　必要する（現在）kes-ita

(30′)［なぜ家に入らないで外にいるかを聞かれて］

??　니네　집보다　여기가　편한　거야.
　　niney　cip-pota　yeki-ka　phyenhan　ke-ya.
　　あなたの　家-より　ここ-が　楽だ（現在）kes-ita

(28′)～(30′)で分かるように、話し手が既に知っている理由を述べる場合、理由の表現が共起しないkes-ita文は不自然になる。それでは、なぜ話し手が既に知っている理由を述べる際は、理由を表す表現が共起し、「理由節＋結果節」という複文全体がkes-itaでマークされるのであろうか。それは、kes-itaの機能によるものではなく、理由を求められ、話し手が既に知っている理由を新情報として聞き手に提示する場合、韓国語には理由を表す表現を用いなければならないという制約があるためであると思われる。次の(31)～(33)は、いずれも「ご飯を食べない」ことについて「美味しくない」と理由を述べているが、当該の理由が話し手の領域に属している情報であるか否か、即ち、話し手がその理由を既に事実として知っているか否かによって、理由の表現の共起関係とkes-itaの使用に違いが見られる。

(31) ［話し手自身がご飯を食べない理由を聞かれて］
    a.　맛이　없어서요．
        mas-i　epseseyo.
        味 - が　ないからです。
        （美味しくないからです。）
    b.　<u>맛이　없어서　안　　먹는　　　거예요</u>．
        mas-i　epsese　an　　meknun　　ke-yeyyo.
        味 - が　ないから　（否定）　食べる（現在）　<u>kes-ita</u>
        （美味しくないから、食べない<u>んです</u>。）
    c. ??맛이　　없는　　　거예요．
        mas-i　　epsnun　　ke-yeyyo.
        味 - が　　ない（現在）　kes-ita

(32) ［花子がご飯を食べない理由を聞かれて：その理由を花子から聞いていた場合］
    a.　맛이　없어서요．
        mas-i　epseseyo.
        味 - が　　ないからです。
        （美味しくないからです。）
    b.　<u>맛이　없어서　안　　먹는　　　거예요</u>．
        mas-i　epsese　an　　meknun　　ke-yeyyo.
        味 - が　ないから　（否定）　食べる（現在）　kes-ita
        （美味しくないから、食べない<u>んです</u>。）
    c. ?맛이　　없는　　　거예요．
        mas-i　　epsnun　　ke-yeyyo.
        味 - が　　ない（現在）　kes-ita

(33) ［花子がご飯を食べない理由を聞かれて：その理由を花子から聞いていない場合］
    a. ?맛이　　없어서요．
        mas-i　　epseseyo.
        味 - が　　ないからです。
    b. ?맛이　　없어서　안　　먹는　　　거예요．
        mas-i　　epsese　an　　meknun　　ke-yeyyo.

味-が　　ないから　（否定）　食べる（現在）　kes-ita

c. 맛이　없는　　　　거예요.
mas-i　epsnun　　　ke-yeyyo.
味-が　ない（現在）　kes-ita

（美味しくないんです。）

　　まず、(31)のように話し手自身がご飯を食べない理由を述べる場合、「美味しくない」ということは、話し手自身が食べない理由であるため、話し手の領域に属する情報であると言える。この場合、「美味しくないから」のように理由の表現が明示的に用いられた (31a)や、「理由節＋結果節」という複文全体がkes-itaでマークされた (31b)は自然であるのに対し、理由を表す部分に直接kes-itaが用いられた (31c)は不自然に聞こえる。

　　次に、(32)は、第三者である花子がご飯を食べていない状況で、話し手は花子から既に「美味しくない」ということを聞いていた場合である。この場合、「美味しくない」という情報は、花子から聞いて既に事実として知っている情報であるため、話し手の領域に属する情報であると考えられる。そのため、(32)の場合も (31) と同様、理由の表現が明示的に用いられた (32a*10) や、「理由節＋結果節」全体がkes-itaでマークされた (32b) は自然である。つまり、話し手自身の行動についての理由ではなく、第三者などの行動についての理由であっても、話し手がその理由を既に事実として知っている場合は、理由の表現を明示的に伴い、「理由節＋結果節」という複文で現れれば、kes-itaの使用は自然である。それに対し、理由を表す部分に直接kes-itaが後接された (32c) は不自然に聞こえる。

　　最後に、花子が食べない理由を話し手は知らない場合 (33) である。この場合、話し手は、「人がご飯を食べない理由はいろいろあるが、その中で、花子がご飯を食べないのは、たぶん美味しくないだろう」と、花子がご飯を食べない理由を推測しただけであって、花子が食べない理由ははっきり分かっていないため、「美味しくない」ということは、話し手の領域に属する情報とは言い難い。この場合は (31) や (32) と異なり、直接理由の表現が用いられた

(33a)や、「理由節＋結果節」全体がkes-itaでマークされた(33b)は不自然に聞こえる。それに対し、理由を表す部分に直接kes-itaを後接した(33c)は自然である。(33c)の場合、理由を表す部分に直接kes-itaが後接しても自然になるのは、当該の理由が話し手の領域に属する情報ではないため、それを推測するしかなく、「花子がご飯を食べない」という事態を認識し、そこから推論を行い、導き出された理由を述べているためである。(33c)のように推論を行い、導き出された理由を述べるkes-ita文については、次節（5章4.2節）で詳述する。

　(31)～(33)で分かるように、ある行動（または、事態）について、「なぜ？」と理由を求められ、その理由を述べるとき、当該の理由が話し手自身の領域に属している情報である場合は、kes-itaを用いるか否かは関係なく、韓国語には理由を表す部分に明示的な理由の表現を用いなければならないという制約があると考えられる。ここで、この際のkes-itaの機能は何であるかについて述べておく必要がある。話し手が既に知っている理由には理由の表現が明示的に用いられるため、kes-itaそのものが理由を表す機能をしているわけではない。本書で仮説として立てたkes-itaの機能は、当該の文が「主題－解説」構造の中で、「主題についての解説であることを示す」ことであった。そのため、(31b)や(32b)のようなkes-ita文の場合、kes-itaで表される部分は、「美味しくないから食べない」という「理由節＋結果節」という複文全体であり、それが主題について何かを述べていることを示すという機能をしているだけである。そして、(31b)や(32b)のkes-ita文の主題は、「ご飯を食べない」という行動（または、事態）であり、kes-itaで表される部分は、「理由節＋結果節」という複文全体で、それについての理由を表しているため、(31b)や(32b)のkes-ita文は、主題について理由を述べていると解釈できる。但し、主題となる行動（または、事態）と、kes-itaで表される部分の間には直接「P→Q」という因果関係は成り立っていない点に注意を払いたい。「P→Q」という因果関係は、kes-itaで表される部分の中に「理由節＋結果節」という複文として現れている。

主題について、話し手が既に知っている理由を述べるkes-ita文には、大きく三つの特徴が見られる。

　第一に、kes-ita文が主題についての理由を述べる際、当該の理由が話し手の領域に属する情報である場合、kes-ita文の主題は、主に発話現場において行った人の「行動」である場合が多い。そのため、主題となる行動は、言語化されず、発話現場において指さしできるような特定の行動を指している点で、「指示的」であると言える*11。この点は、5章2節や5章3節で考察した、他の疑似名詞文としてのkes-ita文、即ち、主題について「言い換え」や「結果」を述べるkes-ita文の主題が「非指示的」であったことと異なっている。

　第二に、話し手が既に知っている理由を述べるkes-ita文は、「ある行動をした」という主題について、その理由を「理由節＋結果節」という複文全体で述べているため、結果節に現れるのは、理由の結果である「ある行動をした」である。それは、kes-ita文の主題と同じもので、既に話し手と聞き手がお互い認識し共有しているため、次の（34）のように、結果節は、「그렇다 kulehta（そうだ、ああだ）」という指示表現で現れることがある。

(34) ［ある人の怒ったり意地悪なことを言ったりした行動について］

그 녀석이 너 많이 좋아해서 그런 거야.
ku nyesek-i ne manhi cohahayse kulen ke-ya.
その やつ-が 君 たくさん 好きで そう（現在） kes-ita
（あいつは、君のこと、大好きだからああ<u>なんだ</u>）

【コーヒー】

　（34）は、聞き手に対し、第三者のある人が怒ったり意地悪なことを言ったりしたという行動について、その理由を「君のことが大好きだから、君に怒ったり意地悪なことを言ったりした」と述べている。そのとき、結果節には、「君に怒ったり意地悪なことを言ったりした」の代わりに「ああだ」と指示表現が用いられている。

　第三に、理由を求められ、話し手が既に知っている理由を新情報として提示し述べるkes-ita文は、地の文（5例）より、会話文

(67例)に圧倒的に多く現れるという点である。これは、この種のkes-ita文の主題が、主に発話現場で行われた人の行動であり、その行動は、発話現場において指さすことができる特定の行動を指している点で「指示的」であることと何らかの関連があると考えられる。

　以上、ある行動の理由を要求され、話し手自身の領域に属している理由を新情報として聞き手に提示し述べるkes-ita文の特徴を考察した。この場合、kes-ita文は、当該の理由を理由の表現が明示的に用いられた「理由節＋結果節」という構文で現れていた。が、このようなkes-ita文は、主題についての理由だけではなく、目的を述べるときも用いられる。厳密に言うと、理由と目的は区別するべきであるが、主題についての目的を述べるkes-ita文も、上記で見た「理由節＋結果節」構文をとり、理由を述べるkes-ita文と同様、kes-itaで表される部分が「目的節＋結果節」という複文として現れるということなど、酷似しているところがあるため、ここで扱うことにする。

　次は、ある行動や事態についての目的を述べるkes-ita文の用例である。

(35) ［記憶をなくした聞き手から話し手を彼氏と勘違いしているような発言を言われて］

난　　복수를　　위해서　　널　　데려온　　　　거야.
na-n pokswu-lul wihayse ne-l teylyeon   ke-ya.
私-は 復讐-を　 ために   君-を 連れてきた(過去) kes-ita
（俺は復讐のためにあんたを連れてきたんだ。）【カップル】

(36) ［おんぶしながら］

할머니한테　　서운한　　맘　　풀라고　　업어주는
halmeni-hanthey seunhan   mam phullako epecwunun
おばあさん-に　恨めしい 気持ちとけと おんぶしてあげる(現在)

거다.
ke-ta.
kes-ita

（おばあさんに恨めしい気持ちをもたせないためにおんぶ

してあげるんだ。) 【コーヒー】

(37)［一緒にお酒を飲むために呼んだのではないかと聞かれて］

<table>
<tr><td>내가</td><td>너랑</td><td>술을</td><td>왜</td><td>먹냐.</td><td>대리</td></tr>
<tr><td>nay-ka</td><td>ne-lang</td><td>swul-ul</td><td>way</td><td>meknya.</td><td>tayli</td></tr>
<tr><td>私-が</td><td>君-と</td><td>酒-を</td><td>なぜ</td><td>食べるか</td><td>代理</td></tr>
</table>

<table>
<tr><td>운전하라고</td><td>부른</td><td>거다.</td></tr>
<tr><td>uncenhalako</td><td>pulun</td><td>ke-ta.</td></tr>
<tr><td>運転しろと</td><td>呼んだ（過去）</td><td>kes-ita</td></tr>
</table>

（なんで俺が君とお酒を飲む？ 運転を代行させるために呼んだんだ。) 【カップル】

(35)〜(37)のkes-ita文は、いずれも話し手のある行動について、その行動をした目的を述べている。(35)では、「君をつれてきた」という話し手の行動について、その目的は「復讐のためである」と述べており、(36)では、「おんぶしてあげる」という行動について、「恨めしい気持ちを直してもらうためである」と述べている。また、(37)は、「相手を呼んだ」という言語行動について、「代理運転をさせるために呼んだ」と述べている。その際、上記で見た「理由節＋結果節」構文として現れ、理由を述べたkes-ita文と同様、目的を表す部分に直接kes-itaが後接されず、「위해서 wihayse（ために）」などの目的の表現が用いられ、「目的節＋結果節」という複文全体がkes-itaによってマークされている。

4.2 理由が話し手の領域に属する情報でない場合

kes-ita文が主題について、その理由を述べる際、5章4.1節で考察した、当該の理由が話し手の領域に属する情報である場合と異なり、話し手の領域に属する情報でない場合がある。

(38) '나중에 밥 한 번 먹자'고 말하며 헤어질 때 말하는 사람도 그것이 약속의 언어라고 인식하지 않고, 듣는 사람도 그 말의 실현 가능성을 묻지 않는다. 다들 그것이 일종의 대체 인사말일 뿐이라고 알아듣는 것이다.

<table>
<tr><td>다들</td><td>그것이</td><td>일종의</td><td>대체</td><td>인사말일</td><td>뿐이라고</td></tr>
<tr><td>tatul</td><td>kukes-i</td><td>ilcong-uy</td><td>taychey</td><td>insamalil</td><td>ppunilako</td></tr>
</table>

皆	それ-が	一種-の	代替	挨拶言葉である	だけだと	

<u>알아듣는</u>　　　　　　<u>것이다</u>.
alatutnun　　　　　　kes-ita.
理解する（現在）　kes-ita

（別れるとき、「後でご飯食べよう」と言う人も、それが約束の言葉だと認識しないし、聞く人もその言葉の実現可能性を尋ねない。みんなそれが一種の挨拶の言葉だと理解している<u>のだ</u>。）　　　　　　　　　　【朝鮮】

(39) '유명 대학'이라는 단어를 사용한 것은 이해가 가지만 '명문대'라는 표현은 이해가 안 된다. 그들이 명문대가 아니라는 건 아니지만 유명한 대학이 꼭 명문대는 아니고, 명문대가 모든 학과에서 명문대는 <u>아닌</u> <u>것이다</u>.

명문대가	모든	학과에서	명문대는
myengmuntay-ka	motun	hakkwa-eyse	myengmuntay-nun
名門大-が	全ての	学科で	名門大-は

<u>아닌</u>　　　<u>것이다</u>.
anin　　　　kes-ita.
ない（現在）　kes-ita

（「有名大学」という単語を使ったのは理解できるが、「名門大学」という表現は腑に落ちない。その大学が名門大学でないわけではないが、有名な大学が必ずしも名門大学とは限らないし、名門大学が全ての学科において優れているとは限らない<u>のである</u>。）　　　　　　【ハンギョレ】

(40) 강촌역에서 10여명의 어린이와 그 어머니들이 승차했다. 조용하던 열차 안이 갑자기 소란스러워졌다. <u>아이들이 떠들기 시작한 것이다</u>.

아이들이	떠들기	시작한	것이다
aitul-i	ttetulki	sicakhan	kes-ita.
子供たち-が	騒ぎ	始めた（過去）	kes-ita

（カンチョン駅で10人余りの子どもとそのお母さんたちが乗車した。静かだった列車の中が急にうるさくなってきた。子どもたちが騒ぎ始めた<u>のだ</u>。）　　　　　　【中央】

（38）～（40）のkes-ita文（実線部）は、いずれもkes-itaで表される部分だけでは、kes-ita文の意味を正しく解釈できず、その意味を解釈するために、それが述べている対象、即ち、主題を探すようになる。（38）～（40）の場合、主題は、いずれも先行文（波線部）にある。そして、（38）は、先行する「別れるとき、「後でご飯食べよう」と言う人も聞く人もその言葉の実現可能性を尋ねない」という事態について、「みんなそれが一種の挨拶の言葉だと理解している」と述べており、（39）は、先行する「名門という表現が不適切である」という事態について、「名門大学が全ての学科において優れたとは限らない」と述べていると解釈できる。このように、（38）～（40）のkes-ita文は、それぞれ先行文に現れる事態について何かを述べている点で、「主題－解説」構造を持っていると言える。

　また、（38）～（40）のようなkes-ita文が、先行文脈から探し出した主題について何を述べているかを見ると、（38）のkes-ita文は、「別れるとき、「後でご飯食べよう」と言う人も聞く人もその言葉の実現可能性を尋ねない」という事態について、その理由を「みんなそれが一種の挨拶の言葉だと理解している」ためであると述べており、（40）の場合は、「静かだった列車の中が急にうるさくなってきた」という事態について、その理由を「子どもたちが騒ぎ始めた」ためであると述べている。さらに、（38）～（40）のようなkes-ita文の場合、いずれもkes-itaを「-아서다/-어서다 ase-ta/ese-ta」「-기 때문이다 -ki ttaymun-ita」（からだ、ためだ）などの韓国語の理由の表現に置き換えることができる*12。そのため、（38）～（40）のようなkes-ita文は、主題となる事態についての「理由」を述べていると言える。

　しかし、（38）～（40）のようなkes-ita文が主題となる事態について述べていると理由は、推論によって導き出されるものであるという点が前節で見た、理由を述べるket-ita文と異なる。例えば、（38）のkes-ita文の場合、「なぜ誰も別れるとき言う「後でご飯食べよう」という言葉の実現可能性を尋ねないか」という事態から推論を行い、「みんなそれが一種の挨拶の言葉だと理解している」と

いう事態をその理由として導き出している。また、(39) の場合も、「なぜ名門という表現が不適切であるか」から推論を行い、その理由を「名門大学が全ての学科において優れているとは限らないためである」と導き出している。このように (38) 〜 (40) の kes-ita 文が主題となる事態について、推論を行い、導き出された理由を述べるのは、当該の理由が話し手の領域に属する情報でないためである。そのため、(38) 〜 (40) のような kes-ita 文が主題となる事態についての理由を述べていると解釈される際は、その理由を推論する必要がある。

　主題となる事態について、推論を行い、導き出された理由を述べる kes-ita 文には、大きく四つの特徴が見られる。

　第一に、当該の理由が話し手の領域に属する情報でないため、推論を行い、導き出された理由を述べる kes-ita 文の主題は、5章2節や5章3節で見た、主題となる事態について「言い換え」「結果」を述べる kes-ita 文と同様、先行文に現れることが多い。そして、主題は「非指示的」である。例えば、(40) の場合、kes-ita 文の主題である「静かだった列車の中が急にうるさくなってきた」という事態は、指さしできるような、ある特定のものを指示していると言い難いため、「非指示的」であると言える。

　第二に、kes-ita 文の意味解釈に関わる二つの事態、即ち、主題となる事態と、kes-ita で表される事態の間には「P → Q」という因果関係が成立し、kes-ita で表される事態は、その因果関係の中で理由 (P) を述べている。但し、5章2節や5章3節でも述べたように、kes-ita 文の意味解釈に関わる二つの事態の間に成り立つ「類似関係」や「因果関係」は、kes-ita 文が主題について何かを述べているという意味解釈により、主題となる事態と、kes-ita で表されている事態という二つの事態の間に成り立つものであるだけで、そのような関係そのものを kes-ita が表しているわけではないことには再度注意を払いたい。これについては、5章6節で詳述する。

　第三に、(38) 〜 (40) のように、主題となる事態についての理由が話し手の領域に属する情報でないため、その理由を推論する必要がある場合、推論を行い導き出された理由を述べる kes-ita 文は、

理由を表す部分にkes-itaが直接つく。例えば、上記の（38）の場合、理由を表す部分である「みんなそれが一種の挨拶の言葉だと理解している」に直接kes-itaが接続している。これは、5章4.1節で考察した、当該の理由が話し手の領域に属する情報であるため、理由の表現が明示的に用いられたkes-ita文と大きく異なる特徴である。

最後に、第四の特徴は、推論によって導き出された理由を述べるkes-ita文は、用例数は比較的少なかったが、主題について「言い換え」や「結果」を述べる疑似名詞文としてのkes-ita文と同様、会話文よりは地の文に多く現れる点である。

以上、主題となる事態や行動について理由を述べるkes-ita文を、当該の理由が話し手の領域に属する情報である場合とそうでない場合という二つに分けて考察した。両者は、いずれも、主題についての理由を述べるときに用いられるが、大きく次の三つの違いが見られる。

第一に、kes-ita文が主題についての理由を述べる際、当該の理由が話し手の領域に属する情報である場合は、理由を表す部分に直接kes-itaがつかず、「理由節＋結果節」という複文全体がkes-itaでマークされるのに対し、当該の理由が話し手の領域に属する情報でない場合は、理由を表す部分に直接kes-itaがつく。これは、理由を聞かれ、話し手が既に事実として知っている理由を新情報として提示する場合、韓国語には、理由の表現を明示しなければならないという制約があるためであると思われる。

第二に、kes-ita文が理由を述べる際、当該の理由が話し手の領域に属する情報でない場合は、推論を行い、理由を導き出す必要がある。それに対し、話し手が既に事実として知っている理由をただ新情報として提示しているだけの場合は、そのような推論は必要ではない。

第三に、kes-ita文が主題についての理由を述べる際、当該の理由が話し手の領域に属する情報である場合、kes-ita文の主題は、人の行動である場合が多く、その行動は、発話現場におけるある特

定の行動を指しているため、「指示的」である。それに対し、当該の理由が話し手の領域に属する情報でない場合、kes-ita 文の主題は、先行文に現れる事態であり、それは、発話現場において指さしできる特定のものではないため、「非指示的」であると言える。また、前者の kes-ita 文の用例は、地の文（5 例）より会話文（67 例）に圧倒的に多く見られるのに対し、後者の kes-ita 文の用例は、会話文（3 例）より地の文（13 例）に多く見られるという違いもあった。

　これを表でまとめると、次の表 5–1 の通りである。

表 5–1　理由を述べる二つの kes-ita 文の違い

	理由が話し手の領域に属する情報である場合	理由が話し手の領域に属する情報でない場合
kes-ita の後接位置	「理由節＋結果節」複文全体	理由を表す事態に直接つく
主題の指示性	指示的	非指示的
主に現れる文の種類	会話文	地の文

5. 主観的解釈を述べる kes-ita 文

　5 章の 2 節〜4 節では、疑似名詞文としての kes-ita 文が先行する事態や発話現場での行動について「言い換え」「結果」「理由」を述べるものを考察した。「言い換え」を述べる場合、主題となる事態と kes-ita で表される事態との間には「$P = Q$」という類似関係が成り立っており、「結果」や「理由」を述べる場合は、主題となる事態と kes-ita で表される事態との間に「$P \rightarrow Q$」という因果関係が成立していた。

　しかし、疑似名詞文としての kes-ita 文には、kes-ita 文の意味解釈に必要な二つの事態の間に「類似関係」や「因果関係」のような客観的な関係は成り立たず、主題となる事態について、それが何を意味しているのか、その発話意図は何であるかなど、話し手の主観的な解釈を述べていると解釈できるものがある。

　(41)［バリスタになりたいと言っている彼女に関連書籍を渡し

　　　　たら、「感動した」と言う彼女に]
　　　　미운　놈　떡　하나　더　주는　　　　　거야＊13.
　　　　miwun nom ttek hana te　cwunun　　　ke-ya.
　　　　憎い　奴　餅　一つ　もっと　あげる（現在）kes-ita
　　　　(憎い奴に餅をもう一つやるのだ。)　　　　【コーヒー】

(42) [Bが彼氏と仲直りしたのに荷物をまとめている]
　　　A：근데 당신은 왜 짐을 싸?
　　　　　(なのに、なんであなたは荷物をまとめてるの？)
　　　B：한성씨랑 내 문제일 뿐이야. 너도 알잖아, 우리 관계. 의지하고 바라고 멋대로 구는 건 언제나 내 쪽이고, 한성씬 넉넉하게 받아주고 품어주고 감싸주는 쪽인 거. <u>투정하는 거야</u>. 최한성의 그 환한 미소는 한유주 독점인 줄 알고 있었는데, 아니란 걸 알았거든.

　　　　<u>투정하는　　　　　　거야</u>.
　　　　thwucenghanun　　　 ke-ya.
　　　　だだをこねる（現在）　kes-ita
　　　　(ただハンソンさんとあたしだけの問題なの。あなたも分かってるじゃない、あたしたちの関係。頼ってばかりでわがまま言うのはいつもあたし。ハンソンさんは心広く受け入れてくれるし、見守ってくれる方だってこと。<u>だだをこねてるの</u>。チェ・ハンソンのあの笑顔はハン・ユジュ専用だと思ってたのに、そうじゃないってことが分かったんだから。)　　【コーヒー】

(43) [彼女がおばあさんに挨拶に行ったとき、ひどいことを言われたあと]
　　　　할머니　　그러시는　거　마음에　　담아두지마.
　　　　halmeni　 kulesinun　ke　maum-ey　tamatwucima.
　　　　おばあさん そうする　の　心-に　　入れておくな
　　　　너랑　　나　사이에　질투하는　　　거야.
　　　　ne-lang　na　sai-ey　ciltwuhanun　　ke-ya.
　　　　君-と　　私　間-に　　嫉妬する（現在）kes-ita
　　　　(おばあちゃんがそう言っているの、気にするな。君と俺

のこと、嫉妬しているんだ。）　　　　　　【コーヒー】
(44)［好きなはずのユンが治らない病気にかかったと言っても
　　びくともしない娘に］

저	기집애	윤이가	저렇게	찌그러지니까	맘이
ce	kicipay	yuni-ka	celegkey	ccikulecinika	mam-i
あの	小娘	ユン-が	あんなに	つぶれたから	心-が

변한　　　　　　　거야.
pyenhan　　　　　ke-ya.
変わった（過去）　kes-ita

（あの子、ユンがああなったから、気持ちが変わったのよ。）

【ごめん】

　(41)～(44)のkes-ita文は、いずれもkes-itaで表される部分だけでは、kes-ita文の意味を正しく解釈できず、その意味を解釈するために、それが述べている対象、即ち、主題を探すようになる。(41)～(44)の場合、主題は、いずれも人のある行動である。そして、(41)のkes-ita文は、「バリスタになりたいと言っている彼女に関連書籍を渡す」という話し手自身の行動について、それは「憎い奴に餅をもう一つやることに他ならない」と述べており、(43)のkes-ita文は、「挨拶に来た彼女にひどいことを言った」祖母の行動について、それは、「君と俺のこと、嫉妬している」と述べていると解釈できる。このように、(41)～(44)のkes-ita文は、それぞれ人が行ったある行動について何かを述べている点で、「主題－解説」構造を持っていると言える。

　また、(41)～(44)のようなkes-ita文が、主題である人の行動について何を述べているかを見ると、(42)のkes-ita文は、「彼氏と仲直りしたにも関わらず、荷物をまとめている」話し手自身の行動について、その行動の意味は「だだをこねている」と述べており、(44)の場合は、「好きなはずのユンが治らない病気にかかったと言ってもびくともしない」娘の行動について、その行動の意味は「気持ちが変わった」と述べている。このように、主題となる行動について述べられる意味は、「P＝Q」や「P→Q」といった「類似関係」や「因果関係」とは異なり、ただ話し手の主観による解釈

であるため、(41)〜(44)のようなkes-ita文は、主題について「話し手の主観的解釈」を述べていると言える。

　話し手の主観的解釈を述べるkes-ita文の場合、kes-ita文が述べている対象、即ち、主題は、(41)〜(44)のように、話し手と聞き手が発話時に認識している人の「行動」であることが多い。但し、次の(45)のようにkes-ita文の主題が人の行動ではなく、話し手の身のまわりに起こった出来事の場合もある。

(45) 인격 상실, 개념 상실, 어이 상실인 여자가, 기억까지 상실해 버렸네. 역시 신은 존재해. <u>천벌을 받은 거야</u>.

<u>천벌을　　받은　　　　거야</u>.
chenpel-ul　patun　　　ke-ya.
天罰 - を　もらった（過去）　kes-ita

（人格なし、常識なし、とんでもない女が、記憶までなくしてしまったね。やっぱり神様は存在する。天罰が下ったんだ。）　　　　　　　　　　　　　【カップル】

　(45)で、kes-itaで表される「天罰が下った」ということは、女の人に起きた「記憶を失った」という出来事について述べており、「記憶を失った」という出来事の意味は何であるかを、「天罰が下った」という主観的に解釈している。(45)のkes-ita文は、主題が人の行動ではなく登場人物の身に起きた出来事であること以外は、(41)〜(44)と同様、「主題−解説」構造の中で、主題についての主観的解釈を述べていることで共通している。但し、出来事についての話し手の主観的解釈を述べるkes-ita文の用例数は非常に少なかったため、以下では行動についての主観的解釈を述べるものを中心に考察していく。

　主題となる人の行動についての主観的解釈を述べるkes-ita文には、大きく四つの特徴が見られる。

　第一に、話し手の主観的解釈を述べるkes-ita文の主題は、発話現場において行った人の「行動」であることが多い。そのため、この種のkes-ita文の主題となる行動は、言語化されず、発話現場において指さしできるような特定の行動を指している点で、「指示的」であると言える。この点は、同様にkes-ita文の主題が発話現場に

おいての人の行動であり、その行動は「指示的」であった、話し手が既に知っている理由を提示し述べる疑似名詞文としてのkes-ita文（5章4.1節）と類似している。さらに、kes-ita文の主題が指示的であるという点は、kesが具体的なものを指し示す名詞文としてのkes-ita文とも類似している。それに対し、kesが名詞化辞として働く名詞文としてのkes-ita文や、「言い換え」「結果」「理由（話者域外情報）」を述べる疑似名詞文としてのkes-ita文の主題は、「非指示的」であった。

　第二に、主観的解釈を述べるkes-ita文の主題は人の行動であるがゆえに、その行動の動作主を同一文内に明示することができる。

(42′)　난　　　투정하는　　　　　거야.
　　　na-n　thwucenghanun　　ke-ya.
　　　私 - は　だだをこねる（現在）　kes-ita
　　　（私はだだをこねてるの。）

(43′)　할머니는　너랑　나　사이에　질투하는　　　거야.
　　　halmeni-nun　ne-lang　na　sai-ey　ciltwuhanun　ke-ya.
　　　祖母 - は　　君 - と　私　間 - に　嫉妬する（現在）　kes-ita
　　　（おばあちゃんは君と俺のこと、嫉妬しているんだ。）

(42′)は、(42)のkes-ita文の主題であった「彼氏と仲直りしたにも関わらず荷物をまとめている」という行動を行った話し手自身を同一文内に明示し、(43′)は、(43)のkes-ita文の主題であった「挨拶にきた孫の彼女にひどいことを言った」という行動の動作主である祖母を同一文内に明示したものである。が、これは、主題を同一文内に明示したのではなく、主題である行動の動作主を明示しただけで、(42′)の「私」や(43′)の祖母が「は」で表されていても、「[私]$_i$ ≠ [だだをこねているkes]$_i$」や「[祖母]$_i$ ≠ [君と俺のこと、嫉妬しているkes]$_i$」であるため、「NP1はNP2だ」という統語構造を持ち、「[NP1]$_i$ = [NP2]$_i$」であり、「NP1」は主題である名詞文としてのkes-ita文とは異なる。つまり、(42′)や(43′)kes-ita文の「私」や「祖母」は、「主題－解説」構造の中で、kes-itaで表される事態の外側にある「主題」ではなく、kes-itaで表される事態の内側に属し、当該のkes-ita文の主題である「行動」

の動作主であるだけである。

　実際、kes-ita 文が話し手の主観的な解釈を述べる場合、次の(46)のように主題となる行動の動作主が同一文内に現れている例も少なからずある。

(46) ［聞き手の彼氏は、聞き手が話し手と一緒にいるのをなぜ気にしないのかを聞かれて］

형은	당신을	그냥	믿어주는	거야.
hyeng-un	tangsin-ul	kunyang	mitecwunun	ke-ya.
兄-は	あなた-を	ただ	信じてあげる（現在）	kes-ita

（お兄さんはあなたをただ、信じているのよ。）【コーヒー】

　(46)は、同一文内に現れている「兄」について「兄は、あなたをただ、信じている何かである」と述べるものではない。(46)のkes-ita 文は、兄が聞き手にした一連の行動あるいは一連の発言について、「あなたをただ、信じてあげる」という主観的解釈を述べており、同一文内に当該の行動の動作主が明示されているだけである。(46)のようにkes-ita 文が、名詞文の統語構造に類似した形で現れるが、「は」で表されるのは、当該の文の主題である「行動」の動作主である場合のkes-ita 文は、本書では、ある行動についての話し手の主観的な解釈を述べている疑似名詞文としてのkes-ita 文と分類する。

　第三に、話し手の主観的解釈を述べると解釈できる kes-ita 文の主題となる行動は、既に起きた行動を指すのではなく、これからする行動について述べることがある。

(47) ［生きる目的を失って落ち込んでいる友だちに］

다	잊어버리고	새로	시작하는	거야.
ta	ilce-pelikwu	saylo	sicakhanun	ke-ya.
全部	忘れて-しまって	新しく	始める（現在）	kes-ita

（全部忘れて一からやり直すのよ。）【犬】

　(47)の kes-ita 文は、既に起きた行動について「全部忘れて一からやり直す」と話し手の主観的解釈を述べるのではなく、生きる目的を失って落ち込んでいる友だちが生きていくためにこれからするべき行動について述べている。そして、まだ未実現の行動について

話し手の主観的解釈を述べることによって、話し手が望ましいと考えている行為の実行を聞き手に促している。このようにある行為の実行を聞き手に促すという意味は、聞き手が置かれた状況によって生じる二次的な意味であると考えられる。つまり、聞き手自身が、話し手が望ましいと考えている行為をまだ実行していないことに気づき、「その行為を実行しなければならない」と考えるようになり、当該のkes-ita文を聞き手への命令として解釈するためである。このように未実現の行動について話し手の主観的解釈を述べるkes-ita文に、二次的な意味合いが現れる場合については、7章2節で詳述する。

　第四に、主題となる行動について話し手の主観的解釈を述べると解釈できるkes-ita文は、地の文に比べ、会話文に多く現れる。

6. 疑似名詞文としてのkes-ita文と非kes-ita文の違い

　5章の2節〜5節では、疑似名詞文としてのkes-ita文を、kes-ita文が主題について何を述べるかによって、「言い換え」「結果」「理由」「主観的解釈」を述べるものという四つに分け、それぞれの特徴を考察した。疑似名詞文としてのkes-ita文の意味解釈には、いずれもkes-itaで表される事態と、それが述べている対象、即ち、主題となる事態（または、行動）という二つの項が必要であった。そして、「言い換え」を述べる場合、主題として現れる事態について、それと類似したもう一つの事態がkes-itaで表されている点で、二つの事態の間には「P = Q」という「類似関係」が成立しており、「結果」や「理由」を述べる場合は、原因・理由から結果が導き出される「P → Q」という「因果関係」が成り立っていた。このようにkes-ita文の意味解釈に関わる二つの事態の間に「類似関係」や「因果関係」が成立するkes-ita文に対し、李南姫（2001:283）などの従来の研究では、kes-itaの機能を、「前後の文を結びつけ、それに様々な内容（「言い換え」や「理由」など）の説明をする」ことと見てきた。しかし、この見解には、同じ場面において、kes-itaが用いられていない文でも同様の意味解釈が可能であることを説明

できないという問題がある。

(48) ［ソウルへいつ行くのかを聞かれて］

  a. 13일에 가. 예정보다 2일 일찍 가는 <u>거야</u>.
   sipsamil-eyka. yeyceng-pota iil ilccikkanun ke-ya.
   13日-に 行く 予定-より 2日 早く 行く（現在）kes-ita
   （13日に行く。予定より2日早く行く<u>んだ</u>。）

  b. 13일에 가. 예정보다 2일 일찍 가.
   sipsamil-ey ka. yeyceng-pota iil ilccik ka.
   13日-に 行く 予定-より 2日 早く 行く
   （13日に行く。予定より2日早く行く。）

(49) a. 타로와 지로가 <u>왔다</u>. 전원 모인 <u>것이다</u>.
   thalo-wa cilo-ka wassta. cenwen moin kes-ita.
   太郎-と 次郎-が 来た 全員 集まった（過去）kes-ita
   （太郎と次郎が来た。全員集まった<u>{わけ／の}だ</u>。）

  b. 타로와 지로가 왔다. 전원 모였다.
   thalo-wa cilo-ka wassta. cenwen moyessta.
   太郎-と 次郎-が 来た 全員 集まった
   （太郎と次郎が来た。全員集まった。）

(50) a. 열이 <u>있다</u>. 감기에 걸린 <u>것이다</u>.
   yel-i issta. kamki-ey kelin kes-ita.
   熱-が ある 風邪-に かかった（過去）kes-ita
   （熱がある。風邪をひいた<u>のだ</u>。）

  b. 열이 있다. 감기에 걸렸다.
   yel-i issta. kamki-ey kellyessta.
   熱-が ある 風邪-に かかった
   （熱がある。風邪をひいた。）

(48)〜(50)において後行文に現れる事態は、それぞれ先行文に現れる事態（波線部）についての「言い換え」「結果」「理由」であると解釈できる。つまり、先行文に現れる事態と後行文で表される事態の間には、kes-itaが用いられた(48a)(49a)(50a)と、kes-itaが用いられていない(48b)(49b)(50b)、どちらも「P＝Q」という類似関係((48))や「P→Q」という因果関係((49)

と（50））が成り立つということである。このようにkes-ita文でも非kes-ita文でも同様の解釈が可能であるため、従来の研究で述べられている「前後の文を結びつけ、「言い換え」や「理由」などを説明する」という機能は、kes-ita固有の機能とは考え難い。

そこで、本節では、疑似名詞文としてのkes-ita文と非kes-ita文との違いを、人間の言語理解過程から探ることによって、本書でkes-itaの機能として立てた仮説の妥当性を検討したい。

人間の言語理解過程について、阿部他（1994:206–207）では、「文章*14あるいは談話の理解にとってもっとも基本的で必要な処理は、文章を構成する要素の間の意味的なつながりの把握、とくに文を超えた意味的なつながりの理解である」と述べている。また、「その処理は、知識と文脈情報を利用しながら文章の「一部」を理解し、「他の部分」と関係づけることであり、その関係づけの処理が、さまざまな情報を利用して行われる推論である（阿部他 1994:211–212）」と述べている。その例として、阿部他（1994）では、次の（51）のような二つの文は、「ため息をつけば、その息が風船にあたって、風船がゆれる」という因果的な推論によって、意味的なつながりが理解され、文章が「文章」として理解されるのであると述べている。

（51）コンは、ハーッとため息をつきました。
　　　目の前のまっかな風船は、それだけで、ふわふわゆれました。
【阿部他 1994:215】

つまり、（51）の文が、因果的な推論によって前後の文が関係づけられ、文章として理解されるのは、人間が文章を理解する際に行われる自然な文章理解過程であるということである。阿部他（1994）の文章理解過程と同様、（50b）の場合も、「風邪をひいた」という文が、先行する「熱がある」という文についての理由として解釈されるのは、「風邪をひけば、熱が出る」という因果的な推論によって、二つの文の間に意味的なつながりがあると関係づけられ、文章として理解されるためである。これは、二つの文（事態）が発話された際、文章（テクスト）を理解するための人間の推論によって自然に生まれる文章理解過程にすぎないため、従来の研

究で述べられている「前後の文の結びつけ、「言い換え」や「理由」などを説明する」という機能は、kes-ita固有の機能ではないと言える。

　それでは、非kes-ita文でも、kes-ita文と同様の解釈が可能であるにも関わらず、kes-itaが使用されるのはなぜだろうか。それは、文章を理解する際にかかる負荷の軽重にあるのではないかと思う。本書では、kes-itaの機能について、当該の文が「主題－解説」構造の中で、「主題についての解説であることを示すこと」という仮説を立てた。この仮説が正しければ、kes-itaが用いられた（48a）～（50a）の文章理解過程において、聞き手は、kes-itaの使用により、その文が主題について何かを述べていることをすぐ理解し、kes-ita文を先行する事態と素早く結びつけることができる。つまり、kes-itaの機能により、当該の文には、それと意味的なつながりがある文（この場合、主題）が存在することが明らかに示されているということである。それに対し、kes-itaが用いられていない（48b）～（50b）の場合は、そのような標示がないため、「予定より2日早く行く」「全員集まった」「風邪をひいた」という後行文が何を意味しているのか、それと意味的なつながりがある文が存在するか否かといったところから推論を始め、文章を正しく理解するためのあらゆる推論を行うことになる。そのため、同じ意味解釈が可能な場合でも、kes-ita文に比べ、非kes-ita文の方が、文章理解過程において負荷がかかると言える。

　これは、二つの文の間の関係が「類似関係」や「因果関係」のように論理的な関係の場合は、kes-itaの必須性は低くなるのに対し、主観的解釈を述べるkes-ita文のように二つの文の間にそのような関係が成り立たない場合は、kes-itaの必須性は高くなることからも説明できる。なぜなら、（48）～（50）のように二つの文の間に「類似関係」や「因果関係」が成立する場合は、人間の文章理解過程における推論により、そのような関係を容易に理解できるため、即ち、文章理解過程にかかる負荷が軽いため、kes-itaの必須性は低く、非kes-ita文でもkes-ita文と同様に意味解釈が可能となる。もちろん、この場合でも、kes-itaの使用により、当該の文が、主

題について何かを述べていることを示した方が、より負荷は軽くなる。それに対し、次の(52)のように「類似関係」や「因果関係」のような論理的な関係が成り立たない場合は、非kes-ita文では、文章を正しく理解するため、当該の文が何を意味しているのか、それと意味的なつながりがある文が存在するか否かといったなどの推論を行うため、文章理解過程にかかる負荷が重くなり、主題についての解説であることを示しているkes-itaの必須性は高くなる。

(52) [Bが彼氏と仲直りしたのに荷物をまとめている]

 A：근데 당신은 왜 짐을 싸？
 （なのに、なんであなたは荷物をまとめてるの？）

 B：한성씨랑 내 문제일 뿐이야．너도 알잖아，우리 관계．의지하고 바라고 멋대로 구는 건 언제나 내 쪽이고，한성씬 넉넉하게 받아주고 품어주고 감싸주는 쪽인 거．투정하는 거야．최한성의 그 환한 미소는 한유주 독점인 줄 알고 있었는데，아니란 걸 알았거든．

 a. 투정하는　　　　거야．　　　　　　　（＝(42)）
  thwucenghanun　ke-ya．
  だだをこねる（現在）　kes-ita
  （だだをこねてるの。）

 b. ?투정해．
  thwucenghay．
  だだをこねる

  （ただハンソンさんとあたしだけの問題なの。あなたも分かってるじゃない、あたしたちの関係。頼ってばかりでわがまま言うのはいつもあたし。ハンソンさんは心広く受け入れてくれるし、見守ってくれる方だってこと。だだをこねてるの。チェ・ハンソンのあの笑顔はハン・ユジュ専用だと思ってたのに、そうじゃないってことが分かったんだから。）　　　　　　　　【コーヒー】

(52)のkes-ita文は、話し手の行動についての主観的な解釈を述べるものであったが、「だだをこねている」という部分にkes-itaが用いられない場合((52b))、文そのものがやや不自然になるなど、

当該の文が何かについて述べていると解釈できるまでは、かなりの負荷がかかる。それに対し、kes-ita が用いられた文 ((52a)) では、kes-ita の使用により、当該の文が何かについて述べていることが示されているため、それが「荷物をまとめている話し手の行動」について主観的な解釈を述べているという解釈をするまでそれほど負荷はかからない。

但し、kes-ita 文と非 kes-ita 文の違いは、文章理解過程にかかる負荷の軽重だけにあるわけではない。Grice (1975) は、会話の参加者が守るべき原理として、次のような「協調の原理（Cooperative Principle）」を立てた。

> Make your conversational contribution such as is required, at the stage at which it occures by the accepted purpose or direction of the talk exchange in which you are engaged.
>
> (Grice 1975:45＊15)

つまり、会話の参加者は、自分が参加している会話の目的や方向に合うように発話しなければならないということである。そして、Grice (1975) は、協調の原理についての具体的な確率として四つの会話の確率を提案した。その一つに「（その時点での目的に）必要なだけ十分な情報を与えること」と「必要以上の情報を与えないこと」といったの量の確率（maxim of quantity）がある。また、様態の確率（maxim of manner）には、「わかりにくい表現を避けること」や「曖昧さを避けること」などがある。上記の (48) ～ (50) で見たように、非 kes-ita 文においても「類似関係」や「因果関係」など、kes-ita 文と同様の解釈が可能であるが、kes-ita が使用されるのは、話し手にとって、kes-ita の使用が必要なだけ十分な情報であり、必要以上の情報でないためであり、また、kes-ita を使用した方が、曖昧ではなく、分かりやすい表現であるためであると考えられる。つまり、話し手と聞き手は「協調の原理」に基づき、話し手は、当該の文が主題について何かを述べていることを明確に伝達するために kes-ita を使用しており、聞き手は、kes-ita の使用により、当該の文が主題について何かを述べていると解釈できるということである。

以上、疑似名詞文におけるkes-ita文と非kes-ita文の違いを文章理解過程においての負荷の軽重と「協調の原理」から検討した。疑似名詞文としてのkes-ita文は、非kes-ita文に比べ、文章理解過程における負荷が軽い点や、kes-itaの使用は、会話の目的や方向に合わせるための話し手の意図である点で、疑似名詞文としてのkes-ita文と非kes-ita文は異なっていた。

　疑似名詞文におけるkes-ita文と非kes-ita文の違いを確認したところで、最後に、本章で考察した、疑似名詞文としてのkes-ita文において、本書で仮説として立てたkes-itaの機能について検討したい。第4章で考察した、名詞文としてのkes-ita文の場合、kes-itaの機能は、仮説と同様、当該の文が「主題－解説」構造の中で「主題についての解説であることを示すこと」であった。本章で考察した疑似名詞文としてのkes-ita文は、それぞれ主題について述べる内容は異なっていたものの、いずれも、名詞文としてのkes-ita文と同様、kes-itaで表される部分だけでは、文の意味を正しく解釈できず、文の意味解釈には、当該の文が述べている対象、即ち、主題が必要であった。そして、文脈や状況から探し出した主題について何かを述べる点で、疑似名詞文としてのkes-ita文は、「主題－解説」構造を持っていた。そのため、疑似名詞文としてのkes-ita文におけるkes-itaの機能も、名詞文としてのkes-ita文と同様、当該の文が「主題－解説」構造の中で「主題についての解説であることを示すこと」であると考えてよいだろう。

　このように「主題－解説」構造の観点から見ると、名詞文や疑似名詞文としてのkes-ita文のkes-itaの機能が、いずれも「主題についての解説であることを示すこと」である点は、従来の研究において「名詞文」と「説明のモダリティ表現」と別もの扱いされてきた両者のkes-itaの機能について統一的な説明が可能となる点で、意味深いと思われる。

　本章では、疑似名詞文としてのkes-ita文の特徴を考察し、kes-ita文と非kes-ita文との違いを考えてみた。本章で考察した、疑似名詞文としてのkes-ita文の特徴をまとめると表5-2の通りである。

表 5–2　疑似名詞文としての kes-ita 文の特徴

主題について述べる内容		主題の所在	主題の指示性	主題との関係	用例の偏在	kes-ita の必須性
言い換え		先行文脈	非指示的	P = Q	地の文	低
結果		先行文脈	非指示的	P → Q	地の文	低
理由	話者域外情報	先行文脈	非指示的	P → Q	地の文	低
	話者域内情報	状況	指示的	–	会話文	中
主観的解釈		状況	指示的		会話文	高

　疑似名詞文としての kes-ita 文は、主題について何を述べるかによって、①言い換え、②結果、③理由、④主観的解釈を述べるものという四つに分けることができた。そのうち、「言い換え」を述べる kes-ita 文は、主題となる事態と kes-ita で表される事態の間に「P = Q」という類似関係が、「結果」や「理由（話者域外情報）」を述べる kes-ita 文は、主題となる事態と kes-ita で表される事態（または、行動）の間に「P → Q」という因果関係が成り立っていた。但し、5章6節でも述べたように、このような関係は文章を理解する過程において推論によって生じる関係であって、kes-ita 固有の機能ではなかった。kes-ita の機能は、名詞文と同様、当該の文が「主題 − 解説」構造の中で「主題についての解説であることを示すこと」であった。

　一方、主題についての理由を述べる kes-ita 文は、当該の理由が話し手の領域に属している情報である場合と、そうでない場合とに分かれた。前者の場合は、kes-ita が「理由節 + 結果節」という複文全体に後接しているのに対し、後者の場合は、理由を表す部分に kes-ita が直接つくという違いが見られた。これは、理由を聞かれ、その返事として話し手が既に知っている理由を新情報として聞き手に提示し述べる場合、即ち、当該の理由が既に話し手自身の領域に属している場合、韓国語には明示的な理由の表現が用いられるという制約があったためであると思われる。

　また、表 5–2 で分かるように、「言い換え」「結果」「理由（話者域外情報）」を述べる kes-ita 文の場合、主題が先行文脈に現れ、非指示的であるという点や、用例の多くが地の文に現れるという点が、

名詞文としてのkes-ita文のうち、kesが名詞化辞として働くものと類似しており、「言い換え」といった名詞文との意味的な関連も見られた。それに対し、「理由（話者域内情報）」「主観的解釈」を述べるkes-ita文は、主題が人の行動など、発話時の状況として現れ、指示的であるという点や、用例が会話文に現れるという点が、kesが具体的なものを指し示す名詞文としてのkes-ita文の特徴と類似していた。このように名詞文と疑似名詞文としてのkes-ita文の特徴においても多くの類似点が見られるということは、従来の研究では、別もの扱いされてきた両者は、お互いに関連が深いということを示唆している。

　最後に、疑似名詞文としてのkes-ita文の用例数は、次の表5–3の通りである。

表5–3　疑似名詞文としてのkes-ita文の用例数

kes-ita文の分類	会話文	地の文	計
言い換えを述べるもの	12（9.9％）	109（90.1％）	121（100％）
結果を述べるもの	9（23.1％）	30（76.9％）	39（100％）
理由を述べるもの（話者域外情報）	3（18.75％）	13（81.25％）	16（100％）
理由を述べるもの（話者域内情報）	67（93.1％）	5（6.9％）	72（100％）
主観的解釈を述べるもの	49（86.0％）	8（14.0％）	57（100％）
計	140（45.9％）	165（54.1％）	305（100％）

　上記でも述べたように、ある事態について「言い換え」「結果」「理由（話者域外情報）」を述べるkes-ita文は、会話文に比べ、地の文に多く現れるのに対し、発話時の状況について「理由（話者域内情報）」「主観的解釈」を述べるkes-ita文は、地の文に比べ、会話文に圧倒的に多く現れる。

＊1　kes-ita文に対する名詞性のテストについては、第2章を参照されたい。
＊2　本書で言う「疑似名詞文としてのkes-ita文」は、従来の研究の分類では

kes-ita Ⅱ に該当するもので、従来の研究において kes-ita Ⅱ は、kes-ita を「kes + ita」に分けることができないものとみなされている。しかし、本書では、名詞性のテストを通じて、kes と ita の分離可能性を指摘した。

＊3　統語的には kes の機能が異なるという違いもある。つまり、疑似名詞文である (3) ～ (5) の kes-ita 文の kes は、名詞文としての kes-ita 文の kes と異なり、「美穂がコンサートへ着て行った何か」「全員集まった何か」「子どもたちが騒ぎ始めた何か」などの具体的あるいは抽象的な何かも指し示さず、「美穂がコンサートへ着て行ったこと」「全員集まったこと」「子どもたちが騒ぎ始めたこと」などの名詞化辞としても働いていないため、kes が完全に名詞として働いていると考えられない。

＊4　名詞文としての kes-ita 文の場合、kes が具体的なものを指し示す kes-ita 文は、主題について、それは「何であるか」を述べており、抽象的なものを指し示す kes-ita 文は、主題について、それは「どのようなものであるか」、即ち、主題にあたる部分に対する属性を述べていた。また、kes が名詞化辞として働く kes-ita 文の場合は、主題に該当する部分についての詳細やそれと同等の意味をもつもう一つの事態を述べていた。

＊5　李英蘭（2013b:50）では、《言い換え》《結果》《原因・理由》を表す用法は、「前提となる事態（X）が言語表現として明示的に現れており、事態（X）と事態（Y）の間に何らかの客観的な論理関係が成立しているため、kes-ita がノダと対応している」と述べられている。

＊6　kes-ita 文が、主題となる事態について「言い換え」を述べているのか、「詳細」を述べているのかを厳密に区別するのは、多少困難ではあるが、kes-ita で表される部分の必要性が高いか否かによってある程度は判断できると思われる。例えば、主題についての「詳細」を述べる (16) の場合、「市民たちが変化を期待していたパラダイムの転換だった」で発話が終わると、聞き手は、「それって具体的に何？」と詳しい内容を求めたくなるため、kes-ita で表される部分の必要性は高いと言える。それに対し、主題についての「言い換え」を述べる (12) の場合、「今まで生きてきた全てを捨てることだ」という発話で終わっても、聞き手がそれ以上の情報を要求しなくても意味（話し手の意図）は十分伝わるため、kes-ita で表される部分の必要性は高いと言い難い。つまり、主題となる事態についての「言い換え」を述べる場合は、先行文の事態の意味を押し広げて説明するという点で、言い換えを述べる部分、即ち、kes-ita で表される部分は、敷衍的である傾向がある。

＊7　亀山（1999:110）では、「類似関係（resemblance）による整合性は、二つの記述事象 P と Q とに何か類似する事物、素性などが対応して認識されたときに確立する」と述べられている。

＊8　文末ノダ文の構造と機能を考察した井島（2012:103–105）では、(19) のような二句一文を「換言」と分類し、それは名詞述語文としての用法であるため、考察の対象外としていた。しかし、ノダ文でも、(20) のような言い方は可能であると考えられるが、(20) のような文にノダが用いられることについては触れていない。

＊9　「-아서/어서 -ase/ese」「-(으)니까 -(u)nikka」「-기 때문에 -ki ttaymwney」は、いずれも、日本語の意味は「から、ので、ために」に当たる韓国語の理由

の表現であるが、その使い方には多少の差がある。

＊10　但し、花子から聞いた理由を伝えるときは、「맛이 없대요. mas-i epstayyo.（美味しくないんですって。）」のように引用形式を用いるのが一般的である。

＊11　上記の（28）〜（30）のkes-ita文の場合、主題は、いずれも話し手自身の行動であった。が、発話現場で行われた聞き手や第三者の行動であることもある。その場合も、当該の発話現場において指さすことができる特定の行動であるため、その行動は「指示的」であると言える。

＊12　この場合、「-아서다/어서다 ase-ta/ese-ta」や「-기 때문이다 -ki ttaymun-ita」以外に、韓国語の理由の表現の一つである「-(으)니까 -(u)nikka」に指定詞のitaが後接した「*-(으)니까다 -(u)nikka-ta」は、非文であるため、kes-itaをそれに置き換えることはできない。これについては、各々の理由の表現が持っている使い方の違いによる問題であり、本書の考察範囲を超えているため、今後の課題とし、本書では、これ以上取り上げないことにする。

＊13　「미운 놈 떡 하나 더 준다（憎い奴に餅をもう一つやる）」は、韓国語の諺で、本来の意味は「憎い人ほど優しくしなければならない（国立国語院コーパス諺編）」となるが、使い次第によって、（41）のように優しくする行動の照れくささを隠すために用いられることもある。

＊14　阿部他（1994:200）で言う「文章」とは、「単一の文を超えた言語表現」を指し、言語学でいうテクスト（text）を意味している。

＊15　協調の原理の和訳：「会話における自分の貢献を、それが生じる時点において、自分が参加している話のやり取りの中で含意されている目的や方向性から要求されるようなものにせよ」（今井訳（今井2001:190））

第6章
非名詞文としての kes-ita 文

　第4章では、kes-ita 文の kes が名詞として働き、統語的に名詞文をなす「名詞文としての kes-ita 文」を、第5章では、統語的に名詞文とは言い難いが、名詞文に類似した特徴が多く見られる「疑似名詞文としての kes-ita 文」を「主題－解説」構造の観点から考察した。が、第2章での名詞性のテストの際、kes-ita 文には、統語的に名詞文でもなければ、疑似名詞文と異なり、名詞文に類似した特徴も見られないものが存在した。本書では、このような kes-ita 文を「非名詞文としての kes-ita 文」と呼び、本章で考察する。

　本章で考察する非名詞文としての kes-ita 文は、従来の研究では、殆ど分析対象ではなかった類のものである。そのため、6章1節では、まず、非名詞文としての kes-ita 文の具体例を用い、それが名詞文としての kes-ita 文や疑似名詞文としての kes-ita 文とどのように異なっているかを述べる。そして、主題について何かを述べるという名詞文や疑似名詞文としての kes-ita 文の意味解釈が、非名詞文としての kes-ita 文の場合においても有効であるか否かを検討し、非名詞文としての kes-ita 文の意味をどのように解釈するかについて考察する。その後、6章2節では、非名詞文としての kes-ita 文の特徴について詳細に考察する。

1. 非名詞文としての kes-ita 文の意味解釈のプロセス

　次の (1) ～ (3) の kes-ita 文は、それぞれ順に「名詞文」「疑似名詞文」「非名詞文」としての kes-ita 文の用例である。
(1) ［絵を指さしながら］
　　내가　　그린　　　　것이다.
　　nay-ka　kulin　　　　kes-ita.

　　　　私-が　　描いた（過去）　　kes-ita
　　　（私が描いたものだ。）
(2)　［ソウルへいつ行くのかを聞かれて］

13일에	가.	예정보다	2일	일찍	가는
sipsamil-ey	ka.	yeyceng-pota	iil	ilccik	kanun
13日-に	行く	予定-より	2日	早く	行く（現在）

　　　거야.
　　　keya.
　　　kes-ita
　　　（13日に行く。予定より2日早く行くんだ。）
(3)　［友人との話の冒頭に］

어제	영화관에	갔는데	타로가	있는
ecey	yenghwakwan-ey	kassnuntey	thalo-ka	issnun
昨日	映画館-に	行ったが	太郎-が	いる（現在）

　　　거야.
　　　keya.
　　　kes-ita
　　　（昨日、映画館へ行ったんだけど、太郎がいるのよ。）

　まず、非名詞文としてのkes-ita文を、名詞文としてのkes-ita文と比較してみると、第2章で名詞性のテストの際も述べたように、非名詞文である(3)のkes-ita文は、kesを韓国語の名詞化辞である「-(u)m」に置き換えることができない点や、kes-itaを「-kes-i anita（〜のではない）」否定にした文や、kes-itaから「ita」を抜いた文が不自然に聞こえるという点、kes-ita文が述べている対象((1)の名詞文の場合は、「この絵」)を補語にした分裂文が成り立たないという点など、kes-ita文に対する全ての名詞性のテストにおいて名詞文である(1)のkes-ita文とは異なる特徴を持っていた。また、kes-ita文のkesの性質を見ても、名詞文である(1)のkes-ita文のkesが、「私が描いた何か（=絵）」という具体的なものを指し示しており、名詞として機能しているのと異なり、(3)のkes-ita文においてkesは、「昨日、映画館へ行ったら、太郎がいた何か」や「昨日、映画館へ行ったら、太郎がいたこと」など、具体的

や抽象的な何かを指し示したり、名詞化辞として働いたりしないため、名詞として機能していると言えない。

　一方、非名詞文としてのkes-ita文を、疑似名詞文としてのkes-ita文と比較すると、分裂文が成立しない点や、kesが名詞として機能しないという点は、疑似名詞文としてのkes-ita文も同様であるが、疑似名詞文としてのkes-ita文の場合、分裂文の成立有無以外のテスト、即ち、「-(u)m」名詞化辞への置き換えテストや、「-kes-i anita（〜のではない）」否定文テスト、「ita」抜きテストにおいては、名詞文としてのkes-ita文と類似した特徴が見られたため、非名詞文としてのkes-ita文とは区別する*1。

　このように非名詞文としてのkes-ita文は、名詞文としてのkes-ita文や疑似名詞文としてのkes-ita文と統語的に異なった特徴を持っているため、本書では、(3)のようなkes-ita文を「非名詞文としてのkes-ita文」と呼ぶ。

　ところが、(3)のように非名詞文としてのkes-ita文が、名詞文や疑似名詞文としてのkes-ita文と異なる点は、統語的な特徴だけではない。名詞文や疑似名詞文としてのkes-ita文の意味解釈のプロセスについて述べた4章3節や5章1節では、上記の(1)や(2)のように同一文内に主題が文構成要素として現れていない場合、kes-itaで表される部分だけでは、kes-ita文の意味を正しく解釈できず、文の意味を解釈するために、文脈や状況から主題を探すようになると述べた。そして、主題を探し出すことができた場合に限り、kes-ita文は、その主題について何かを述べていると解釈できる。このような名詞文や疑似名詞文としてのkes-ita文の意味解釈のプロセスは、kes-itaの機能により行われるものであり、本書では、kes-itaの機能を、当該の文が、「主題−解説」構造の中で、「主題についての解説であることを示すこと」であると主張した。

　同様の意味解釈のプロセスを(3)のような非名詞文としてのkes-ita文に当てはめてみると、(3)のkes-ita文にも同一文内に主題は現れていないため、主題を探そうとするが、(3)は、話の冒頭に発話されたもので、何も先行文脈や発話状況がない。そのため、(3)のkes-ita文は、それが何について述べているか、即ち、主題

を前の文脈や状況からは容易に探すことができない。この点は、(2)のような疑似名詞文としてのkes-ita文の主題が、既に言語化された先行文脈内の事態や、発話現場においての行動であったため、話し手と聞き手がお互いに認識し共有しており、主題を容易に探し出すことができたことと対照的である。しかし、(3)のkes-ita文は、何も文脈や状況がなく、ただ話の冒頭に発話されても、kes-itaで表される部分だけで、文の意味を解釈することができるという点が、(1)や(2)のkes-ita文と異なる。

　(1)や(2)のような名詞文や疑似名詞文としてのkes-ita文の場合、文脈や状況がないなど、主題を探し出せないとき、聞き手は、それが述べている対象、即ち、主題を「何が？」で要求する。(1)の場合は、「何があなたが描いたものですか？」と反問し、(2)の場合は、「何が予定より早く行くことですか？」と聞き返すだろう。そして、「この絵」や「13日に行くこと」という返事（主題）が与えられたときに、当該のkes-ita文がそれについて何かを述べていると解釈できる。つまり、名詞文や疑似名詞文としてのkes-ita文の意味を解釈する際は、必ず、当該のkes-itaが述べている対象である主題が必要である。

　それに対し、(3)のような非名詞文としてのkes-ita文の場合、文脈や状況からは主題に該当するものを探すことができなくても、聞き手は、「何が？」と聞き返さない。このように主題を「何が？」で要求せず、聞き手は、「あの太郎がどうした？」「それでどうなった？」という疑問を浮かべ、前の文脈や状況から探すことができなかった主題を後ろから検索しようとし、次の発話を待つことになる。その後、次の(4)のような発話が続くと、(3)のkes-ita文と関連があるのは、「手を振ったのに、見て見ないふりをされた」という(4)の発話であることが分かる。さらに、(4)の発話にもkes-itaが用いられており、非名詞文としてのkes-tia文であるため、(4)のkes-ita文を聞いた聞き手は、また次の発話を待つようになる。

(4)　그래서　손을　흔들었더니　나를　못　본　척
　　　kulayse　son-ul　huntulessteni　na-lul　mos　pon　chek
　　　それで　手-を　振ったら　私-を　（不可能）　見た　振り

하는　　　　거야.
hanun　　keya.
する（現在）kes-ita

（それで、手を振ったら、私を見て見ないふりをするのよ。）

　但し、(3)のような非名詞文としてのkes-ita文の聞き手が、次の発話を待つということが、(3)のkes-ita文の意味解釈を後続発話である(4)が発話されるまで留保し、(4)が発話されたときに、(3)のkes-ita文が(4)の発話について何かを述べていると解釈されるわけではない点には注意を払いたい。なぜなら、(4)の発話が続いても(3)のkes-ita文がそれについて何を述べているのかが定かではないためである。これは、疑似名詞文としてのkes-ita文の場合、主題となる事態について述べる内容が、「言い換え」や「理由」など、明確であったのと異なる。また、もし(3)のkes-ita文が後続発話である(4)について何かを述べるものとして解釈した場合は、(4)が主題になるということになるが、後続発話である(4)は新情報である。これは、本来、旧情報である主題について、解説の部分が新情報を述べるという「主題－解説」構造が、新情報（例(4)）について旧情報（例(3)）を述べるという矛盾した結果が生じてしまう。そのため、後続発話である(4)が主題であり、(3)のkes-ita文が(4)の発話について何かを述べているという解釈はできない。つまり、(3)のような非名詞文としてのkes-ita文は、これまでの名詞文や疑似名詞文としてのkes-ita文と異なり、主題について何かを述べるという「主題－解説」構造は持っていないと言える。

　以上のことから、(3)のような非名詞文としてのkes-ita文は、主題について何かを述べるのではなく、ただ当該のkes-ita文が後続発話と関連があることを示し、後続発話を待つようにするものとして解釈されると考えられる。そして、ただ後続発話を待つだけで、(3)の発話の時点で、文の意味解釈は、既に処理済みになっている。そのため、待っても後続発話が続かない場合、聞き手は「あの太郎がどうした？」「それでどうなった？」と聞くようになる。

　それでは、非名詞文としてのkes-ita文の場合、なぜ名詞文や疑

似名詞文としてのkes-ita文とは異なるこのような意味解釈が起きるのだろうか。それは、(3)のような非名詞文としてのkes-ita文の場合、本来、「主題についての解説であることを示す」というkes-itaの機能により、前の文脈や状況から主題を探そうとするが、そこには主題に該当するものを探し出すことができないため、当該のkes-ita文の意味解釈に必要なもう一つの情報は後ろにあると考え、後ろを検索するようになるためである。このように後ろを検索するために、その次の発話を待つという意味解釈過程が繰り返されることによって語用論的に強化*2され、非名詞文としてのkes-ita文の意味が、「後続発話への関連を示唆する」ものと解釈されるようになったと考える。

　非名詞文としてのkes-ita文が、「後続発話への関連を示唆」しているという意味解釈は、一見、名詞文や疑似名詞文としてのkes-ita文の「主題について何かを述べる」という意味解釈とは異質なものに見える。が、これは、名詞文や疑似名詞文としてのkes-ita文が主題について何かを述べる際も、kes-ita文の意味解釈にはkes-itaで表される部分以外に、もう一つの情報(この場合、主題)が必要であることをkes-itaが示していたのと同様、非名詞文としてのkes-ita文の場合も、kes-itaが、kes-ita文の意味解釈にはkes-itaで表される事態以外に、もう一つの情報が必要であることを示すものとして機能しているため、「後続発話への関連を示唆する」という意味解釈が可能になったためと思われる。つまり、名詞文や疑似名詞文としてのkes-ita文は、その意味解釈に必要なもう一つの情報が、前の文脈や状況にあるため、それをkes-ita文が述べている対象、即ち、主題として認識し、主題について何かを述べていると意味解釈される。それに対し、非名詞文としてのkes-ita文は、名詞文や疑似名詞文としてのkes-ita文と異なり、前の文脈や状況から主題に該当するものを探すことができない類のものであるため、主題について何かを述べるという「主題−解説」構造は持たないが、kes-ita文の意味解釈にはもう一つの情報が必要であることを示しているというkes-itaの機能により、前の文脈や状況から探すことができない主題に該当するものを、後ろから検索しようとしている

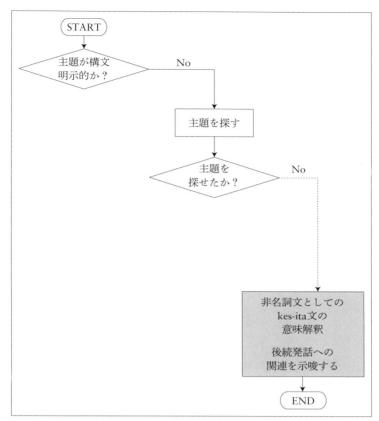

図6–1　非名詞文としてのkes-ita文の意味解釈のプロセス

ため、「後続発話への関連を示唆する」という意味解釈が可能となるということである。このように、名詞文や疑似名詞文としてのkes-ita文と、非名詞文としてのkes-ita文は、いずれもkes-ita文の意味解釈にはkes-itaで表される部分と、もう一つの情報が必要であり、二つの部分が関連していることで共通しており、その点で、両者のkes-itaの機能は本質的に同じではないかと思われる。このようなkes-itaの機能については、8章2節で詳述する。

　以上の非名詞文としてのkes-ita文の意味解釈のプロセスを、図で示すと次の図6–1の通りである。

　図6–1で分かるように、非名詞文としてのkes-ita文も、名詞文や疑似名詞文としてのkes-ita文と同様、まず、主題が構文明示的

であるか否かを判断する。非名詞文としての kes-ita 文の場合、主題に該当するようなものが同一文内に「は」や無助詞によって現れていないため、ここでの判断は常に「No」となる。その後、主題を探そうとするが、前の文脈や状況からは探し出すことができないため、後ろを検索するようになる。が、非名詞文としての kes-ita 文は、後ろに主題があるものではないため、即ち、主題そのものは存在しないため、ここでの判断も常に「No」になる。そして、後ろを検索するために次の発話を待つという手続きが語用論的に強化され、非名詞文としての kes-ita 文の意味は、「後続発話への関連を示唆している」と解釈される。

　以上、非名詞文としての kes-ita 文の意味解釈のプロセスを確認した。これまでの名詞文、疑似名詞文、非名詞文としての kes-ita 文の意味解釈のプロセスについては、第8章でまとめて詳述することにし、次節では、「後続発話への関連を示唆する」という非名詞文としての kes-ita 文の特徴をもう少し詳細に考察する。

2. 後続発話への関連を示唆する kes-ita 文

　前節では、非名詞文としての kes-ita 文がどのように意味解釈されるか、その意味解釈のプロセスを考察し、非名詞文としての kes-ita 文は、次の発話を待つという「後続発話への関連を示唆する」ものとして解釈されると述べた。本節では、非名詞文としての kes-ita 文の特徴について考えてみたい。

　後続発話への関連を示唆する非名詞文としての kes-ita 文には、大きく三つの特徴が見られる。

　第一に、後続発話への関連を示唆する非名詞文としての kes-ita 文は、話し手が遭遇したある状況や出来事を説明する場面においてよく用いられる。

(5)　아빠가 돌아가시던 날이요. '학교 다녀오겠습니다' 하는데 그날따라 아빠가 유난히 환하게 웃으시는 거예요, 근데 알겠더라구요. 학교 갔다 오면, 어쩌면 안 계실지도 모르겠…

　　　그날따라　　아빠가　유난히　환하게　웃으시는

kunalttala	appa-ka	yunanhi	hwanhakey	ususinun
その日に限って	父-が	著しく	明るく	笑う（現在）

거예요.
keyeyyo.
kes-ita

（お父さんが亡くなった日にですね。「学校、行ってきます」と言ったら、その日に限って、お父さんが顔をとても明るくして笑うんです。それで、わかっちゃったんです。学校から帰ってきたら、もしかしたらいないかもって。）

【コーヒー】

(6) ［記憶喪失のアンナに最初に会ったときのことを再演しながら］

여기서 내 머리가 이렇게 창문에 낀 거야. 그리고 차가 막 움직여서 내가 막 이렇게 질질질 끌려가. 잘 봐, 이러구 있는 거 보면 뭐 생각나는 거 없어?

여기서	내	머리가	이렇게	창문에
yeki-se	nay	meli-ka	ilehkey	changmun-ey
ここ-で	私の	頭-が	このように	窓-に

낀	거야.
kkin	keya.
挟まった（過去）	kes-ita

（ここで、俺の頭が、こうやって車の窓に挟まれたんだ。そして、車が動いて、俺がこうやってずるずると引っぱられる。よく見て。こうやってるのを見ても、何か思い出せないか？）

(7) 고등학교 2학년 여름방학 때 얘기다. 자율학습 땡땡이치고 몰래 집에 들어가는데, 미국서 온 이모가 할머니랑 아버지 붙들고 펑펑 울고 계시는 거야. 우리 엄마가, 아버지 외도로 낳은 애 데려다 키우는 것도 모자라서, 그 여자 제사까지 십수년을 차리고 있다면서. 어떻게 그러실 수가 있냐고 이모가 펑펑 울어.

미국서	온	이모가	펑펑	울고
mikwuk-se	on	imo-ka	phengpheng	ulko

米国-から　来た　おば-が　わんわん　　泣いて
계시는　　　　　　　　거야.
kyeysinun　　　　　keya.
いらっしゃる（現在）kes-ita

（高校2年の夏休みの話だ。自律学習をさぼって、こっそり家に入ったとき、アメリカからのおばさんが、おばあちゃんとお父さんの前ですんごい泣いてるんだ。うちのお母さんに、お父さんの浮気で生まれた子を育てさせられたのもかわいそうなのに、十数年間、相手の女の命日までお香をあげさせられてるなんて。いったいどういうことだとおばさんがずっと泣くんだ。）　　　　　　　　　　【コーヒー】

　（5）は、話し手の父が亡くなった日のことを説明している場面で、（6）は、記憶喪失のアンナに最初に会ったときのことを説明する場面で、kes-ita が用いられている。また、（7）は、家に帰ったらおばさんが泣いていたときのことを説明している場面で、kes-ita が用いられている。（5）～（7）の場合、一見、kes-ita 文は、前の発話や状況、即ち、（5）の場合は「お父さんが亡くなった日にですね」という先行発話、（6）の場合は「最初に会ったときのことを再演する」という状況、（7）の場合は「高校2年の夏休みの話だ」という先行発話について何かを述べている疑似名詞文としての kes-ita 文のようにも見える。しかし、疑似名詞文としての kes-ita 文が、主題について「言い換え」や「結果」「理由」「主観的な解釈」などの明確な内容を述べていたのと異なり、（5）～（7）の場合は、先行発話について何を述べているのかが定かではないため、そのような先行発話や状況は、（5）～（7）の kes-ita 文の主題とは言い難い。つまり、（5）～（7）の kes-ita 文は、前の文脈や状況から主題を探すことができないのである。そのため、前にない主題に該当するものを後ろから検索しようとし、後続する発話を待つようになる。但し、（5）～（7）の kes-ita 文の意味が、後続発話が発話されたときに、その後続発話について何かを述べていると解釈されるわけではない点には、再度注意を払いたい。なぜなら、6章1節でも述べたように、そのような意味解釈は、本来、旧情報であるべ

き主題が新情報になるなど、新情報について旧情報を述べるという矛盾した「主題−解説」構造になってしまうためである。さらに、(5)〜(7)のような kes-ita 文が、後続発話について何かを述べているという意味解釈は、後続発話が発話された時点で行われる解釈であり、もしその時点で、kes-ita 文が、後続発話で表される事態について何かを述べているとしても、何を述べているのかが定かではないという問題も生じる。例えば、(6)の場合、「ここで、俺の頭が、こうやって車の窓に挟まれた」という kes-ita で表される事態が、「車が動いて、俺がこうやってずるずると引っぱられる」という後続発話で表される事態について何を述べようとしているのかが明確ではない。これらの事態の関係は、ただ話し手が遭遇した出来事を羅列したに過ぎない。そのため、(5)〜(7)の kes-ita 文は、後続発話について何かを述べるものではなく、前の文脈や状況から探すことができない主題を後ろから探そうとし、後続発話を待つようになるため、当該の文が後続発話と関連があるということを示唆するだけのものである。

　但し、(7)のように「アメリカから来たおばさんが泣いている」という kes-ita で表される事態と、「母に父の浮気で生まれた子供を育てさせられた上に、浮気相手の女性の法事までさせられていた」という後続発話で表される事態の間に「P→Q」という因果関係が成り立つものもある。しかし、(7)の場合のように、先行する kes-ita 文が表す事態と後続発話が表す事態の間に「P→Q」という因果関係が見られるのは、後続発話が発話された時点での人間の文章理解過程[*3]における推論による産物にすぎず、このような因果関係が成り立っていても、主題は旧情報でなければならないことからも分かるように、(7)の kes-ita 文は、後続発話について何かを述べているという解釈はできない。

　また、話し手が遭遇した状況や出来事を説明する場面で用いられる非名詞文としての kes-ita 文は、(8)のように後続発話にも次々と kes-ita が用いられ、当該の kes-ita 文が、その次の発話と関連があり、その発話はまた次の発話と関連があることを示唆しながら、談話を意味のあるかたまり（テクスト）にしていくようになる。

(8) 내 친구가 강아지 한마리 키웠거든. 그거 알지? 저.. 코카스파니엘이라구.. 왜 설치는 놈.. 한 십년을 키웠지. 같이 밥도 먹고 잠도 자고…. 이 동물이라는 게 한 십년 키우니까 말이야. <u>지 마누라보다 죽이 더 잘 맞는 거야</u>. <u>근데 이 친구가 또 갑자기 어렵게 아파트를 분양 받은 거야</u>. <u>근데 이 아파트가 개는 못 키우게 돼 있는 거야</u>. 어떡해. 그냥 눈물을 머금고 아는 사람한테 보냈지 뭐. <u>근데 이놈의 강아지가 스트레스 받아가지구 며칠만에 죽어버린 거야</u>. 그 얘기 듣고 그 친구 회사에 월차 내고.. 며칠동안 울더라.

지	마누라보다	죽이	더	잘	맞는
ci	manwula-pota	cwuk-i	te	cal	macnun
自分の	嫁-より	相性-が	もっと	よく	合う(現在)

거야.	
ke-ya.	
kes-ita	

근데	이	친구가	또	갑자기	어렵게
kuntey	i	chinkwu-ka	tto	kapcaki	elyepkey
ところで	この	友だち-が	また	急に	難しく

아파트를	분양	받은		거야.
aphathu-lul	punyang	patun		keya.
アパート-を	分讓	もらった(過去)		kes-ita

근데	이	아파트가	개는	못
kuntey	i	aphathu-ka	kay-nun	mos
ところで	この	アパート-が	犬-は	(不可能)

키우게	돼	있는	거야.
khiukey	tway	issnun	keya.
飼うように	なって	いる(現在)	kes-ita

근데	이놈의	강아지가	스트레스	받아가지구
kuntey	inom-uy	kangaci-ka	suthuleysu	patakacikwu
ところで	こいつの	子犬-が	ストレス	受けてしまって

며칠만에	죽어버린	거야.
myecilman-ey	cwukepelin	keya.
何日の間-に	死んでしまった(過去)	kes-ita

(俺の友だちが子犬を一匹飼ったんだ。あれ知ってるよね？　あの、コッカースパニエルという、うるさいやつ。10年ぐらい飼ってたかな。ご飯も一緒に食べるし、一緒に寝るし。この犬って奴が10年ぐらい飼っているとさ。奥さんより相性がいい<u>んだ</u>。ところで、また急にこいつが分譲マンションの抽選に当たった<u>んだ</u>。だけど、そのマンションはペット禁止<u>なんだ</u>。どうしようもないじゃない。涙ぐみながら、知り合いに送ったんだ。なのに、その犬がストレスで数日後死んでしまった<u>んだ</u>。その話を聞いた友だちは、有休までとって何日間も泣いてた。)　　【冬ソナ】

（8）では、「奥さんより相性がいい」「分譲マンションの抽選に当たった」「マンションはペット禁止」「ペットがストレスで死んでしまった」の四つの事態にkes-itaが用いられている。これらのkes-ita文は、それが発話された時点では、それぞれ当該のkes-ita文は後続発話と関連があることを聞き手に示唆しているだけである。そのため、聞き手は、このようなkes-ita文が発話されると、その続きがあるだろうと考え、それらを結びつけ、全体を意味のある談話のテクストに構築していくのである。但し、このような後続発話への関連の示唆は、話し手の主観によって勝手に示唆されるものであるため、（8）のようにkes-itaが濫用されると、話し手の主観を非常に強く押しつけるようなニュアンスを帯びる*4。

　第二に、第5章で考察した疑似名詞文としてのkes-ita文と異なり、非名詞文としてのkes-itaの場合、kes-itaの使用の必須性が高い。疑似名詞文としてのkes-ita文の場合、kes-ita文が主題について何を述べているかによって、「言い換え」や「理由」などを述べるという意味解釈ができた。が、そのような解釈はkes-itaが用いられなくても人間の文章を理解する過程における推論により、二つの事態の間に「類似関係」や「因果関係」などが成り立つと理解できるため、kes-itaの必須性は高くなかった*5。それに対し、非名詞文としてのkes-ita文の場合は、kes-ita文は、後続発話と関連があることを示唆するだけのものとして解釈されるため、kes-itaが用いられないと、そのような意味解釈はできなくなる。そのため、

非名詞文としてのkes-ita文のkes-itaの必須性は高いと言える。これは、非名詞文としてのkes-ita文の場合、後続発話への関連を示唆するという意味解釈が文と文をつないでいく機能として働くようになったためであると思われる。

　第三に、非名詞文としてのkes-ita文は、既に起きた事態や今現在の状況など、既に実現されたことについては用いられるが、まだ未実現のことについては用いられにくい

(9)　a.　있잖아, 내일 타로가 와.
　　　　 isscanha. nayil thalo-ka wa.
　　　　 ね　　　明日　太郎-が　来る
　　　　 (ね、明日、太郎が来る。)

　　　b.??있잖아, 내일 타로가 오는 거야.
　　　　 isscanha. nayil thalo-ka onun keya.
　　　　 ね　　　明日　太郎-が　来る（現在）kes-ita

(10)　a.　저기요, 실은 저 결혼해요
　　　　 cekiyo. sil-un ce kyelhonhayyo.
　　　　 あの　 実-は　私　結婚します
　　　　 (あの、実は、私結婚します。)

　　　b.??저기요, 실은 저 결혼하는 거예요.
　　　　 cekiyo. sil-un ce kyelhonhanun keyeyyo.
　　　　 あの　 実-は　私　結婚する（現在）kes-ita

　(9)と(10)のように、「明日、太郎が来る」「結婚する」という事態は、まだ未実現の事態である。この場合、kes-itaが用いられた(9b)と(10b)は不自然に聞こえる。特に(10)の用例は、日本語の場合、ノダが用いられた告白用法としてみなされているものであるが、ノダの使用は自然であるのに対し、kes-itaの使用は不自然になる。ノダの告白用法について、近藤（2011:10–11）では、「ノダ文によってイマ・ココに導入された情報は聞き手にとって新情報であり、聞き手は共同注意態勢の喚起と関連づけてその新情報を解釈し、後続発話を待つ」と述べられている。このようなノダの意味は、本章で見てきた非名詞文としてのkes-ita文の「後続発話を待つ」という意味解釈と類似しているにも関わらず、kes-ita

の場合、未実現の事態に対しては用いられにくいという点は、ノダに比べkes-itaの使用には何らかの制約があるということを示唆している。kes-itaとノダの違いについては、第10章で詳細に後述する。

　本章で考察した非名詞文としてのkes-ita文は、kesが完全に名詞として機能しないという点で名詞文としてのkes-ita文と異なり、文脈や状況から主題に該当するものを探すことができない点で疑似名詞文としてのkes-ita文とも異なっていた。そして、名詞文や疑似名詞文としてのkes-ita文が、主題について何かを述べると意味解釈され、「主題−解説」構造を持っているのと異なり、非名詞文としてのkes-ita文は、そのような意味解釈はできず、当該の文が後続する発話と関連があることを示唆するものとして意味解釈されていた。また、非名詞文としてのkes-ita文は、話し手が遭遇したある状況や出来事を説明する場面でよく用いられる他、kes-itaの必須性が高いが、未実現の事態には用いられにくいという特徴を持っていた。

　このような非名詞文としてのkes-ita文は、一見、名詞文や疑似名詞文としてのkes-ita文とは意味的に異質なものに見えるが、非名詞文としてのkes-ita文の「後続発話への関連を示唆する」という意味解釈と、名詞文や疑似名詞文としてのkes-ita文の「主題について何かを述べる」という意味解釈は、いずれもkes-ita文の意味解釈にはkes-itaで表される部分以外に、もう一つの情報が必要であることを示すkes-itaの機能に起因しているため、両者のkes-itaの機能は本質的に同じであると考えられる。

　最後に、非名詞文としてのkes-ita文の用例数は、次の表6-1の通りである。

表6-1　非名詞文としてのkes-ita文の用例数

kes-ita文の分類	会話文	地の文	計
後続発話への関連を示唆	16（84.2％）	3（15.8％）	19（100％）
計	16（84.2％）	3（15.8％）	19（100％）

後続発話への関連を示唆するという非名詞文としてのkes-ita文は、地の文に比べ、会話文に多く見られたが、本書で抽出した非名詞文としてのkes-ita文の用例は合計19例（全508用例の3.7％）という、名詞文や疑似名詞文としてのkes-ita文に比べ、非常に少ないため、会話文と地の文において非名詞文としてのkes-ita文の有意差は、今後さらに考察する必要がある。但し、本書で会話文の資料として用いられたドラマシナリオからは、会話文の用例237例のうち、非名詞文としてのkes-ita文は16例しか現れていなかったが、非名詞文としてのkes-ita文が、話し手が遭遇したある状況や出来事を説明する場面でよく用いられるという特徴に着目し、そのような場面が多く現れる、二人の韓国語母語話者が40分間、お互いの日常について自由に会話をする自然談話データ2本を追加分析した結果、計80分間のデータから抽出した58例のkes-ita文のうち、半分を上回る32例が非名詞文としてのkes-ita文であった*6。この点は、非名詞文としてのkes-ita文は、会話文に多く現れることを示唆していると言える。

＊1　kes-ita文の名詞性のテストについては、第2章を参照されたい。
＊2　「語用論的強化（pragmatic strengthening）」は、言語変化の動機づけの一つで、話し手と聞き手の役割に注目したものである。Hopper & Traugott (1993) は、「言語変化には語彙的な意味だけではなく、文脈で行われる語用論的推論が重要な役割をしているが、推論が言語変化（文法化）に重要な役割をするためには、それが頻繁に起きなければならない」と述べている。つまり、語用論的強化とは、「文脈内で初めて必然的ではなかった結びつきが慣習化され、文法機能をになう（Geis & Zwicky 1971、Traugott 1898、Traugott & König 1991、大堀 2002:105 再引用）」ことを指す。
＊3　人間の文章理解過程についての詳細は、5章6節を参照されたい。
＊4　後続発話への関連を示唆するkes-itaを濫用すると、押しつけ的なニュアンスが生じるという点は、「P→Qという推論の過程を示さず、Qということを、自分がある確かな根拠があっての立言なのだということを言外に言おうとする」という寺村（1984:285）の「わけだ」の用法（iii）と非常に似ていると言える。
＊5　但し、疑似名詞文としてのkes-ita文の意味解釈にかかわる二つの事態の

間に、「類似関係」や「因果関係」のように論理的な関係が成り立つため、非kes-ita文でもkes-ita文と同様の解釈が可能となるほど、kes-itaの必須性が高くない場合でも、kes-itaの使用により、文章理解過程における負荷が軽減される点と、話し手と聞き手が「協調の原理」に基づき発話をし、当該の文が主題について何かを述べるということが明確に伝達され、聞き手がそのように解釈できる点で、kes-itaが用いられた文は、非kes-ita文と異なる。これについての詳細は、5章6節を参照されたい。

*6 当韓国語母語話者による自然談話データは吉田さち氏によるものである。

第 7 章
二次的な意味が現れる kes-ita 文

　これまで kes-ita 文を、統語構造や「主題−解説」構造の違いによって「名詞文としての kes-ita 文」「疑似名詞文としての kes-ita 文」「非名詞文としての kes-ita 文」という三種類に分けて考察した。が、そのうち、名詞文や疑似名詞文としての kes-ita 文の中には、kes-ita 文の意味解釈、即ち、主題について何かを述べるという意味解釈を基にしているが、それに加え、もう一つの新たな意味合いが現れるものがあった。それは、発話時に聞き手が置かれた状況によって新たに派生した意味と考えられるもので、kes-ita 文の本来の意味解釈より、その二次的な意味を持った用法として用いられることが多い。そのため、本章では、第 4 章や第 5 章で名詞文や疑似名詞文としての kes-ita 文の特徴の一つとしてとどめていた、二次的な意味が現れる kes-ita 文についてより詳細に考察したい。

　二次的な意味が現れる kes-ita 文も、統語構造の違いや主題について述べる内容によって「名詞文」か「疑似名詞文」、どちらかに分類できる。が、以下では、二次的な意味が現れる kes-ita 文が、どのような用法として用いられるかを中心にし、①当為判断を表すもの、②忠告・命令を表すものという二つに分けてそれぞれの特徴を考察する。

1. 当為判断を表す kes-ita 文

　第 4 章で考察した「名詞文としての kes-ita 文」のうち、kes が抽象的なものを指し示す kes-ita 文は、同一文内に主題が共起し、主題について、それは「どのようなものであるか」、即ち、主題の属性や性質について述べていた（4 章 1.2 節）。但し、そのような属性や性質の中には、主題となる対象が本来持っている属性や性質、

即ち、本質や傾向を表すものがあり、それが文全体で「当然、そうである」という当為判断を表すことがある。

(1) ［暴力を振っている人に］

폭력은　　　나쁜　　　　것이다.
phoklek-un　nappun　　　kes-ita.
暴力 - は　　悪い（現在）　kes-ita
（暴力は悪い｛もの／の｝だ。）

(2) ［厨房をオープンにする意見に反対しているバリスタに］

진짜　　　노하우는　　다　　보여줘도　　못　　　뺏는
cincca　　nohau-nun　ta　 poyecweto　 mos　　ppayssnun
本当　　　ノウハウ - は　全部　見せてあげても　（不可能）　奪う（現在）

거예요.
ke-yeyyo.
kes-ita

（本当のノウハウは、全部見せても奪われない｛もの／の｝
です。）　　　　　　　　　　　　　　　　　【コーヒー】

(3) ［失敗を責められて］

사장님!　사람은　　누구나　　실수하는　　　겁니다.
sacangnim　salam-un　nwukwuna　silswuhanun　ke-pnita.
社長　　　人 - は　　誰でも　　失敗する（現在）　kes-ita
（社長！人は誰でも失敗する｛もの／の｝です。）
　　　　　　　　　　　　　　　　　　　　【コーヒー】

　（1）のkes-ita文は、「暴力」について、その本質・傾向は「悪いもの」と述べており、(2)は、「本当のノウハウ」の本質・傾向は「全部見せても奪われないもの」と述べている。また、(3)のkes-ita文は、「人」の本質・傾向は「誰でも失敗するもの」と述べている。(1)～(3)は、いずれも、主題（波線部）に対して、その本質や傾向はkes-itaで表されている部分であると述べており、kesは抽象的なものを指し示している。その点で、(1)～(3)のkes-ita文は、抽象的なものを指し示す名詞文としてのkes-ita文であると言える。

　ところが、(1)～(3)においてkes-ita文全体の命題内容は、単

に主題である「暴力」「本当のノウハウ」「人」に対する本質や傾向を述べるだけではなく、文全体で「当然、暴力は悪い」「当然、本当のノウハウは、全部見せても奪われない」「当然、人は誰でも失敗する」という当為判断をも表している。そして、話し手は、当該の命題内容が当然であることを示すことで、ある状況に置かれている聞き手に対して、何らかのメッセージを伝えようとしている。(1) の場合は、暴力を振っている聞き手に対して、暴力は当然悪いと示すことで、「暴力はやめた方が望ましい」というメッセージが含意されており、(2) の場合は、厨房をオープンにすることに反対している聞き手に対し、本当のノウハウは全部見せても簡単に奪われないのが当然であると示すことで、「厨房のオープン化に反対しない方が望ましい」というメッセージが伝わる。また、(3) の場合は、人は誰でも失敗するのが当然であると示すことで、話し手自身の失敗を正当化し、聞き手に対して「話し手の失敗をあまり責めない方が望ましい」というメッセージが含意されている。(1)〜(3) の kes-ita 文のように、「当然、そうである」ことを示すことによって、聞き手に対し「○○する方が望ましい」という意味が現れる場合は、話し手が望ましいと考えている行為は、言語化されず、含意として現れるため、話し手は聞き手に当該の行為の実行を「間接的」に促していると言える。

　それに対し、次の (4) と (5) の kes-ita 文は、話し手が考えるのに望ましい行為を聞き手がまだ実行していない状況において、当該の行為を含意としてではなく、言語化することによって、「当然、そうするべき」という当為判断を表し、当該の行為の実行を聞き手に直接的に促している。

(4) ［早く寝ない子供に］
어린이는　일찍　자는　거야.
elini-nun　ilccik　canun　ke-ya.
子供-は　早く　寝る（現在）kes-ita
（子供は早く寝る｛もの／の｝だ。）

(5) ［手をひねって出しながら］
남자들끼리는　이렇게　악수하는　거야.

namca-tul-kkili-nun　　ilegkey　　　akswuhanun　　　ke-ya.
男たち同士-は　　　　このように　　握手する（現在）　kes-ita
（男同士はこうやって握手する {もの／の} だ。）　　　【犬】

（4）のkes-ita文は、「子供」の本質・傾向は「早く寝るもの」と述べており、（5）のkes-ita文は、「男同士」の本質や傾向を「ひねって握手するもの」と述べている。その点で、（4）や（5）のkes-ita文は、kesが具体的なものを指し示す名詞文であると言える。が、（4）と（5）においてkes-ita文全体の命題内容は、上記の（1）～（3）と同様、単に主題である「子供」「男同士」に対する本質や傾向を述べるだけではなく、文全体で「子供は早く寝るのが当然である」「男同士は、手をひねって握手するのが当然である」という当為判断をも表している。そして、話し手は、当該の命題内容が当然であることを示すことで、ある状況に置かれている聞き手に対して、当該の行為の実行を促している。

（4）の場合、早く寝ようとしない子供に対し、「子供は早く寝るのが当然である」と示すことで、「早く寝るべき」という話し手が望ましいと考えている行為の実行を聞き手に促しており、（5）の場合も、普通に握手しようとする聞き手に対し、「男同士は、手をひねって握手するのが当然である」と示すことで、「手をひねって握手するべき」という行為の実行を聞き手に促している。その際、聞き手は、「子供は早く寝るのが当然である」「男同士は、手をひねって握手するのが当然である」という当為判断を示されることで、当該の行為をまだ実行していない自分自身に気づき、当該のkes-ita文を、「早く寝なさい」「手をひねって握手しなさい」という意味として解釈する。（4）や（5）のkes-ita文のように、「当然、そうするべき」という当為判断を表すことによって、聞き手に対し「○○しなさい」という意味が現れる場合は、話し手が望ましいと思っている行為が含意ではなく、言語化されるため、話し手は聞き手に当該の行為の実行を「直接的」に促していると言える。この点が、話し手が望ましいと考えている行為が含意として現れ、当該の行為の実行を「間接的」に促していた（1）～（3）のkes-ita文と異なる。

また、(4) や (5) の kes-ita 文の kes-ita は、韓国語の義務表現である「-야 되다/하다 -ya toyta/hata (～なければならない)」に置き換えられるのに対し、(1) ～ (3) の kes-ita 文の kes-ita は、そのような義務表現に置き換えることができない点も、(1) ～ (3) の kes-ita 文と異なり、(4) や (5) の kes-ita 文は、行為の実行を聞き手に直接的に促していると言える。

(6) ［失敗を責められて］

 a. 사장님！ 사람은 　누구나　 실수하는
  sacangnim salam-un nwukwuna silswuhanun
  社長　　　人 - は　　誰でも　　失敗する（現在）
  겁니다.　　　　　　　　　　　　　　（＝(3)）
  ke-pnita.
  kes-ita
  （社長！人は誰でも失敗する ｛もの／の｝ です。）

 b.?? 사장님！ 사람은 　누구나　 실수해야　 됩니다.
  sacangnim salam-un nwukwuna silswuhayya toypnita.
  社長　　　人 - は　　誰でも　　失敗しなければ なりません

(7) ［手をひねって出しながら］

 a. 남자들끼리는　 이렇게　 악수하는
  namca-tul-kkili-nun ilegkey akswuhanun
  男たち同士 - は　このように　握手する（現在）
  거야.　　　　　　　　　　　　　　（＝(5)）
  ke-ya.
  kes-ita
  （男同士はこうやって握手する ｛もの／の｝ だ。）

 b. 남자들끼리는　 이렇게　 악수해야　 돼.
  namca-tul-kkili-nun ilegkey akswuhayya tway.
  男たち同士 - は　このように　握手しなければ ならない
  （男同士はこうやって握手するべきだ。）

　(6) や (7) で分かるように、「人は誰でも失敗するのが当然である」と述べ、「話し手の失敗をあまり責めない方が望ましい」というメッセージが含意されていた (6a) の場合、kes-ita を義務表

現である「-야 되다/하다 -ya toyta/hata（〜なければならない）」に置き換えた（6b）は、（6a）と同様の意味合いにならない点で、不自然である。それに対し、話し手が望ましいと考えている行為が言語化されている（7a）の場合、（7b）のようにkes-itaを「-야 되다/하다 -ya toyta/hata（〜なければならない）」に置き換えても、聞き手がするべきことを表しているという意味合いは変わらない。

このように主題に対する本質や傾向を表すkes-ita文は、話し手が望ましいと思っている行為が、含意として現れるか、言語化されるかによって、当該の行為の実行を聞き手に間接的に促すか、直接的に促すかが異なっている。が、いずれの場合も、「当然、そうである」「当然、そうするべき」という「当為判断」を表しており、韓国語の当為判断の表現である「법이다 pep-ita（ものだ）」に置き換えることができるため、本書では、（1）〜（5）のようなkes-ita文を「当為判断を表すkes-ita文」と呼ぶことにする。

(1′)　폭력은　　　나쁜　　　　법이다.
　　　 phoklek-un　nappun　　　pep-ita.
　　　 暴力 - は　　悪い（現在）　pep-ita
　　　（暴力は悪いものだ。）

(2′)　진짜　　노하우는　　　다　　보여줘도　　　　못
　　　 cincca　nohau-nun　　ta　　poyecweto　　　mos
　　　 本当　　ノウハウ - は　全部　見せてあげても　（不可能）
　　　 뺏는　　　　법이에요.
　　　 ppayssnun　 pep-ieyyo.
　　　 奪う（現在）　pep-ita
　　　（本当のノウハウは、全部見せても奪われないものです。）

(3′)　사장님!　　　사람은　　　누구나　　　실수하는　　　　　법입니다.
　　　 sacangnim　 salam-un　　nwukwuna　silswuhanun　　　pep-ipnita.
　　　 社長　　　　人 - は　　　誰でも　　　失敗する（現在）　pep-ita
　　　（社長！人は誰でも失敗するものです。）

(4′)　어린이는　　일찍　　자는　　　　　법이야.
　　　 elini-nun　 ilccik　 canun　　　　pep-iya.
　　　 子供 - は　 早く　　寝る（現在）　pep-ita

（子供は早く寝るものだ。）
(5′) 남자들끼린　　　이렇게　　　악수하는　　　법이야.
　　 namca-tul-kkili-n　ilegkey　　akswuhanun　　pep-iya.
　　 男たち同士-は　　このように　　握手する（現在）　pep-ita
（男同士はこうやって握手するものだ。）

（1）〜（5）のkes-itaをpep-itaに置き換えた（1′）〜（5′）も、kes-itaが用いられた文と同様、「当然、そうである」「当然、そうするべき」という当為判断を表している。但し、当為判断を表すkes-ita文は、同様に当為判断を表す表現であるpep-itaに置き換えることが可能ではあるが、両形式はその統語構造において違いが見られる。

　当為判断を表すkes-ita文とpep-ita文は、それぞれの語彙が持っている本来の意味が異なるがゆえに、文の統語構造が異なっている。(3) の用例を取り上げて説明すると、kes-itaが用いられた文では、何かを指し示すというkesの語彙的意味から「人は、誰でも失敗する｛存在・生き物｝だ」という意味解釈ができる。それに対し、pep-ita文の場合、「おきて・道理」というpepの語彙的意味から「? 人は、誰でも失敗する｛おきて・道理｝だ」のような意味解釈は不可能で、「人は誰でも失敗するのが｛おきて・道理｝だ」という解釈のみが可能である。つまり、同じ当為判断を表すものでも、kes-ita文は、主題（NP1）についてNP2と述べるという意味解釈から「NP1はNP2だ」という統語構造を持っている名詞文であるのに対し、pep-ita文は、「おきて・道理」というpepの語彙的意味に強く縛られ、文全体（S）がpepによってまとめられる「NPだ」という構造を持っている名詞文であると言える。当為判断を表すkes-ita文とpep-ita文の統語構造の違いは、次の（8）の通りである。

(8) 当為判断を表すkes-ita文とpep-ita文の統語構造の違い
　　　kes-ita文：$_{NP1}$［人］は　$_{NP2}$[［誰でも失敗する］kes］だ
　　　pep-ita文：$_{NP}$［$_{S}$［人は誰でも失敗する］pep］だ

　以上、当為判断を表すkes-ita文について考察したが、当為判断を表すkes-ita文は、上記で見たように、「暴力は悪い（例（1））」

「人は誰でも失敗する（例 (3)）」「子供は早く寝る（例 (4)）」のように社会一般的な通念と合わさるものから、「目上の人とお酒を飲むときは、顔を背けて飲む（例 (9)）」「（マッチョな男の世界で）男は、手をひねって握手する（例 (5)）」など、特定の国や組織の中でしか通用しない常識と合わさるもの、さらに「ラーメン屋では味噌ラーメンを食べる（例 (10)）」といった個人が常識であると考えている個別的なものまで、社会一般的な規範性において高低がある。

(9) 윗　　사람과　　술을　　마실　　때는　　고개를
　　 wis　salam-kwa　swul-ul　masil　ttay-nun　kokay-lul
　　 上　　人-と　　酒-を　　飲む　　とき-は　　こうべ-を

　　 돌려　　마시는　　거야.
　　 tollye　masinun　ke-ya.
　　 回して　飲む（現在）　kes-ita

　　 （目上の人とお酒を飲むときは、顔を背けて飲む{もの／の}だ。）

(10) 라면집에서는　　　된장　　　라면을　　　먹는
　　 lamyencip-eyse-nun　toyncang　lamyen-ul　meknun
　　 ラーメン屋-では　　味噌　　　ラーメン-を　食べる（現在）

　　 거야.
　　 ke-ya.
　　 kes-ita

　　 （ラーメン屋では、味噌ラーメンを食べることだ。）

(9) の場合、「目上の人とお酒を飲むときは、顔を背けて飲む」というのは、世の中の社会一般的な通念というより、韓国社会において慣習化された常識である。また、(10) の場合、「ラーメン屋では味噌ラーメンを食べる」というのは、ラーメン屋において慣習化された常識というより、個人が考えている個別的なものである。そのため、(10) の kes-ita 文は、ラーメン屋についての本質や傾向というより、「ラーメン屋で何を食べるべきであるか」という個人の常識を示すことによって、ラーメン屋でする行動について、「味噌ラーメンを食べることである」と助言や忠告をしていると思われ

る。

　このように、当為判断を表すkes-ita文は、社会一般的な通念と合わさるものから、より個別的なものに移行するにつれ、主題についての本質や傾向を述べ、当為判断を表していたのが、主題についての本質や傾向というより、これからする行動について述べ、聞き手に対し、当該の行為をするように忠告や命令をしていると考えられる。これについては、次節の7章2節で詳細に考察する。

2.　忠告・命令を表すkes-ita文

　第5章で考察した「疑似名詞文としてのkes-ita文」のうち、主題となる人の行動について話し手の主観的解釈を述べるものの中には、既に行われた行動について述べるのではなく、これから聞き手がする行動について話し手の主観的解釈を述べるものがあった（5章5節）。

(11)　시합에　　이기고　　싶으면　　<u>지금부터　　쉬지　　말고</u>
　　　sihap-ey　ikiko　　siphumyen　cikumputhe　swici　malko
　　　試合-に　勝ちたいなら　　今から　　　休まず

　　　<u>연습하는　　　　　거야</u>.
　　　yensuphanun　　　ke-ya.
　　　練習する（現在）　kes-ita

　　　（試合に勝ちたいのなら、これから休まずに練習する{<u>こ</u>
　　　<u>とだ／のだ</u>}。）

(11)のkes-ita文の場合、「条件節＋結果節」という構文として現れ、「試合に勝ちたい」という事態と、「これから休まずに練習する」という事態の間には、「P→Q」という因果関係が成り立つため、(11)のkes-ita文は、一見、「試合に勝ちたい」という事態を原因や理由にし、推論を行い導き出された結果を「これから休まずに練習する」と述べる疑似名詞文としてのkes-ita文のように見える。が、(11)のkes-ita文で話し手が伝えたいのは、「試合に勝つという目的を果たすためには、休まずに練習することが必要・重要である」ということである。そのため、(11)のkes-ita文が述べて

いる対象、即ち、主題は「試合に勝ちたい」という事態ではなく、「試合に勝つために（聞き手が）するべき行動」であり、それについて「これから休まずに練習する」と述べている。つまり、（11）のkes-ita文は、これから聞き手がするべき行動について、「これから休まずに練習する」という話し手の主観的解釈を述べる疑似名詞文としてのkes-ita文である。そして、（11）のkes-ita文の話し手は、「試合に勝つために、休まずに練習することが必要・重要である」と示すことで、一生懸命練習していない聞き手に対し、「休まずに練習する」という話し手が望ましいと考えている行為の実行を聞き手に直接的に促している。その際、聞き手は、当該の行為の必要性を示されることで、一生懸命練習していない自分自身に気づき、「これから休まずに練習しなければならない」と考えるようになり、当該のkes-ita文を聞き手自身への助言や忠告として解釈する。

　（11）のようなkes-ita文は、より個別的な助言や忠告の場で用いられ、ある目的を果たすために当該の行為の実行の「必要性」を表し、行為の実行を聞き手に促している点で、7章1節で見た、「当然、そうである」「当然、そうするべき」という「当為判断を表すkes-ita文」と区別し、助言や忠告を表すkes-ita文と呼ぶ。これは、（11）のように助言や忠告を表すkes-ita文は、次の（11′）のようにkes-itaを韓国語の当為判断の表現であるpep-itaに置き換えると、不自然になることからも分かる。

(11′) ?시합에　이기고　싶으면　지금부터　쉬지 말고
　　　 sihap-ey ikiko　siphumyen　cikumputhe　swici malko
　　　 試合-に　勝ちたいなら　今から　　　休まず
　　　 연습하는　　　법이야.
　　　 yensuphanun　pep-iya.
　　　 練習する（現在）pep-ita

　一方、「条件節＋結果節」構文として現れなくても、どのような目的を果たすかを話し手と聞き手がお互い認識し共有していれば、kes-ita文のみでその行為の実行を聞き手に促すことができる。

(12) ［生きる目的を失って落ち込んでいる友人に］
　　　 다　잊어버리고　새로　시작하는　거야.

```
      ta      ilce-pelikwu    saylo    sicakhanun    ke-ya.
      全部    忘れて-しまって  新しく   始める(現在)   kes-ita
```
　　（全部忘れて一からやり直す<u>の</u>よ。）　　　　　　　　【犬】

　（12）のkes-ita文は、「立ち直るために聞き手がするべきこと」について、「過去のことは全部忘れて一からやり直すこと」と述べており、「立ち直るために何か（この場合は、聞き手の行為）が必要である」ことは、絶望に陥った聞き手の状況から、話し手と聞き手がお互い認識している。（12）の場合も、聞き手は、当該の行為の必要性を示されることによって、過去のことで苦しんでいた自分自身に気づき、「全部忘れて一からやり直さなければならない」と考えるようになり、当該のkes-ita文を聞き手自身への助言や忠告として解釈する。

　さらに、これからする行動について、話し手の主観的解釈を述べるkes-ita文は、助言や忠告をする場面より、聞き手の状況から聞き手がしなければならない行為の実行を注意や命令に近い用法として用いられる場合がある。

（13）［遊びに夢中の子どもに］
```
      놀지만        말고        공부도      하는         거예요.
      nociman       malko       kongputo    hanun        ke-yeyyo.
      遊んでばかり  しないで    勉強も      する(現在)   kes-ita
```
　　（遊んでばかりいないで、勉強もする<u>ん</u>ですよ。）

（14）［つらい思いで、道の中で立ちどまっている人に］
```
      오른발부터       움직이는         거예요.
      olunpal-puthe    umcikinun        ke-yeyyo.
      右足-から        動かす(現在)     kes-ita
```
　　（右足から動かす<u>ん</u>ですよ。）　　　　　　　　【冬ソナ】

（13）や（14）は、「これからするべきこと」について、「勉強する」「右足から動かす」と述べているが、（11）や（12）と異なり、ある目的のためにそのような行為をする必要があることは表されていない。（13）や（14）のkes-ita文は、助言や忠告をするというより、遊びに夢中になっている子供に「勉強しなさい」、つらい思いで、道の中で立ちどまっている人に「右足から動かしなさい」と

直接注意や命令をしている。(13)や(14)のようにkes-ita文に注意や命令のような意味合いが現れるのは、これからすることをkes-ita文で述べることによって、聞き手は、そうしていなかった自分自身に気づき、「そうしなければならない」と考えるようになり、当該のkes-ita文を聞き手自身に対する注意や命令として解釈するためである。そして、このような解釈が繰り返されることによって慣習化され、(13)や(14)のようにkes-ita文に「注意・命令」といった二次的な意味が現れると考えられる。

注意・命令を表すkes-ita文は、一度命令したにも関わらず、聞き手が当該の行為を実行していない場合、(15)のように再度命令するときに用いられることもある。

(15) ［どうしてもご飯を食べようとしない子どもに］

먹어.　　먹는　　　　거야.
meke.　　meknun　　ke-ya.
食べろ　　食べる（現在）　kes-ita
（食べろ。食べる<u>んだ</u>。）

また、(16)のように独り言の場合、即ち、聞き手が話し手自身の場合は、自分自身にするべきことを命令することによって、話し手の決意を表すようになる。

(16) 그래,　한　번　해　보는　　　거야.
　　　kulay,　han　pen　hay　ponun　　ke-ya.
　　　そう　一　回　して　みる（現在）　kes-ita
（よし、一回やってみる<u>んだ</u>。）

但し、話し手の決意が表されるというのは、行為の実行を命令された聞き手が話し手と一致しているという特殊な場面のみに許される意味合いであり、kes-ita文自体に話し手の決意を表す用法はない。なぜなら、話し手が話し手ではない聞き手に対して話し手の決意を提示する場合、(17a)のように「-n kes-ita」は用いられにくいためである*1。話し手の決意を聞き手に提示する場合は、(17b)のように話し手の意志を表す表現である「-l kes-ita」が用いられる。

(17) ［プロのサッカー選手になるのは無理だと言われて］

a. ?꼭　　프로　축구　　선수가　　되는　　　거야.
　　kkok　pulo　chwukwu　senswu-ka　toynun　　ke-ya.
　　必ず　プロ　サッカー　選手 - が　　なる（現在）　kes-ita

b. 꼭　　프로　축구　　선수가　　될　　　　거야.
　　kkok　pulo　chwukwu　senswu-ka　toyl　　ke-ya.
　　必ず　プロ　サッカー　選手 - が　　なる（未来）　kes-ita

（絶対、プロのサッカー選手になるんだ。）

　本節では、ある行為の実行の必要性を示し、助言・忠告を表すkes-ita文と、当該の行為の実行を直接命令することによって注意・命令を表すkes-ita文を考察したが、忠告・命令を表すkes-ita文は、文脈や状況から探し出した主題が「目的を果たすために（聞き手が）するべきこと」や「これから（聞き手が）するべきこと」であるため、その主題を同一文内に共起させた文は自然に聞こえ、kesが名詞として機能しているかのように見えることがある。が、kes-itaを「-(u)m」名詞化辞に置き換えられない点と、忠告・命令を表すkes-ita文は、必要性や行為要求、意志などの話し手の態度が強く現れる点で、名詞文であると考えにくい。

(18) a.　시합에　이기고 싶으면　　지금부터　쉬지　말고
　　　 sihap-ey　ikiko　siphumyen　cikumputhe　swici　malko
　　　 試合 - に　勝ちたいなら　　　今から　　　休まず

　　　 연습하는　　　　거야.　　　　　　　　（＝(11)）
　　　 yensuphanun　　ke-ya.
　　　 練習する（現在）　kes-ita

（試合に勝ちたいのなら、これから休まずに練習する{ことだ／のだ}。）

b.　시합에　이기기　위해　할　　일은　　　지금부터
　　sihap-ey　ikikki　wihay　hal　il-un　　cikumputhe
　　試合 - に　勝つこと　ため　する　こと - は　今から

　　쉬지　　말고　　연습하는　　　　거야.
　　swici　malko　yensuphanun　　ke-ya.
　　休まず　　　　練習する（現在）　kes-ita

（試合に勝つためにやることは、これから休まずに練習

するのことだ。)

   c. ?시합에   이기고 싶으면   지금부터   쉬지 말고
       sihap-ey   ikiko   siphumyen   cikumputhe   swici malko
       試合-に   勝ちたいなら   今から   休まず

       연습함이야.
       yensupham-iya.
       練習する（現在）（名詞化辞）-ita

   d. 시합에   이기고 싶으면   지금부터   쉬지 말고
       sihap-ey   ikiko   siphumyen   cikumputhe   swici malko
       試合-に   勝ちたいなら   今から   休まず

       연습해야   한다.
       yensuphayya   hanta.
       練習しなければならない

       （試合に勝ちたいのなら、これから休まずに練習しなければならない。)

(19) [つらい思いで、道の中で立ちどまっている人に]

   a. 오른발부터   움직이는   거예요.   (= (14))
       olunpal-puthe   umcikinun   ke-yeyyo.
       右足-から   動かす（現在）kes-ita
       （右足から動かすんですよ。)

   b. 지금   해야   할 일은   오른발부터   움직이는
       cikum   hayya   hal il-un   olunpal-puthe   umcikinun
       今   するべき   こと-は   右足-から   動かす（現在）

       거예요.
       ke-yeyyo.
       kes-ita
       （今、やるべきことは、右足から動かすことです。)

   c. ?오른발부터   움직임이에요.
       olunpal-puthe   umcikim-ieyyo.
       右足-から   動かす（現在）（名詞化辞）-ita

   d. 오른발부터   움직이세요.
       olunpal-puthe   umcikiseyyo.

　　　　　　右足-から　　　動かしなさい
　　　　　（右足から動かしなさい。）
(20) a.　그래, 한 번 해 보는　　　거야.　　（=(16)）
　　　　　kulay han pen hay ponun　　ke-ya.
　　　　　そう　一　回　して　みる（現在）kes-ita
　　　　　（よし、一回やってみるんだ。）
　　b.　그래, 내가　할　　일은　　한　　번　해
　　　　　kulay nay-ka hal　il-in　　han　pen　hay
　　　　　そう　私-が する　こと-は　一　　回　　して
　　　　　보는　　　거야.
　　　　　ponun　　ke-ya.
　　　　　みる（現在）kes-ita
　　　　　（よし、私がやることは、一回やってみることだ。）
　　c.　?그래, 한　번　해　봄이야.
　　　　　kulay han pen hay pom-iya.
　　　　　そう　一　回　して　みる（現在）（名詞化辞）-ita
　　d.　그래, 한 번 해 보자.
　　　　　kulay han pen hay poca.
　　　　　そう　一　回　して　みよう
　　　　　（よし、一回やってみよう。）

　(18a)(19a)(20a)のkes-ita文において、文の主題を同一文内に共起させた(18b)(19b)(20b)は、同様の場面でそれほど不自然に聞こえないため、(18a)(19a)(20a)のkes-ita文のkesは、名詞化辞として働いているように見える。が、(18a)(19a)(20a)のkes-ita文のkesを、韓国語の名詞化辞である「-(u)m」に置き換えた(18c)(19c)(20c)の文は不自然に聞こえる点や、(18a)(19a)(20a)のkes-ita文は、(18d)(19d)(20d)と同様の意味合いを持っている点から、kesが単に名詞化辞として働くとは考え難い。そのため、本書では、(18a)(19a)(20a)のように忠告や命令を表すkes-ita文は、名詞文ではなく、疑似名詞文と分類する。但し、第2章で見た名詞性のテストにおいて、疑似名詞文としてのkes-ita文は、kesを「-(u)m」名詞化辞に置き換えることができた

が、忠告や命令という二次的な意味が現れるkes-ita文のkes-itaは、主題について何かを述べるというkes-ita文本来の意味解釈より、必要性や行為要求、意志などの話し手の態度を表すという意味合いが強いため、そのような意味合いを持っていない「-(u)m」名詞化辞への置き換えは不自然になると思われる。これは、(18a)(19a)(20a)のkes-ita文の場合、kes-itaから「ita」を抜いた文も不自然になることからも分かる。

　以上、主題について何かを述べるkes-ita文に、「当為判断」や「忠告・命令」のような二次的な意味が現れるkes-ita文について考察した。「当為判断」と「忠告・命令」を表すkes-ita文は、名詞文であるか、疑似名詞文であるかという統語構造の違いはあったが、いずれも、聞き手が置かれた状況によって、話し手が望ましいと考えている行為の実行を聞き手に促すという点で共通していた。つまり、聞き手は、当該の行為をしていない自分自身に気づき、そうしなければならないと考えるようになり、当該のkes-ita文を聞き手自身への指示として解釈するのである。

　そのため、本章では、kes-ita文全体で「当為判断」を表すか、目的の達成のための行為の必要性を表すか、直接命令をするかなどによって、「当為判断」と「忠告・命令」に分けて考察したが、本章で見た二次的な意味が現れるkes-ita文は、意味的に連続的であると思われる。但し、7章1節でも見たように、「当為判断」の場合は、社会一般的な規範性がより高く、「忠告・命令」の場合は、より個別的な行為の実行を促している点で、社会一般的な規範性がより低いと言える。また、当為判断の場合、話し手が望ましいと考えている行為が言語化されず、含意として現れるのは、当該の行為の実行を「間接的」に促しているため、行為の実行の強要性は低いのに対し、命令の場合、直接命令をしているため、行為の実行の強要性は高いと言える。本章で考察した、「当為判断」と「忠告・命令」を表すkes-ita文の違いをまとめると、表7-1の通りである。

　本章では、主題について何かを述べるという基本的な意味を持っているkes-ita文に、聞き手の置かれた状況によって二次的に派生

表7-1 「当為判断」と「忠告・命令」を表すkes-ita文の違い

二次的意味	kes-ita文の種類	主題の所在	社会一般的規範性	行為の実行の強要性
当為判断	名詞文	同一文内	高 ↕ 低	低 ↕ 高
忠告・命令	疑似名詞文	先行文脈・発話状況		

した別の意味が現れるkes-ita文を考察した。その結果、二次的な意味が現れるkes-ita文は、「当為判断」「忠告・命令」という二つの用法として用いられた。

当為判断を表すkes-ita文は、主題について本質や傾向を述べることによって、文全体で「当然、そうである」「当然、そうするべき」という当為判断が表され、話し手が望ましいと考えている行為の実行を聞き手に促していた。

一方、忠告・命令を表すkes-ita文は、忠告や命令をする場でよく用いられ、話し手が望ましいと考えている行為の実行を聞き手が実現していないという状況で、その行為の実行を命令のように聞き手に強要していた。

そして、「当為判断」「忠告・命令」という二つの用法は、別々に存在するのではなく、話し手が聞き手に促している行為が、社会一般的規範性が高いものからより個別的なものへ、行為の実行の強要性が低いものから高いものへといった、連続的であるという点で両用法はつながっていた。

最後に、二次的な意味が現れるkes-ita文の用例数は、次の表7-2の通りである。

表7-2 二次的意味が現れるkes-ita文の用例数

二次的意味	会話文	地の文	計
当為判断	24（96.0％）	1（4.0％）	25（100％）
忠告・命令	20（83.3％）	4（16.7％）	24（100％）

「当為判断」や「忠告・命令」といった、二次的な意味が現れるkes-ita文は、地の文に比べ、会話文に多く見られた。それは、本

章で考察したように kes-ita 文の二次的な意味は、聞き手が置かれた状況によって派生するためであると思う。

---

*1 ノダの場合、「話し手が、すでに決心したことを、聞き手に提示する場合にも用いられる（日本語記述文法研究会 2003:201)」と述べられている。

第8章
kes-ita 文の意味解釈のプロセス

　これまで韓国語の文末に現れる kes-ita 文を、「主題－解説」構造の観点から考察した。kes-ita 文は、まず、kes が名詞として機能しているか否かという統語構造の違いによって、「名詞文」「疑似名詞文」「非名詞文」という三つの kes-ita 文に分けることができた。そして、第4章～第6章では、それぞれの kes-ita 文に対し、主題について何かを述べるという「主題－解説」構造の観点から考察を行い、「名詞文」「疑似名詞文」「非名詞文」という三つの kes-ita 文に対し、それぞれの意味解釈のプロセスを提示した。本章では、4章～6章で別々に示した、三つの kes-ita 文に対する意味解釈のプロセスを一つにまとめ、kes-ita 文の意味解釈のプロセスの全体像を示す。その後、kes-ita 文の意味解釈において、本書の3章3節で仮説として立てた「主題についての解説であることを示す」という kes-ita の基本的な機能が妥当であったか否かを検討する。

1. kes-ita 文の意味解釈のプロセス

　「名詞文」「疑似名詞文」「非名詞文」としての kes-ita 文の意味解釈のプロセスとまとめると、次の図8–1の通りである。
　図8–1で分かるように、kes-ita 文の意味を解釈する際は、まず、主題が構文明示的であるか否かを判断する。これは、主題が同一文内に「は」や無助詞などによって表され、文構成要素として明示的に現れているか否かを判断するということで、主題が構文明示的である場合、主題を探す必要がなく、当該の kes-ita 文は、その主題について何かを述べていると解釈される。これは、図8–1において《A》の意味解釈であり、主題が同一文内に明示的に現れる名詞文としての kes-ita 文が該当する。次に、主題が構文非明示的であ

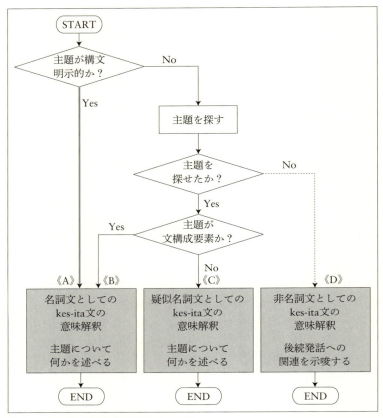

図 8–1　kes-ita 文の意味解釈のプロセス

る場合、即ち、主題が同一文内に現れていない場合は、当該の kes-ita 文が述べている対象、即ち、主題を文脈や状況から探すようになる。そして、主題を探し出すことができた場合、当該の kes-ita 文は、文脈や状況から探し出した主題について何かを述べていると解釈される。但し、その前に、文脈や状況から探し出した主題が文構成要素であるか否かを判断する必要がある。なぜなら、主題が文構成要素であるか否かという主題の性質は、当該の kes-ita 文が名詞文として解釈されるか、あるいは、疑似名詞文として解釈されるかを判断する重要なファクターであるためである*1。文脈や状況から探し出した主題を同一文内に共起させることができる場合、当該の主題は文構成要素であるため、当該の kes-ita 文は名詞文とし

て解釈される（《B》の意味解釈）。それに対し、文脈や状況から探し出した主題を同一文内に共起させることができない場合、当該の主題は文構成要素ではないため、当該のkes-ita文は疑似名詞文として解釈される（《C》の意味解釈）。最後に、主題が同一文内に現れず、主題を探す段階で、前の文脈や状況から主題を探し出すことができなかった場合は、後ろを検索するようになり、当該のkes-ita文は、後続発話への関連を示唆するものとして解釈される。これは、図8–1において《D》の意味解釈であり、非名詞文としてのkes-ita文が該当する。

　本来、「名詞文」「疑似名詞文」「非名詞文」という三つのkes-ita文は、kesが統語的に名詞として働いているか否かによる分類であったが、kes-ita文の意味解釈のプロセスを示した図8–1を見ると、統語構造の違いだけではなく、「主題－解説」観点から見た際の主題の所在にも三つのkes-ita文において違いが見られることが分かる。

　つまり、名詞文や疑似名詞文としてkes-ita文の場合、主題が存在し、当該の文はそれについて何かを述べているため、「主題－解説」構造を持っているのに対し、非名詞文としてのkes-ita文の場合は、前の文脈や状況から主題を探すことができないため、主題は存在せず、「主題－解説」構造も持っていないと言える。また、主題が存在する名詞文や疑似名詞文としてのkes-ita文の場合、主題の所在について考えてみると、疑似名詞文としてのkes-ita文の主題は、構文非明示的、即ち、同一文内に現れないため、先行文脈や発話状況から主題を探し出すが、その主題は同一文内に共起させることができないため、常に「先行文脈・発話状況」にあると言える。それに対し、名詞文としてのkes-ita文の場合は、主題が構文明示的である場合と、そうでない場合という二つに分かれるが、構文非明示的である場合も文脈や状況から探し出した主題を同一文内に文構成要素として共起させることができるという点で、名詞文としてのkes-ita文の主題は「同一文内」にあると言える。以上のkes-ita文における主題の所在を文の名詞性と一緒に図で示すと、次の図8–2の通りである。

図8-2　kes-ita文の主題の所在

　つまり、kes-ita文は、その名詞性が薄れていくにつれ、主題の所在も、同一文内に明確に現れるものから、先行文脈や発話状況へと、さらに主題がないものへと変わっていく。この点は、kes-ita文の「名詞文」「疑似名詞文」「非名詞文」という分類は、統語構造だけではなく、「主題−解説」構造の観点から見た意味レベルとも密接な関連があることを示唆している。

　以上、kes-ita文に対する意味解釈のプロセスの全体像を示し、「名詞文」「疑似名詞文」「非名詞文」としてのkes-ita文の名詞性と主題の所在との関連について述べた。次節では、本書で仮説として立てたkes-itaの基本的な機能が、この三つのkes-ita文を説明するのに妥当であるか否かについて検討する。

2. kes-itaの基本的機能（修正案）

　図8-1を見ると分かるが、名詞文としてのkes-ita文と疑似名詞文としてのkes-ita文は、意味解釈のプロセスにおいての中間過程が異なるなけで、いずれも、主題について何かを述べるという意味として解釈される点は共通している。そのため、名詞文や疑似名詞文としてのkes-ita文の場合、本書で仮説として立てた、当該の文が「主題−解説」構造の中で、「主題についての解説であることを示す」というkes-itaの基本的機能は、妥当であると言える。それに対し、非名詞文としてのkes-ita文の場合は、前の文脈や状況から主題を探すことができず、主題について何かを述べるという意味解釈はできないため、「主題についての解説であることを示す」というkes-itaの機能は当てはまらず、一見、非名詞文としてのkesita 文だけが、名詞文や疑似名詞文としての kes-ita 文とは関連がない異質なものに見える。が、非名詞文としての kes-ita 文が、その意味解釈のプロセスにおいて、後続発話への関連を示唆するものとして解釈できるのは、kes-ita 文に本来あるはずの主題を前の文脈や状況から探すことができなかったため、後ろを検索しようとし、後続発話を待つようになったためである。そのため、非名詞文としての kes-ita 文の kes-ita の機能も、本書で仮説として立てた kes-ita の機能、即ち、「主題－解説」構造の中で「主題についての解説であることを示す」ことと全く無関係であるとは考え難い。

　非名詞文としての kes-ita 文の場合、kes-ita 文が後続発話への関連を示唆するものとして意味解釈される際の kes-ita の機能は、kes-ita 文の意味解釈には kes-ita で表される部分以外にもう一つの情報が必要であることを示していると考えられる。このような kes-ita の機能は、名詞文や疑似名詞文としての kes-ita 文の場合においても同様であると言える。なぜなら、名詞文や疑似名詞文としての kes-ita 文も、kes-ita で表される部分だけでは kes-ita 文の意味を正しく解釈できず、もう一つの情報（＝主題）を必要としていたためである。つまり、本書で仮説として立てた「主題についての解説であることを示す」という kes-ita の機能は、kes-ita 文の意味解釈には kes-ita で表される部分以外に「主題」というもう一つの情報が必要であることを表している。そのため、名詞文や疑似名詞文としての kes-ita 文における kes-ita の機能と、非名詞文としての kes-ita 文における kes-ita の機能は、「kes-ita 文の意味解釈には kes-ita で表される部分以外にもう一つの情報が必要であることを示す」ことで共通しており、その点で、両者において kes-ita は、本質的に同じ機能をしていると考えられる。

　そして、名詞文や疑似名詞文としての kes-ita 文のように、kes-ita 文の意味解釈に必要なもう一つの情報が、同一文内に現れるか、前の文脈や状況にある場合は、それを kes-ita 文が述べている対象、即ち、主題と認識し、当該の文は主題について何かを述べていると意味解釈される。それに対し、非名詞文としての kes-ita 文のように、kes-ita 文の意味解釈に必要なもう一つの情報を前の文脈や状

況から探し出すことができない場合は、後ろを検索しようとし、後続発話を待つようになり、当該の文は後続発話への関連を示唆するものとして意味解釈される。

このように、「名詞文」「疑似名詞文」「非名詞文」としてのkes-ita文を網羅的に説明するためには、3章3節で立てたkes-itaの機能についての仮説を次の(1)のように修正する必要がある。

(1) 　kes-itaの基本的機能(修正案)
　　　　kes-itaの基本的な機能は、当該の文が「kes-ita文の意味解釈にはkes-itaで表される部分以外に、もう一つの情報が必要であると示すこと」である。そして、その情報が、前の文脈や状況に存在する場合は、主題となり、当該のkes-ita文は、「主題－解説」構造の中で、主題について何かを述べるものとして意味解釈される。一方、前の文脈や状況から探し出すことができない場合は、後ろを検索することになり、後続発話への関連を示唆するものとして意味解釈される。

以上、kes-ita文の意味解釈のプロセスの全体像とkes-itaの基本的な機能の修正案を示した。但し、このようなkes-itaの基本的な機能は、単にkes-ita文の意味解釈にはもう一つの情報が必要であると示し、kes-ita文とそれをつなげるだけの役割をするのではなく、kes-ita文の意味解釈に必要な情報が、前の文脈や状況に存在する場合は、明確な「主題－解説」構造を持っている点で、「先行文脈や状況との関連づけを表す(松岡1987、庵2001、近藤2011など)」というノダの機能とは異なる。kes-ita文のノダ文については、第2部から詳細に考察する。

＊1　これについては、4章2節、4章3節、5章1節を参照されたい。

II
kes-ita 文とノダ文

第 9 章
ノダ文の基本的理解

1. ノダの概観

　現代日本語の文末に現れる「ノダ」は、準体助詞「ノ」に判断辞の「ダ」が結びついたものである（国立国語研究所 1951:174）。準体助詞とは、名詞や連体修飾形などに付いて名詞句を作る機能をしているため、ノダ文の「ノ」は、形式名詞である kes-ita 文の「kes」と同様の働きをするものであると言える。このような組成の類似性から、ノダと kes-ita は、日本語と韓国語において同一形式とみなされ、それぞれの意味・機能についての対照考察がしばしば行われてきた。

　しかし、1 章 4 節でも述べたように、ノダは、kes-ita に比べ、モーダル形式として非常に発達し、多様な意味・用法として現れている点が kes-ita と異なる。そして、ノダと kes-ita の最も顕著な違いは、kes-ita の kes は名詞として働く場合があるのに対し、ノダのノはそうでないという点である*1。

(1)　a.　이　책은　타로가　읽은　것이다.
　　　　 i　 chayk-un　thalo-ka　ilkun　　　　kes-ita.
　　　　 この 本-は　　太郎-が　　読んだ（過去） kes-ita
　　　　（この本は、太郎が読んだ<u>ものだ</u>。）
　　b.　この本は、太郎が読ん<u>だのだ</u>。

　(1) を見ると分かるように、kes-ita が用いられた (1a) の kes は、同一文内の「本」を指し示し、kes を「本」に置き換えることができる。そのため、(1a) の kes は、名詞として働いていると言える。それに対し、ノダが用いられた (1b) において「ノ」は、(1a) の kes と異なり、同一文内の「本」を指し、文を名詞文にするのではなく、「この本は、太郎が読んだ」という話し手の「気づ

き」を表している。そのため、10章1節で後述するが、名詞文としてのkes-ita文のkes-itaはノダと対応しない。

　kesと「ノ」の名詞性の違いは、文中のkesと「ノ」の性質からも分かる。

(2)　a.　타로의　　　　것은　　　　　작다.
　　　　　thalo-uy　　kes-un　　　　cakta.
　　　　　太郎-の（助詞）kes-は（助詞）　小さい
　　　　（太郎のものは小さい。）
　　b.　太郎のは小さい。

　kesと「ノ」が文中に現れた(2)において、(2a)のkesは、助詞「의 uy（の）」の修飾を受け、「もの」を指し示す名詞として働くのに対し、(2b)の「ノ」は、本来「のもの」から「もの」が省略されたもので、「ノ」がkesと同様、「もの」のみを指しているわけではない。つまり、(2b)の「ノ」は、「助詞＋名詞」が合わさった機能をしていると言える。このようにkesと「ノ」の名詞性は、文末でも文中でも性質が異なっている。

　前述したようにノダがkes-itaに比べ、文末のモーダル形式として非常に発達した理由は、金廷珉（2008）などの先行研究での指摘のように両形式の名詞性の違いが一因かもしれない。しかし、従来の研究では、その根拠が示されていない他、kes-ita文についての考察が不十分であるという問題がある。本書では、単にkes-itaの名詞性だけではなく、名詞文としてのkes-ita文の構造を基にした「主題－解説」構造という文構造から両形式の根本的な違いを探りたい。

　ノダの構成要素とその性質をkes-itaとの違いと共に確認したところで、次節では、ノダの意味・機能に関する先行研究を簡略に検討する。

2.　これまでのノダ

　ノダに関する先行研究は、kes-itaに比べて非常に多く、その意味・機能についても様々な見解がある。本書でそれらを全て検討す

ることは困難であるため、ここでは、本書の理論的枠組みである「主題−解説」構造と関係のあるものを中心に検討したい。

　これまでの先行研究において、ノダの意味・機能は、大きく二つに分けることができる。一つ目に、ノダの意味・機能を「説明」とされるもので、久野（1973）をはじめ、寺村（1984）、奥田（1990）などがある。二つ目は、比較的最近の見解としてノダの意味・機能を「関連づけ」とされるものがあり、松岡（1987）、庵（2001）、近藤（2011）、近藤・姫野（2012）などが代表的である。その他、ノダの基本的な意味・機能を「背後の事情を表す*2」とした田野村（1990）や、ノダには「ムードのノダ」と「スコープのノダ」があるとした野田（1997）、ノダの意味・機能を関連性理論の観点から考察した名嶋（2007）などもある。

　ここでは、ノダの意味・機能を「説明」とした先行研究からはノダによる説明の構造を考察した田中（1979）を、「関連づけ」とした先行研究からは近藤・姫野（2012）を簡単に述べておく。

　①ノダによる説明の構造（田中 1979）
　田中（1979）は、ノダの文は、前提とされる文、あるいは状況との関係で分析しなければならないと述べ、ノダ文によって前提される文あるいは状況を「被説明項」、ノダを含む文を「説明項」とし、ノダによる説明の構造をこの二項の性質から考察した。

　まず、ノダ文は、大きく被説明項が言語表現として現れる場合と、状況として現れる場合との二つに分けられると言う。さらに、被説明項が状況として現れる場合は、話し手の行為が関与する場合としない場合とに分けることができる。一方、被説明項が言語表現として現れる場合は、その言語表現が命令・依頼などを表す場合と、断定表現となる場合に分けられる。この中で、最も重要なのは、被説明項が言語表現として現れ、断定表現である場合、説明される項とノダで表される説明項の間には次のような説明の構造があるという指摘であろう。

　（3）　熱がある。風邪をひいたのだ。

　　　　　　　　　　　　　　A 事実文＋（判断文＋ノダ）

(4) 風邪をひいた。熱があるのだ。
　　　　　　　　　　　　B 判断文＋（事実文＋ノダ）
(5) 風邪をひいた。雨に濡れたのだ。
　　　　　　　　　　　　C 事実文＋（事実文＋ノダ）
　　　　　　　　　　　　　　　【益岡 1991:142–143】

　(3)～(5)で分かるように、ノダによる説明は、「判断文」による説明と、「事実文」による説明とに分かれる。これについて益岡（1991）でも、前者を「帰結説明」、後者を「事情説明」と呼び、区別している。

②ノダの関連づけ（近藤・姫野 2012:125–129）
　近藤・姫野（2012）では、「話し手と聞き手は基本的に相互に協力しながら情報を伝達しようとする」という「協調の原理（Grice 1975）」に基づいて、ノダの関連づけは、「話し手が、イマ・ココの〈見え〉と、聞き手にとって新情報であると話し手が信じる〈見え〉とを、条件関係または同義関係として主観的に把握したことを示す」と述べ、ノダの手続き的意味を次のように述べている。
(6) ノダの手続き的意味
　　ノダ文で発話のイマ・ココに新たに導入された〈見え〉と、前提と帰結あるいは同義関係が成り立つように〈見え〉を、イマ・ココに探索し、それらを関連づけて解釈せよ。
　　　　　　　　　　　　　　　【近藤・姫野 2012:127】

　ノダの意味・機能を「説明」あるいは「関連づけ」としているこれらの研究は、一見それぞれ別の見解のように見えるが、一つ共通している点があることに注目したい。それは、ノダの意味を解釈する際は、二つの情報（項）、即ち、ノダで表される項と、それによって前提される項が必要である点である。つまり、ノダの意味・機能を「説明」としている見解は、この二つの項を「説明される項」と「説明する項」という観点から見ており、「関連づけ」としている見解は、「関連づけられる項」と「関連づける項」という観点から見ているということである。
　この点は、8章2節で定義したように、kes-ita 文の意味解釈にも

二つの情報、即ち、kes-itaで表される部分以外に、もう一つの情報が必要であることと類似している。kes-ita文の場合、もう一つの情報が先行文脈に現れる場合は、それが文の主題となり、kes-itaで表される部分はその主題について何かを述べるという「主題－解説」構造を持っていた。

　ノダ文もkes-ita文と同様、その意味解釈に二つの情報が必要であるという類似性から次節では、ノダ文が「主題－解説」構造を持っているか否かを考察する。

3.　ノダと「主題－解説」構造

　ノダの基本的な意味を「背後の事情を表す」と述べている田野村（1990:6）では、「「βノダ」は、αは必ずしもことばの形では表現されないにせよ、αということがらを主題として、「αはβノダ」のように解説を与える述語だと考えられる」と述べている。田野村（1990）のこの見解は、ノダ文もkes-ita文と同様、基本的に「主題－解説」構造を持っている可能性を示唆している。

　（7）　顔色がよくありませんよ。——　気分が悪いんです。

【田野村 1990:6】

　（7）では、「顔色がよくない」と言っている相手の言葉（α）を受けて、それについてノダで表される部分（β）が「気分が悪い」という理由を述べているため、αは「主題」であり、（7）のノダ文は「主題－解説」構造を有していると言える。これは擬似名詞文としてのkes-ita文のうち、理由を述べるkes-ita文と類似している。但し、（7）のようにノダ文がkes-ita文と同様、「主題－解説」構造を持っていると考えられるということが、必ずしも（7）のようなノダ文がkes-ita文と同様に「擬似名詞文」であることや、ノダの意味・機能がkes-itaと同じであることなどを意味しているわけではないという点には注意を払いたい。なぜなら、擬似名詞文としてのkes-ita文は、統語的には名詞文ではないが、名詞文としてのkes-ita文と類似した特徴を多く持っているものであるのに対し、9章1節で見たように、文末に現れるノダ文には名詞文がないため、

名詞文としてのノダ文に類似した特徴を多く持っている擬似名詞文としてのノダ文などは想定し難いためである。ここで、ノダ文が「主題－解説」構造を持っているということは、単に文の構造上、そのような解釈が可能であることを意味しているだけである。

　一方、田野村（1990）は、ノダの本質は「背後の事情を表す」ことであるが、「α としてことがらを具体的に特定しがたいことも少なくない」と述べ、その場合のノダは「実情を表す」と述べている。

　（8）　私、来月結婚するんです。

　（8）のようなノダ文は、ある具体的な事柄を特定しにくい例で、ノダの用法では、「告白」とされているものである。(8)の場合、突然話し手が自分の事情を話すだけであって、話し手と聞き手がお互いに認識し、共有しているという「主題」は、先行文脈や状況に存在しない。そのため、(8)のようなノダ文は、主題について何かを述べるという「主題－解説」構造を持っていると考えられない。

　以上で見たように、ノダ文も kes-ita 文と同様、「主題－解説」構造を持っていると言えるものと、そうでないものがある。次の第10章では、「主題－解説」構造の有無がノダと kes-ita の対応関係にどのように現れているかを詳細に考察する。

＊1　本書の考察対象外である「～のではない」の場合は除く。「～のではない」について野田（1997）は、「スコープのノダ」と位置づけ、文の一部を名詞化する働きをすると述べている。

＊2　田野村（1990:5）では、短く「背後の事情を表す」と表現しているが、正確には「あることがら α を受けて、α とはこういうことだ、α の内実はこういうことだ、α の背後にある事情はこういうことが、といった気持ちで命題 β を提出する、これが「β ノダ」という形の表現の基本的な機能である」と述べられている。

第10章
kes-ita 文とノダ文との比較

1. 名詞文としての kes-ita 文とノダ文

　文末に現れるノダは、9章1節で述べたように、実質的な意味を持つ名詞としては働かない*1。そのため、名詞文としての kes-ita 文とは対応しない。それは、ノダ文の構成要素である「ノ」が文中に現れる際も、kes-ita 文の中核要素であり、名詞として働く「kes」と性質が異なっていたのと同様に、文末の場合も両形式の名詞性に違いがあるためであると考えられる。

　一方で、名詞文としての kes-ita 文は、ノダではなく、日本語の別の文末表現である「モノダ」と「コトダ」と対応することが多い。それは、モノダやコトダは、文末に現れる際、「当為判断」や「助言・忠告」という用法以外に、「物」や「事」のように実質的な意味を持つ名詞としては働かない場合があるためである。そのため、名詞文としての kes-ita 文については、第11章でモノダやコトダとの対応関係を考察することにし、次節からは擬似名詞文と非名詞文としての kes-ita 文を中心にノダ文との対応関係を考察し、両形式の根本的な違いを探る。

2. 疑似名詞文としての kes-ita とノダ文

　ノダは、kes-ita の kes の名詞性が定かではない疑似名詞文としての kes-ita 文や kes の名詞性が失われた非名詞文としての kes-ita 文と対応することが多く、特に従来の研究においてノダを名詞文ではないとみなしてきた kes-ita 文と比較する試みはしばしば行われてきた。名詞文ではないとみなしてきた kes-ita 文とは、従来の研究で言う kes-ita Ⅱ に該当するもので、本書では「疑似名詞文として

のkes-ita文」に分類したものである。そのため、本節では、ノダとkes-itaが対応する場合、当該のkes-ita文が疑似名詞文であるか否かを中心に検討する。kes-ita文が疑似名詞文であるということは、当該のkes-ita文は、主題について何かを述べるという「主題－解説」構造を持っているもので、その際の主題は、話し手と聞き手がお互いに認識し共有している明確なものであり、kes-ita文が主題について何を述べているのかも明確であるということである。また、ノダとkes-itaが対応しない場合も、kes-ita文そのものが成り立つか否かを検討し、成り立つ場合、それが疑似名詞文であるか非名詞文であるかをも検討する。

　ノダに対し、kes-itaが対応するか否かを考察する前に、比較するノダの用法をまとめる必要がある。ノダに関する研究は、非常に多く、その意味・機能についても「説明」とされるもの（久野1973、寺村1984、奥田1990など）から「事情を表す」とされるもの（田野村1990）、「関連づけ」とされるもの（松岡1987、庵2001、近藤2011など）まで、様々な見解がある。しかし、本節の目的は、ノダの意味・機能を明らかにすることではなく、kes-itaに比べ、多様な用法をもって現れると指摘されているノダに対し、kes-itaがどのように対応しているかと、ノダ文から見たkes-ita文の使用条件を考察することで、疑似名詞文としてのkes-ita文が「主題－解説」構造を持っていることを明らかにすることである。そのため、本節では、一般的にノダの用法とみなされているものを中心にkes-itaとの対応関係を探ってみる。その際、ノダの用法は、近藤（2011）にならい、大きく次の（1）のように五つに分けることにする。

　（1）　ノダの用法（近藤 2011:2–15＊2）
　　　　①言い換え
　　　　②理由・原因
　　　　③注意・命令
　　　　④気づき
　　　　⑤前置き・告白

以下では、ノダのこの五つの用法においてkes-itaがどのように

対応しているかを考察する。

①《言い換え》の用法
　ノダの《言い換え》の用法は、話し手が認識したある事態について、それを別の角度から見た同様のもう一つの事態を述べるとき、用いられる。
（2）　a.　妹と駅まで一緒だった。というより、妹が私についてきた<u>んだ</u>*3。　　　　　　　　　　　　　【近藤 2011:11】
　　　 b.　여동생과　　 역까지　　같이　 갔다.　 같이
　　　　　 yetongsayng-kwa yek-kkaci kathi kassta. kathi
　　　　　 妹-と　　　　　駅-まで　 一緒に 行った　一緒に

　　　　　 갔다기보다 여동생이　　나를　따라　온　　　<u>것이다</u>.
　　　　　 kasstaki-pota yetongsayng-i nalul ttala on　kes-ita
　　　　　 行った-より　妹-が　　　私-を ついて 来た(過去) kes-ita
（3）　a.　13日に行く。予定より2日早く行く<u>んだ</u>。
　　　 b.　13일에　　 가. 예정보다　 2일　일찍　가는　　<u>거야</u>.
　　　　　 sipsamil-ey ka. yeyceng-pota iil ilccik kanun ke-ya.
　　　　　 13日-に　　行く 予定-より　 2日　早く 行く (現在) kes-ita

　（2a）は、「妹と駅まで一緒だった」という事態について、それは「妹が私についてきた」という事態と同じであることをより正確に述べており、（3a）は、「13日に行く」という事態について、それを言い換えると、「予定より2日早く行く」という事態であると述べている。（2a）や（3a）のように、ノダがある事態について類似関係にあるもう一つの事態を述べるという《言い換え》の用法として用いられるとき、ノダとkes-itaは対応している。この場合、kes-ita文は、先行文に現れる事態（＝主題）について、それを言い換えると、kes-itaで表されている事態であることを述べていると解釈でき、主題について「言い換え」を述べる疑似名詞文としてのkes-ita文である。つまり、主題は先行文に現れ、言語化されているため、話し手と聞き手はお互いに認識し共有しており、kes-ita文が何を述べているかも明確である。
　一方、5章2節で述べたように、kes-ita文には、《言い換え》の

用法と類似しているものとして、話し手が認識したある事態をより詳細に述べるものがあった。「言い換え」と「詳細」は、ある事態について、それと類似したもう一つの事態を述べるという点で共通しているため、同質のものであると考えられる。

(4)a.　보건복지부는 민간의료보험 도입을 백지화시킨 적이 있다.

시민・	노동・	사회단체의	반대에	부닥쳐
simin	notong	sahoytanchey-uy	pantay-ey	putakchye
市民	労働	社会団体-の	反対-に	ぶつかって

접은　　　　　것이다.
cepun　　　　　kes-ita.
折った（過去）　kes-ita　　　　　　【ハンギョレ】

b.　保健福祉部は民間医療保険の導入を白紙化したことがある。市民・労働・社会団体の反対に負けて取り消したのだ。

　(4a)のkes-ita文は、先行する事態である「保健福祉部は民間医療保険の導入を白紙化したことがある」について、その詳細を「市民・労働・社会団体の反対に負けて取り消した」と述べている。その点で、(4a)のkes-ita文は、主題について何かを述べるという「主題－解説」構造を持っている疑似名詞文としてのkes-ita文である。このようにkes-ita文に話し手と聞き手がお互いに認識し共有している主題が存在し、当該のkes-ita文がそれについて何を述べているかも明確である場合、kes-itaとノダは対応している。

　(2)～(4)で分かるように、《言い換え》の用法として用いられるノダは、kes-itaと対応している。それは、kes-ita文が述べている対象、即ち、主題が先行文に現れ、言語化されるため、話し手と聞き手はお互いにそれを主題として明確に認識しており、当該のkes-ita文が主題について何を述べているかも明確であるためである。

　②《原因・理由》の用法
　ノダは、話し手が認識したある事態について、その理由や原因を述べるとき、よく用いられる。
　(5)　［昨日、太郎が雨に濡れたのを見た］

a.　今日、太郎は学校を休んだ。風邪をひいたのだ。
　　　b.　오늘　　타로는　　학교에　　　안　　　왔다.　감기에
　　　　　onul　　thalo-nun　hakkyo-ey　an　　wassta.　kamki-ey
　　　　　今日　　太郎 - は　学校 - に　（否定）来た　　風邪 - に
　　　　　걸린　　　　　　　것이다.
　　　　　kellin　　　　　　kes-ita.
　　　　　かかった（過去）　kes-ita　　　　　　　　【李英蘭 2013b:41】

（6）［花子がご飯を食べない理由を聞かれて］
　　　a.　美味しくないんだ。
　　　b.　맛이　　　없는　　　　거야.
　　　　　mas-i　　epsnun　　　ke-ya.
　　　　　味 - が　　ない（現在）　kes-ita

　（5a）のノダは、「今日、太郎が学校を休んだ」という事態について、その理由として「風をひいた」と述べるとき、用いられており、（6a）は、「花子がご飯を食べない理由」について「美味しくない」と述べるときにノダが用いられている。（5a）と（6a）の場合、ノダで表されている事態は、いずれも推論によって導き出された理由である。このように、ある事態について、推論によって引き出された理由を述べる場合、ノダと kes-ita は対応している。この場合、kes-ita 文は、主題についての理由を述べていると解釈される疑似名詞文としての kes-ita 文であり、kes-ita 文の場合も、当該の理由は推論によって導き出されたものである点で、ノダ文と類似している。

　それに対し、ある事態についての理由や原因を述べるとき、理由を聞かれ、話し手自身が既に知っている理由を聞き手に提示する場合、ノダは用いられるのに対し、kes-ita はノダと同じ形では用いられない。

（7）［ご飯を食べない理由を聞かれて］
　　　a.　美味しくないんだ。
　　　b.??맛이　　　없는　　　　거야.
　　　　　mas-i　　epsnun　　　ke-ya.
　　　　　味 - が　　ない（現在）　kes-ita

b. 맛이　　　없어서　　　안　　　먹는　　　　　거야.
　　mas-i　　　epsese　　　an　　　meknun　　　ke-ya.
　　味-が　　　ないから　（否定）　食べない（現在）　kes-ita

(8) ［遅刻してきて「遅かったですね」と言われて］
　a. 電車の事故があったんです。　　　　　　【近藤 2011:3】
　b.??전철　　　사고가　　　난　　　　거예요.
　　　cenchel　　sako-ka　　nan　　　ke-yeyyo.
　　　電車　　　事故-が　　出た（過去）　kes-ita
　c. 전철　　　사고가　　　나서　　　늦은　　　거예요.
　　　cenchel　　sako-ka　　nase　　　nucun　　　ke-yeyyo.
　　　電車　　　事故-が　　出たので　遅れた（過去）　kes-ita

　（7）と（8）のように話し手自身が「ご飯を食べない」理由や「遅れた」理由を聞かれ、その理由を述べる場合、ノダは理由を表す部分に用いられるのに対し、kes-ita は、「美味しくない」「電車の事故があった」という理由を表す部分に直接には用いられない。それは、韓国語の場合、理由を聞かれ、話し手自身が既に知っている理由を提示する際は、理由を表す部分には明示的な理由の表現を用い、「理由節＋結果節」という形で理由を述べなければならないという制約があるためである*4。そのため、kes-ita は、「理由節＋結果節」という複文全体に後接する。

　ある事態について理由を述べる場合、当該の理由が推論から導き出されたものであるか、話し手が知っている理由を聞き手に提示しているかによって kes-ita 文の形にノダとの多少のずれはあったが、両形式がある事態についての理由を述べるとき、用いられるということに変わりはない。それは、理由を述べる場合も、先行文脈に現れる kes-ita 文の主題を話し手と聞き手がお互いに共有しているためであると考えられる。

　③《注意・命令》の用法
　ノダは、次の（9a）や（10a）のように聞き手に「飲みなさい」「勉強もしなさい」という注意や命令をする場面で、用いられる。このようにノダが注意や命令の場面で用いられるとき、kes-ita も

同様に用いられる。

（9）a.　さあ、飲みなさい、飲む<u>のよ</u>。　　　　　　　【雪国】
　　 b.　자,　　　마셔.　마시는　　　　<u>거야</u>.
　　　　 ca　　　masye.　masinun　　　ke-ya.
　　　　 さあ　　飲んで　飲む（現在）　kes-ita

（10）a.　遊んでばかりいないで、勉強もする<u>んですよ</u>。

【近藤 2011:11】
　　 b.　놀기만　　　하지 말고　　공부도　　　하는　　　　　<u>거예요</u>.
　　　　 nolki-man　haci malko　kongpu-to　hanun　　　　　ke-yeyyo.
　　　　 遊び-だけ　しなしで　　勉強-も　　する（現在）　kes-ita

　（9a）や（10a）のような《注意・命令》の用法について、近藤（2011:11）では、「動詞の辞書形の非ノダ文でも命令という解釈が成り立つため、ノダ文に命令の機能があるわけではない。聞き手はノダ文が導く新情報に関連づけられる情報をイマ・ココに探索し、それが自分自身のイマ・ココの状況であると解釈する。聞き手は、強調の原理に基づいて話し手の関連づけを推論し、それが聞き手の状況を変えようという指示であると理解する」と述べている。

　kes-ita 文の場合、非 kes-ita 文で命令という解釈が常に成立するわけではないが、kes-ita そのものに注意や命令の働きがないという点は、近藤（2011）と同様である。（9b）や（10b）の kes-ita 文は、まだ未実現の行動についての話し手の主観的解釈を述べる疑似名詞文としての kes-ita 文である。そして、聞き手は、自分が置かれている状況、即ち、（9b）の場合は「お酒を飲んでいない」という状況、（10b）の場合は「遊ぶばかりで、勉強をしていない」という状況において、まだ未実現の行動について「飲む」「勉強もする」と示されることによって、そのような行為をしていない自分自身に気づき、「飲まなければならない」「勉強しなければならない」と考えるようになり、当該の kes-ita 文を聞き手自身に対する注意や命令であると解釈する。（9b）や（10b）の kes-ita 文の場合、注意や命令の意味合いが現れるのは、主題について何かを述べる kes-ita 文が、まだ未実現の行動、即ち、「これから聞き手がやること」について述べる際、聞き手が置かれた状況によって派生する二次的

な意味である。(9b) や (10b) の場合、kes-ita文が述べている対象、即ち、主題は「これから聞き手がやること」であり、これは、聞き手の置かれた状況を話し手と聞き手がお互いに認識できるため、kes-itaの使用は自然である。

④《気づき》の用法
　ノダの場合、探し物を発見したときや、ものの使い方などが分かったときなど、話し手が発話時に気づいたことを述べるとき、よく用いられる。
（11）［財布を探していて］
　　　a. あ、ここにあっ<u>たんだ</u>。
　　　b.?? 아, 여기　있었던　　　　　　<u>거야</u>.
　　　　　a　 yeki　issessten　　　　　ke-ya.
　　　　　あ　ここ　あった（過去回想）　kes-ita
　　　c. 아, 여기　있었<u>네</u>.
　　　　　a　 yeki　issess<u>ney</u>.
　　　　　あ　ここ　あった<u>ね</u>
（12）［機械の電源の入れ方を調べていて］
　　　a. あ、このスイッチを押す<u>んだ</u>。
　　　b.?? 아, 이　스위치를　　누르는　　　<u>거야</u>.
　　　　　a　 i　suwichi-lul　nwulunun　ke-ya.
　　　　　あ　この　スイッチ-を　押す（現在）　kes-ita
　　　c. 아, 이 스위치를　누르는　{<u>거구나</u>　/ <u>거네</u> }.
　　　　　a　 i　suwichi-lul nwulunun　ke-kwuna　/ ke-ney.
　　　　　あ　このスイッチ-を押す（現在）　kes-ita(感嘆)　kes-ita(感嘆)

　（11a）は、探し物を発見したとき「ここにあったんだ」と、ノダを用いて発話するものであり、（12a）は、機械の電源の入れ方が分かったとき「このスイッチを押すんだ」と、ノダを用いて発話するものである。そして、（11a）や（12a）のノダは、いずれも《気づき》の用法として用いられる。が、ノダが《気づき》の用法として用いられる場合、（11b）や（12b）で分かるようにkes-itaとは対応しない。ノダの場合、「財布がない」「電源の入れ方が分か

らない」という状況と結びつけて「ここにあった」「このスイッチを押す」と話し手が気づいたことを表している。しかし、この場合、「財布がない」「電源の入れ方が分からない」という状況は、話し手の中に内在するものであるため、それをkes-ita文の主題として認識するには、その実体が明確ではない。疑似名詞文としてのkes-ita文の主題は、先行文に現れるなど言語化されたものか、発話時の状況で指さしできる行動のように具体的で指示的であるものなど、その実体が明確であるものであった。そのため、「財布がない」「電源の入れ方が分からない」という状況は、kes-ita文が述べている対象、即ち、主題であるとは考え難い。また、もしkes-ita文に先立ち、「財布がない」「電源の入れ方が分からない」と発話されたとしても、(11b)や(12b)のkes-ita文が、それについて何を述べているのかが明確ではないため、「財布がない」「電源の入れ方が分からない」という状況について何かを述べているという解釈はできない。疑似名詞文としてのkes-ita文の場合、主題について述べる内容は、類似関係や因果関係のように論理的な関係が明確に現れる「言い換え」や「結果」「理由」であるか、主題が人の行動であり、その行動の意味を話し手の主観によって解釈するという「主観的解釈」であった。が、「財布がない」「電源の入れ方が分からない」という状況と、「ここにあった」「このスイッチを押す」という事態の間には、類似関係や因果関係は見られない。また、「ここにあった」「このスイッチを押す」という事態は、単に話し手が気づいたことを表しているだけであって、「財布がない」「電源の入れ方が分からない」という状況について、その意味を話し手が主観的に解釈しているとも考え難い。このように(11b)や(12b)の場合、kes-ita文の主題が明確ではなく、当該の文が何を述べているかも明確ではないため、kes-itaの使用は不自然となる。

　一方、(12c)のように、kesに感嘆詞の「-구나 -kwuna(ね)」や「-네 -ney(ね)」がついた形でkes-itaが用いられる場合がある。この場合、kes-itaの役割は、「電源を入れるためにやること」について「このスイッチを押すこと」と述べているだけで、話し手の気づきは、kesに後接した「-구나 -kwuna(ね)」や「-네 -ney(ね)」

の働きによって現れる。つまり、kes-ita と感嘆詞がそれぞれの機能を果たしているということである*5。そのため、8章2節で述べたように kes-ita の機能は、当該の文の意味解釈には kes-ita で表される部分以外にもう一つの情報（この場合は、主題）が必要であることを示すだけであって、ノダのように《気づき》という意味合いが現れるモダリティ表現としての働きはないと思われる。

⑤《前置き》《告白》の用法

ノダの《前置き》や《告白》の用法は、《前置き》は、ノダが「～のだが、～のだけど」節で現れ、《告白》の場合は、「～のだ」と言い切られている点が異なる（庵 2001:288–289*6）だけで、両用法は同質のものである（近藤 2011:10）ため、本書でも《前置き》と《告白》をここで一緒に扱うことにする。

(13)《前置き》

 a. あのう、東京駅へ行きたいんですが、この道ですか？
            【近藤 2011:5】

 b.?? 저기요, 도쿄역에 가고 싶은 건데요.
   cekiyo tokhyoyek-ey kako sipun ke-nteyyo.
   あの 東京駅-に 行きたい（現在） kes-ita-ですが
   이 길인가요？
   i kil-inkayo?
   この 道-ですか

 c. 저기요, 도쿄역에 가고 싶은데요. 이 길인가요？
   cekiyo tokhyoyek-ey kako sipunteyyo. i kil-inkayo?
   あの 東京駅-に 行きたいですが この 道-ですか

(14)《告白》

 a. 私、来月、結婚するんです。 【近藤 2011:5】

 b.?? 저, 다음달에 결혼하는 거예요.
   ce taumtal-ey kyelhonhanun ke-yeyyo.
   私 来月-に 結婚する（現在） kes-ita

 c. 저, 다음달에 결혼하는데요.
   ce taumtal-ey kyelhonhanuteyyo.

　　　　私　来月-に　結婚しますが

　（13a）と（14a）のノダは、それぞれ《前置き》と《告白》の用法として用いられた用例である。が、《前置き》や《告白》を表す（13）と（14）の場面において、ノダは用いられるのに対し、kes-itaは用いられない。

　近藤（2011:11）では、《前置き》や《告白》を表すノダは、「通常、ノダ文の前に「あのう」「すみません」などを伴い、聞き手に共同注意を促す。そして、ノダ文によってイマ・ココに導入された情報は聞き手にとって新情報であり、聞き手は共同注意態勢の喚起と関連づけて、その新情報を解釈し、後続発話を待つ」と述べている。つまり、（13a）の場合、「あのう」と言って聞き手に共同注意を促すという状況とノダで表される部分、即ち、聞き手にとって新情報である「東京駅へ行きたい」という部分を関連づけ、「この道ですか？」という後続発話を待つようになるのである。「後続発話を待つ」という意味解釈は、本書の第6章で考察した「非名詞文としてのkes-ita文」が後続発話への関連を示唆するという意味解釈と類似している。しかし、非名詞文としてのkes-ita文が後続発話を待つのは、前の文脈や状況から主題を探し出すことができなかったため、後ろを検索するようになったためであり、ノダ文の関連づけという解釈とは異なるものであると思われる。

　（13b）や（14b）のようにkes-itaが《前置き》や《告白》の用法に用いられない原因は、ノダは、「関連づけ」という手続き的な意味において《言い換え》や《理由・原因》の用法のように、関連づけられる事態が先行文脈に明確に現れ、話し手と聞き手がお互いに認識し共有している場合であっても、《気づき》や《前置き》《告白》の用法のように、関連づけられるものが話し手の中にしか内在せず、話し手と聞き手が共有していない状況と関連づけられる場合であっても、制約がかからず、関連づけることができるのに対し、kes-itaの場合は、関連づけられるもの（kes-ita文の場合の「主題」）が、話し手と聞き手とでお互いに認識し共有している明確なものでなければならないという制約があるためである。そのため、（13）や（14）のように話し手の中にしか内在しない状況という、

聞き手にとって知りえないものは、kes-ita文の主題として認識することができず、(13b)や(14b)のようにkes-itaの使用は不自然になる。この場合、韓国語は、(13c)や(14c)のように、ことの背景を表す韓国語の連結語尾である「-는데/-(으)ㄴ데 -nuntey/-(u)ntey（〜が）」が用いられる。

　それでは、(13b)や(14b)が非名詞文としてのkes-ita文である可能性についても考えてみよう。非名詞文としてのkes-ita文の場合、前の文脈や状況から主題を探すことができず、後ろを検索するようになり、後続発話への関連を示唆していた。が、非名詞文としてのkes-ita文は、話し手が遭遇した状況や出来事について説明する場面でよく用いられるという点で、話し手の願望を述べている(13b)は、非名詞文としてのkes-ita文として解釈しにくい。また、非名詞文としてのkes-ita文の特徴として、未実現の事態についてはkes-itaが用いられない点で、(14b)も非名詞文としてのkes-ita文としては解釈できないと言える。ノダと非名詞文としてのkes-ita文との比較については、10章3節で後述する。

　最後に、ノダの用法として取り上げられてはいないが、本書で擬似名詞文として取り上げたkes-ita文として、主題となる事態について、その事態が原因や理由となり、導かれた「結果」を述べるkes-ita文や、人の行動について、話し手の「主観的解釈」を述べるkes-ita文がノダと対応しているか否かを見ておく。

(15) 우리는 우물 안의 다녔던 영역을 그저 맴돌고 있다고 착각하고 있다. 그래서 삶의 자세에 문제가 생긴 것이다.
그래서　삶의　　자세에　문제가　　　생긴　　　　　것이다.
kulayse　salm-uy　casey-ey　muncey-ka　sayngkin　　kes-ita.
だから　人生-の　姿勢-に　問題-が　　生じた（過去）　kes-ita
（私たちは井の中の蛙のように同じ領域をただ回っていると勘違いしている。そのため、人生の姿勢に問題が生じたのだ。）　　　　　　　　　　　　　　　　　　　【朝鮮】

(16) ［好きなはずのユンが治らない病気にかかったと言ってもびくともしない娘に］
저　　기집애　윤이가　저렇게　　찌그러지니까　맘이

```
ce    kicipay  yuni-ka  celegkey  ccikulecinika  mam-i
あの  小娘    ユン-が  あんなに  つぶれたから   心-が
변한                 거야.
pyenhan              ke-ya.
変わった（過去）    kes-ita
```
（あの子、ユンがああなったから、気持ちが変わったのよ。）

【ごめん】

　（15）のkes-ita文は、先行する事態を原因や理由とし、推論を行い、導き出された結果を述べる用例であり、（16）のkes-ita文は、娘の行動について、話し手の主観的解釈を述べる用例である。（15）や（16）のように「主題－解説」構造を持っている疑似名詞文としてのkes-ita文は、主題が明確であり、主題について「結果」や「主観的解釈」という明確な内容を述べているため、全てノダと対応している。

　以上、ノダの用法を中心に擬似名詞文としてのkes-itaとの対応関係を考察した。kes-itaは、ノダの用例のうち、文の主題が明確であり、話し手と聞き手がお互いに主題を認識し共有しており、kes-itaで表される事態が主題となる事態について述べる内容が明確である場合（《言い換え》《理由》《注意・命令》）、ノダと対応していた。それに対し、主題に該当すると考えられるものが話し手の中にしか内在していない状況などであるため、話し手と聞き手がそれを認識し共有しておらず、kes-itaで表される事態がそれについて何を述べているかも明確ではない場合（《気づき》《前置き》《告白》）、ノダの用法にkes-itaは対応していなかった。

3．非名詞文としてのkes-ita文とノダ文

　前節までは、ノダの用法を中心に主に名詞文や疑似名詞文kes-itaとの対応関係を考察した。本節では、上記で扱っていない非名詞文としてのkes-ita文とノダ文との対応関係について述べておく。
　疑似名詞文としてのkes-ita文がノダ文と対応する場合は、主題

に該当するものが明確に存在し、kes-ita文がそれについて何かを述べている場合であった。それに対し、非名詞文としてのkes-ita文は、主題について何かを述べるものとして意味解釈されない。つまり、主題が存在しないのである。そのため、非名詞文としてのkes-ita文は、疑似名詞文としてのkes-ita文と異なり、主題に関するkes-ita文の制約に縛られず、常にノダと対応している。

(17)［友人との話の冒頭に］

　　　어제　영화관에　　　갔는데　　타로가　있는　　거야.
　　　ecey　yenghwakwan-ey　kassnuntey　thalo-ka　issnun　keya.
　　　昨日　映画館-に　　　行ったが　　太郎-が　　いる（現在）kes-ita
　　　（昨日、映画館へ行ったんだけど、太郎がいるのよ。）

(17)のkes-ita文は、後続発話への関連を示唆すると意味解釈される非名詞文としてのkes-ita文で、kes-itaはノダと対応している。このように「主題－解説」構造を持っていない非名詞文としてのkes-ita文は、名詞文や疑似名詞文としてのkes-ita文と異なり、主題に関するkes-ita文の制約が当てはまらず、kes-itaはノダと対応しているが、その逆は成立しない。つまり、後続発話への関連を示唆するという非名詞文としてのkes-ita文は、ノダ文で表すことができるが、関連づけという機能を持っているノダ文全てに対し、非名詞文としてのkes-ita文が対応しているわけではないということである。それは、kes-itaの機能は、kes-ita文の意味解釈にはもう一つの情報が必要であることを示すだけであり、それ以外の意味合い、例えば、《気づき》や《前置き・告白》のような話し手の心的態度が現れるモダリティ表現としての働きはないためであると思われる。韓国語の場合、《気づき》や《前置き・告白》のような意味合いは別の形式が担っている。

　本章では、主に疑似名詞文としてのkes-ita文が、主題について何かを述べるという「主題－解説」構造を持っていることを一層明らかにするために、日本語の「ノダ」の用法を中心に、kes-itaとの対応関係と使用条件を考察した。日本語の諸表現とkes-itaが対応する場合は、主題が明確であり、なおかつ、それについて何を述

べているかが明確である場合であった。それに対し、主題に該当するものが話し手の中に内在しており、聞き手がそれを主題として認識できない場合や、kes-ita文が述べていると考えられる対象が状況として現れ、それについて話し手の心的態度を表す場合のノダの用法（《気づき》《前置き・告白》など）にはkes-itaは対応していなかった。非名詞文としてのkes-ita文の場合は、疑似名詞文としてのkes-ita文のような主題に関する制約はないため、ノダ文と対応しているが、この場合も、話し手の心的態度が現れるノダの用法（《前置き・告白》）に対しては対応していなかった。

　このようにノダとの対照考察から見たとき、kes-itaの使用に「主題が明確であること」「主題について述べる内容が明確であること」という制約があることで、疑似名詞文としてのkes-ita文は、「主題－解説」構造の中で、主題について何かを述べるものであることが一層明確になったと思われる。また、kes-itaの基本的な機能は、「kes-ita文の意味解釈にはkes-itaで表される部分以外にもう一つの情報が必要であることを示す」だけであり、それ以外の意味合い、例えば、《気づき》や《前置き・告白》のような話し手の心的態度が現れるモダリティ表現としての働きはないということも、ノダと異なる点である。

＊1　野田（1997）で言うスコープのノダである「〜のではない」は除く。
＊2　近藤（2011）は、ノダ文の「関連づけ」とその解釈を説明するために、ノダの用法として一般的に用いられている（1）の五つの用法を例示しただけである。が、同氏による五つの分類が、kes-itaとの対応関係を考察する際のノダの用法として必要十分な分類であったため、本書でもこの分類を基にする。
＊3　kes-ita文を日本語の諸表現と比較する第10章と第11章の用例には、該当する形式の部分のみに二重線（＿）を引く。また、韓国語の文にはグロスのみ表記し、逐語訳は割愛する。
＊4　これについては、5章4.1節を参照されたい。
＊5　このように韓国語の場合、各形式がそれぞれの意味・機能をもって働く形態・統語的仕組みについて、塚本（2006:45）では、「韓国語は語なら語、節・文なら節・文といったように語と節・文の地位をはっきり区別する仕組み

になっているのに対し、日本語では語と節・文が重なり合わさって融合している性質のものが存在する」と述べられており、それが「日本語と韓国語における文法化の進度の違いに根本的な要因として強く結びついている」と述べられている。

＊6　庵（2001:282-298）では、《告白》の用法を《先触れ》としている。

第11章
kes-ita と他の日本語との比較

1. kes-ita と「モノダ」

　モノダのモノは、基本的には名詞であり、具体的な物体を指し示している。この点は、名詞文としての kes-ita 文のうち、kes が具体的なものを指し示すものと同様であり、この場合、モノダと kes-ita は、対応している。

(1)a.　この本は、猫の飼い方をまんがで表した<u>ものだ</u>。

　　b.　이　　책은　　　고양이를　　기르는　　법을　　만화로
　　　　 i 　 chayk-un　koyangi-lul　kilunun　pep-ul　manhwa-lo
　　　　この　本-は　　 猫-を　　　 飼う　　 法-を　 まんが-で

　　　　나타낸　　<u>것이다</u>.
　　　　nathanayn　kes-ita.
　　　　表した（過去）kes-ita

　(1a) のモノダのモノと (1b) の kes-ita の kes は、いずれも「本」という具体的な物体を指しており、「この本」について、「猫の飼い方をまんがで表したもの」と述べている。

　さらに、モノダのモノも、名詞文としての kes-ita 文の kes と同様、抽象的なものも指し示すことができる。

(2)a.　愛は美しい<u>ものだ</u>。

　　b.　사랑은　　　아름다운　　　<u>것이다</u>.
　　　 salang-un　 alumtawun　　 kes-ita.
　　　 愛-は　　　 美しい（現在）　kes-ita

　(2a) のモノダのモノと (2b) の kes-ita の kes は、いずれも「美しい何か」という抽象的なものを指しており、「愛」について「美しいもの」と述べている。

　(1a) と (2a) のモノダ文のモノは、実質的な意味を持っている

名詞として働いているため、(1a) や (2a) のようなモノダ文は名詞文である。このように名詞としてのモノの意味や性質が残っているモノダ文の場合、名詞文としての kes-ita 文のうち、kes が具体的なものや抽象的なものを指し示す kes-ita 文と対応している。

一方、モノダには、「モノ＋ダ」という実質的な意味以外に、話し手の心的態度を表すモダリティ表現としての働きがある*1。モダリティ表現としてのモノダの用法には、大きく次の (3) のように四つの用法がある。

(3) モノダの用法（日本語記述文法研究会 2003:111–114, 218–228）
　　①本質・傾向
　　②当為判断
　　③回想
　　④関心・あきれ

以下では、モノダのこの四つの用法において kes-ita がどのように対応しているかを考察する。

①《本質・傾向》の用法

モノダは、「X は Y モノダ」の形で現れ、X について、それが本来持っている性質、即ち、「本質・傾向」を表すときに用いられる。

(4) a. 人はみな死ぬものだ。
　　b. 사람은　　모두　　죽는　　　　거야.
　　　　salam-un　motwu　cwuknun　　ke-ya.
　　　　人-は　　皆　　　死ぬ（現在）　kes-ita

(5) a. 文化は国によって違うものだ。　　　　【吉川 2003:13】
　　b. 문화는　　　나라마다　　다른　　　　거야.
　　　　munhwa-nun　nala-mata　talun　　　ke-ya.
　　　　文化-は　　　国-ごとに　違う（現在）　kes-ita

(4a) のモノダは、「人」について「皆死ぬ」と述べ、人の本質を表しており、(5a) のモノダは、「文化」について「国によって違う」と述べ、文化というものの本質や傾向を表している。(4a) と (5a) のモノダは、それぞれ「人」や「文化」についての本質

や傾向を表し、文全体の命題内容が「当然、そうである」ことを示すことで、ある状況に置かれている聞き手に対し、何らかの話し手の心的態度が現れるという点で、7章1節で考察した、名詞文としてのkes-itaのうち、kesが抽象的なものを指し示し、主題についての本質や傾向を述べることで、文全体の命題内容が「当然、そうである」ことを表していたkes-ita文と非常に類似している。

　本質や傾向を表すモノダとkes-itaは、いずれも、聞き手が置かれた状況によって、話し手が望ましいと考えている行為の実行を含意として聞き手に間接的に促している。例えば、(4)の場合、愛する人を亡くして悲しんでいる人に対して発話すると、「人はみな死ぬのが当然だから、あまり悲しまない方が望ましい」という意味が含意されており、(5)の場合は、外国の文化を理解しようとせず、批判ばかり言っている人に対して、「文化は国によって違うのが当然だから、理解してあげた方が望ましい」という意味が含意されている。

　このように本質や傾向を表すモノダはkes-itaと対応しており、その際のkes-ita文が述べている対象、即ち、主題は同一文内に明示的に現れている。

②《当為判断》の用法
　モノダには、話し手が望ましいと考えている行為の実行を聞き手に促すという《当為判断》の用法がある。

(6)a.　子供は早く寝る<u>ものだ</u>。
　　b.　어린이는　일찍　자는　　　　<u>거야</u>.
　　　　elini-nun　ilccik　canun　　　ke-ya.
　　　　子供-は　　早く　寝る（現在）　kes-ita

(7)a.　遅れそうなときは、まず連絡を入れる<u>もんだ</u>。
　　b.　늦을 것 같을 때는　먼저 연락을 하는　　<u>거야</u>.
　　　　nucul kes kathul ttay-nun mence yenlak-ul hanun　ke-ya.
　　　　遅れる こと みたいな とき-は 先に　連絡を　する（現在）kes-ita

【日本語記述文法研究会 2003:218】

(6a)のモノダは、早く寝ようとしない子供に対し、「子供は寝

るべき」という当為判断を、(7a) の場合は、遅れそうであるにも関わらず、先方に連絡をしようとしない人に対し、「遅れそうなときは、まず連絡を入れるべき」という当為判断を表している。(6a) と (7a) のモノダの場合、モノダに前接する事態は、聞き手が制御可能な事態であり、文全体の命題内容で「当然、そうするべき」という当為判断を表すという点で、7章1節で考察した、名詞文としての kes-ita のうち、kes が抽象的なものを指し示し、主題についての本質や傾向を述べることで、文全体の命題内容が「当然、そうするべき」という当為判断を表していた kes-ita 文と類似している。

　当為判断を表すモノダと kes-ita は、いずれも、聞き手が置かれた状況によって、話し手が望ましいと考えている行為の実行を聞き手に直接的に促している。例えば、(6) の場合、早く寝ようとしない子供に対し、話し手が望ましいと考えている「寝る」という行為の実行を聞き手に促している。また、(7) の場合は、遅れそうであるにも関わらず、先方に連絡をしようとしない人に対し、「連絡を入れる」という話し手が望ましいと考えている行為の実行を聞き手に促している。

　このように当為判断を表すモノダと kes-ita は対応している*2。そして、その際、kes-ita 文は、主題についての本質や傾向を述べており、主題は同一文内に明示的に現れている。

③《回想》の用法

　モノダには、過去に習慣的に行われたある事態を懐かしむとき、用いられる用法がある。

(8)a.　昔は、よく徹夜した<u>ものだ</u>。
　　b.　?옛날에는　　자주　　밤샘을　　한　　<u>거야</u>.
　　　　yeysnal-eynun　cacwu　pamsaym-ul　han　ke-ya.
　　　　昔 - には　　しょっちゅう　夜更かし - を　した（過去）　kes-ita
　　c.　옛날에는　　자주　　밤샘을　　하곤　　했지.
　　　　yeysnal-eynun　cacwu　pamsaym-ul　hakon　hayssci.
　　　　昔 - には　　しょっちゅう　夜更かし - を　したり　したよ

(9) a. 夏祭りには毎年ゆかたで出かけたものだ。

【日本語記述文法研究会 2003:218】

b. ?여름　　축제에는　　　매년　　유카타를　　입고
yelum　chwukcey-eynun　maynyen　yukhatha-lul　ipko
夏　　　祝祭-には　　　毎年　　浴衣-を　　　着て
나간　　　　　　거야.
nakan　　　　　ke-ya.
出て行った（過去）　kes-ita

c. 여름　　축제에는　　　매년　　유카타를　　입고
yelum　chwukcey-eynun　maynyen　yukhatha-lul　ipko
夏　　　祝祭-には　　　毎年　　浴衣-を　　　着て
나가곤　　　했지.
nakakon　　　hayssci.
出て行ったり　したよ

が、(8) や (9) で分かるように過去を懐かしむときに用いられるモノダは、kes-ita と対応せず（(8b) と (9b)）、別の形式（(8c) と (9c)）が用いられる。以下では、その原因を名詞文や疑似名詞文としての kes-ita 文の「主題−解説」構造の特徴から探ってみたい。

まず、モノダと kes-ita が対応していた《本質・傾向》や《当為判断》の用法の場合を見ると、主題となる対象は、同一文内に現れ、話し手と聞き手がお互いに認識し共有しており、kes-ita 文は、それについての本質や傾向を述べていた。

(10) a. 人はみな死ぬものだ。　　　　　　　　（= (4)）

b. 사람은　모두　죽는　　　거야.
salam-un　motwu　cwuknun　ke-ya.
人-は　　皆　　死ぬ（現在）　kes-ita

(11) a. 子供は早く寝るものだ。　　　　　　　（= (6)）

b. 어린이는　일찍　자는　　　거야.
elini-nun　ilccik　canun　　ke-ya.
子供-は　　早く　寝る（現在）　kes-ita

(10) や (11) の場合、モノダと kes-ita は、いずれも、(10) の

場合は、「人」について「皆死ぬ」という本質や傾向を、(11)の場合は、「子供」についての本質や傾向を「早く寝る」と述べている。そのため、(10b)や(11b)のkes-ita文の主題は、それぞれ同一文内に現れている「人」と「子供」となり、話し手と聞き手はそれをお互いに認識し共有している。そして、当該のkes-ita文は、それについての本質や傾向を述べている点で、主題について何を述べているかも明確である。この場合、モノダとkes-itaは対応している。

それに対し、過去に習慣的に行われたある事態を懐かしむというモノダの《回想》の用法である(8a)や(9a)のモノダと比較される(8b)や(9b)のkes-ita文は、単に同一文内にある「昔」や「夏祭り」について何かを述べているのではない。なぜなら、(8b)や(9b)のkes-ita文が同一文内にある「昔」や「夏祭り」について何かを述べるためには、kesが具体的や抽象的なものを指し示す名詞文でなければならないが、(8b)や(9b)のkes-ita文は、「[昔]₁ ≠ [よく徹夜したkes]」「[夏祭り]₁ ≠ [浴衣で出かけたkes]」であるため、名詞文とは言えない。モノダが用いられた(8a)や(9a)は、過去に習慣的に行われたある事態を懐かしむという話し手の心的態度が現れているため、「昔」や「夏祭り」ではなく、話し手が経験した「昔」と「夏祭り」において個人的に懐かしいと思う経験について述べていると言える。それは、話し手の中にしか内在しないもので、聞き手は知るすべがない。そのため、(8b)や(9b)のkes-ita文の主題となる対象は、話し手と聞き手がお互いに共有しているとは言えない。つまり、(8b)や(9b)のkes-ita文の場合は、kes-ita文が何について述べているのかが明確ではないということである*3。

このように当該の文が述べている対象が明確ではない場合、kes-itaはモノダと対応しない。つまり、kes-ita文が主題について何かを述べる際は、当該の主題を話し手と聞き手がお互いに認識し共有しなければならないという制約があると考えられる。

④《関心・あきれ》の用法

最後に、話し手が意外と思う事態に対する関心やあきれを表すときに用いられるモノダの用法を見る。

（12）a. こんな雨の中、たくさんの人が集まった<u>もんだ</u>なあ。

【日本語記述文法研究会 2003:223】

  b.?? 이런 빗속에 사람이 많이도 모인 <u>거야</u>.
    ilen pissok-ey salam-i mangi-to moin ke-ney.
    こんな 雨中-に 人-が 多く-も 集まった（過去）kes-ita

  c. 이런 빗속에 사람이 많이도 모였네.
    ilen pissok-ey salam-i mangi-to moyessney.
    こんな 雨中-に 人-が 多く-も 集まったね

（13）a. よくもまあ、あんなうそが言えた<u>ものだ</u>ね。

【日本語記述文法研究会 2003:223】

  b.?? 저런 거짓말을 잘도 하는 <u>거야</u>.
    kulen kecismal-ul calto hanun ke-ya.
    あんな 嘘-を よく-も する（現在）kes-ita

  c. 저런 거짓말을 잘도 하는군.
    kulen kecismal-ul calto hanunkwun.
    あんな 嘘-を よく-も するね

（12）や（13）で分かるように関心やあきれを表すときに用いられるモノダも、kes-itaと対応せず（(12b)と(13b)）、別の形式（(12c)と(13c)）が用いられる。その原因は、上記の《回想》の用法の場合と同様に、kes-ita文の「主題－解説」構造の特徴から考えられる。

（12a）や（13a）のモノダの場合、話し手は、「大雨の中にも関わらず、たくさんの人が集まった」という状況（(12)）や、「すぐばれる嘘を平気でつく人がいる」という状況（(13)）を認識し、その状況に対しての話し手の感心やあきれを、モノダを用いて表している。この場合、（12a）や（13a）のモノダで表される事態は、話し手が認識した状況そのものであるため、関心やあきれを表すという意味合いは、モノダが持っているモダリティ表現としての働きによるものであろう。

それに対し、(12b) や (13b) の kes-ita 文の場合、主題が同一文内に明示的に現れていないため、それが述べている対象を文脈や状況から探すようになる。そして、(12b) や (13b) の kes-ita 文は、「大雨の中にも関わらず、たくさんの人が集まった」という状況((12)) や、「すぐばれる嘘を平気でつく人がいる」という状況((13)) について何かを述べているという解釈が可能となる。なぜなら、そのような状況は発話現場での状況であるため、話し手と聞き手はそれをお互いに認識し共有していると言えるためである。この時点で、(12b) や (13b) の kes-ita 文は、疑似名詞文としての kes-ita 文である可能性が高くなる。疑似名詞文としての kes-ita 文の場合、kes-ita 文は主題について「言い換え」「結果」「理由」「主観的解釈」を述べていた。しかし、(12b) や (13b) の kes-ita 文は、話し手が認識したある状況について、ただ当該の状況をそのまま描写しているものにすぎず、それについて何を述べようとしているかが明確ではない。そのため、(12b) や (13b) の kes-ita 文は、主題について何かを述べる疑似名詞文としての kes-ita 文ではないと言える。(12b) や (13b) の kes-ita 文が、主題について何かを述べる疑似名詞文になるためには、より詳細な文脈や状況が必要となる。例えば、(12b) の場合は、「今日の集まりに高級記念品がもらえる」という先行発話が与えられたら、(12b) の kes-ita 文は、その事態を理由や根拠とした結果を述べるものと解釈されるだろう。但し、その場合、モノダのような感心やあきれの意味合いは現れない。このように kes-ita 文は、ある状況を当該の kes-ita 文が述べている対象、即ち、主題として認識したとしても、それについて述べる内容が明確でなければならないという制約があると思われる。そして、kes-ita の機能は、当該の文が何か (この場合は、主題) についての解説であることを示すだけであって、モノダのような《回想》や《感心・あきれ》のような意味合いが現れるモダリティ表現としての働きはないため、(12b) や (13b) のように kes-ita は用いられにくい*4。

　以上、モノダの四つの用法において kes-ita との対応関係を考察

した。

　kes-ita は、「主題－解説」構造の中で、主題が明確に存在しており、その主題を話し手と聞き手がお互いに認識し共有している場合（《本質・傾向》《当為判断》）、モノダと対応していたのに対し、主題が話し手の中に内在しているか、主題に該当するものについて何を述べているのかが明確ではない場合（《回想》《関心・あきれ》）は、モノダと対応していなかった。

2. kes-ita と「コトダ」

　モノダのモノと同様、コトダのコトも名詞としてのコトの意味や性質を持っている。

（14）a.　入学とは、学校に入る<u>ことだ</u>。　　　【吉川 2003:35】
　　　b.　입학이란　학교에　　들어가는　　<u>것이다</u>.
　　　　　iphak-ilan　hakkyo-ey　tulekanun　kes-ita.
　　　　　入学 - とは　学校 - に　　入る（現在）　kes-ita

（15）a.　健康のために大切なのは、規則正しい生活をする<u>ことだ</u>。　　　【吉川 2003:35】
　　　b.　건강을　　위해　　중요한　　　것은　　　　규칙적인
　　　　　kenkang-ul　wihay　cwungyohan　kes-un　　kyuchikcekin
　　　　　健康 - を　　ため　重要な　　　こと - は　　規則的な
　　　　　생활을　　　하는　　<u>것이다</u>.
　　　　　sayhwal-ul　hanun　kes-ita.
　　　　　生活 - を　　する（現在）　kes-ita

　（14a）と（15a）のコトダのコトは名詞として働き、（14a）と（15a）は、それぞれ「入学」や「健康のために大切なこと」について述べている名詞文である。コトダのコトが名詞として働く場合、名詞文としてのkes-ita文のうち、kesが名詞化辞として働くものと類似しており、コトダとkes-itaは対応している。

　一方、コトダには、「コト＋ダ」という名詞としての働き以外に、話し手の心的態度を表すモダリティ表現としての働きがある*5。モダリティ表現としてのコトダの用法には、大きく次の（16）の

ように二つの用法がある。
(16) コトダの用法（日本語記述文法研究会 2003:111–114, 218–228）
　①助言・忠告
　②関心・あきれ

以下では、コトダのこの二つの用法において kes-ita がどのように対応しているかを考察する。

①《助言・忠告》の用法

コトダは、助言や忠告をする場面において、目的を果たすためにある行為の実行が必要であることを表し、その行為の実行を聞き手に促すときに、よく用いられる。

(17) a. 早く治りたいのなら、とにかくゆっくり休む<u>ことだ</u>。
【日本語記述文法研究会 2003:219】
　　b. 빨리　낫고 싶으면　어찌됐든　푹　　쉬는
　　　 ppalli nasko sipumyen eccitwaysstun phuk swinun
　　　 早く　治りたいなら　とにかく　　ぐっすり 休む（現在）
　　　 <u>거야</u>.
　　　 ke-ya.
　　　 kes-ita

(18) a. 合格したければ、もっと勉強する<u>ことだ</u>。
【日本語記述文法研究会 2003:112】
　　b. 합격하고 싶으면　　더　　공부하는　　<u>거야</u>.
　　　 hapkyekhako sipumyen te kongpuhanun ke-ya.
　　　 合格したいなら　　　もっと 勉強する（現在）kes-ita

(17a) のコトダは、「早く治りたい」と思っている人に対し、「そのためには、ゆっくり休むことが必要である」と述べており、(18a) のコトダは、「合格したい」と思っている人に対し、「そのためには、もっと勉強することが必要である」と述べている。(17a) や (18a) のコトダは、聞き手が置かれた状況を認識し、当該の目的を果たすために話し手が望ましいと考えている行為の実行を聞き手に促している点で、7章2節で見た忠告・命令を表す kes-ita 文と類似しており、この場合、コトダと kes-ita は対応している。(17b) や (18b) の kes-ita 文は、まだ未実現の行動について、話し手の主観的解釈を述べているという「主題－解説」構造を持っているもので、「これから聞き手がする行動」という kes-ita 文の主題は、聞き手が置かれた状況によって、話し手と聞き手がお互いに認識し共有している明確なものである。

　このようにコトダと kes-ita が助言や忠告の場で話し手が望ましいと考えている行為の実行を聞き手に促す場合、両形式は殆ど対応するが、kes-ita が用いられない場合が二つある。

　第一に、コトダと異なり、kes-ita は、行為者が 3 人称の場合は、用いられにくい。

(19) a.　あいつも、早く治りたいのなら、ゆっくり休む<u>ことだ</u>よね。　　　　　　　　　　【日本語記述文法研究会 2003:226】

　　　b.?? 재도　　빨리　낫고 싶으면　　푹　　　쉬는
　　　　　 cyay-to ppalli nasko sipumyen phuk   swinun
　　　　　 あいつ-も 早く 治りたいなら ぐっすり 休む(現在)

　　　　　<u>거야</u>.
　　　　　 ke-ya.
　　　　　 kes-ita

　　　c.　재도　　빨리　낫고 싶으면　　푹　　　쉬어야지.
　　　　　 cyay-to ppalli nasko sipumyen phuk   swieyaci.
　　　　　 あいつ-も 早く 治りたいなら ぐっすり 休まなきゃ

(19a) の場合、行為者が 3 人称であってもコトダは、目的を果たすために話し手が望ましいと考えている行為の実行の必要性を表すことができるのに対し、kes-ita の使用は不自然になる。忠告や命令を表す kes-ita 文の場合、当該の行為の実行を聞き手に促すというのは、聞き手が置かれた状況によって二次的に生まれるものである。つまり、聞き手は「ある目的を達成するために当該の行為の実行の必要性」を示され、まだその行為をしていない自分自身に気づき、「そうしなければならない」と考えるようになり、当該の kes-ita 文を自分への助言や忠告として解釈する。そのため、kes-ita 文がそのような意味をもつためには、実際に行為を実行する聞

き手の存在が必要であると考えられる。それに対し、コトダの場合、そのような制約はない。

　第二に、コトダが特定の聞き手に対し目的を果たすために必要な行為ではなく、不特定多数を対象とし、指示を出す場合、-n kes-ita は用いられない。

(20) a.　廊下を走らないこと。静かに歩くこと。

【吉川 2003:38】

　　 b.?? 복도에서　　뛰지 마는　　　것. 조용히　걷는　　　것.
　　　　 pokto-eyse　ttwici manun　　kes. coyonghi ketnun　　kes.
　　　　 廊下 - で　　走らない（現在）kes 静かに　　歩く（現在）kes
　　 c.　복도에서　뛰지 말　　　　것. 조용히　걸을　　　　것.
　　　　 pokto-eyse ttwici mal　　　kes. coyonghi ketul　　　kes.
　　　　 廊下 - で　　走らない（未来）kes 静かに　　歩く（未来）kes

(20a) は、掲示板に張ってある規則や注意事項などのような書き言葉に多く、コトダからダが省略された形で用いられる。この場合、コトダと -n kes-ita は対応せず、-l kes-ita と対応している。それは、(20) のような注意事項に用いられるときは、韓国語の場合、既に -l kes-ita がその機能を担っている[*6]ことも一つの理由になれると思われるが、ここでは、助言や忠告を表す場合、上記の (19) と同様、-n kes-ita の使用には、実際に行為を実行する行為者が必要である点から考えてみたい。(20) の場合、「廊下を走らないのが望ましい」「静かに歩くのが望ましい」という話し手が望ましいと考えている行為の実行者は、不特定多数であり、今ここでの特定の聞き手にその行為の実行を促しているわけではない。それに対し、次の (21) のように発話時に行為の実行者が存在する場合、-n kes-ta を用いて指示を出すことができる。但し、この場合、コトダは用いられない。

(21) ［つらい思いで、道の中で立ちどまっている人に］

　　　　 오른발부터　　움직이는　　　거예요.
　　　　 olunpal-puthe　umcikinun　　ke-yeyyo.
　　　　 右足 - から　　動かす（現在）kes-ita

　　　　 (右足から動かすんですよ。)　　　　　　　　　【冬ソナ】

このようにコトダが助言や忠告を表すとき、話し手が望ましいと考えている行為を実行する行為者が発話時に存在しない場合、kes-ita が対応しないのは、kes-ita の場合、話し手が望ましいと考えている行為の実行を聞き手に促しているという意味が、聞き手が置かれた状況によって二次的に派生するだけであって、あらゆる状況でも助言や忠告を表す意味としてコトダほど機能化されてないためであると思われる。

②《関心・あきれ》の用法
モノダと同様、コトダにも関心・あきれの用法がある。
(22) a.　よく、こんなにたくさん集めた<u>ことだ</u>。
【日本語記述文法研究会 2003:227】
　　 b.?? 이렇게　　많이　　 잘도　　 모은　　 <u>거야</u>.
　　　　 ilegkey　 mangi　 cal-to　 moun　 ke-ya.
　　　　 こんなに　たくさん　よく－も　集めた（過去）kes-ita
　　 c.　이렇게　 많이　　 잘도　　 모았네.
　　　　 ilegkey　 mangi　 cal-to　 moassney.
　　　　 こんなに　たくさん　よく－も　集めたね
(23) a.　まったく世話の焼けることだ。
【日本語記述文法研究会 2003:227】
　　 b.?? 정말　　　성가시는　　　<u>거야</u>.
　　　　 cengmal　 sengkasinun　 ke-ya.
　　　　 本当　　　煩わしい（現在）kes-ita
　　 c.　정말　　 성가시네.
　　　　 cengmal　 sengkasinun
　　　　 本当　　　煩わしいね

　コトダが関心・あきれを表すときは、11章1節のモノダの場合と同様、kes-ita 文の意味解釈に必要な主題が明確ではない他、主題に該当するものについて何を述べているのかが明確ではないため、kes-ita は用いられない（(22b) と (23b)）と考えられる。韓国語の場合、関心やあきれの意味は、(22c) や (22c) のように感嘆の語尾である「-네 -ney」「-군 -kwun」（な、ね）などが担っている。

以上、コトダの二つの用法においてkes-itaとの対応関係を考察した。

　コトダが《助言・忠告》の用法として用いられるとき、話し手と聞き手がお互いに認識し共有している「目的を果たすために必要なこと」という主題が設定でき、話し手が望ましいと考えている行為の実行者が発話時に存在している場合、コトダとkes-itaは対応していた。それに対し、行為者が第三者であるか、不特定多数である場合は、kes-itaは用いられないという制約があった。また、kes-ita文の主題が不明であるか、主題に該当するものについて何を述べているのかが明確ではない《関心・あきれ》を表すコトダはkes-itaと対応していなかった。

---

*1　日本語記述文法研究会（2003:192–194）では、「「ものだ」に「もの＋だ」という意味合い以外の特別な意味合いが感じられない場合は、名詞の「もの」であり、「もの」を実質的な名詞で置き換えられず、特別の意味合いが感じられる場合は、助動詞の「ものだ」である」と述べている。

*2　モノダとkes-itaの比較①②では、モノダの用法を「本質・傾向」と「当為判断」に細分したが、これは、いずれもその文が述べる対象についての「本質・傾向」を表しており、「当然、そうである」「当然、そうするべき」という広い意味での当為判断をも表すという点で、kes-ita文の場合は両者を分けず、「当為判断」として一緒に扱っている。但し、ここで「本質・傾向」とした前者の場合、話し手が望ましいと考えている行為は含意として現れ、間接的であるのに対し、「当為判断」としている後者の場合は、話し手が望ましいと考えている行為は言語化され、直接的であるという違いはあると述べた。これについての詳細は7章1節を参照されたい。

*3　（8b）や（9b）のようなkes-ita文は、その主題が明確ではないため、主題について何かを述べるものとして意味解釈される名詞文や疑似名詞文としてのkes-ita文ではなく、主題が存在せず、後続発話への関連を示唆する非名詞文としてのkes-ita文である可能性がある。（8b）や（9b）のkes-ita文が、もし話し手が遭遇したある状況や出来事を説明する場面で用いられると、後続発話への関連を示唆するという非名詞文としてのkes-ita文と分類されうる。が、この場合も、モノダのような過去に習慣的に行われたある事態を懐かしむという意味合いは現れない。

*4　（12c）や（13c）で分かるように、韓国語の場合、関心やあきれの意味は、感嘆の表現である「-네 -ney」「-군 -kwun」（な、ね）などが担っており、

意外の意味は助詞「-도 -to（も）」が担うなど、それぞれの要素がそれぞれの意味をもって働いている。そのため、（12c）の場合、助詞「-도 -to（も）」がなければ文全体で当該の事態を意外と思う話し手の心情を伝えることができない。同様に（13c）の場合も「-네 -ney」「-군 -kwun」（な、ね）がないと、感嘆の意味を表すことができなくなる。

＊5　日本語記述文法研究会（2003:192–194）では、「「ことだ」に「こと＋だ」という意味合い以外の特別の意味合いが感じられない場合は、名詞の「こと」であり、特別の意味合いが感じられる場合は、助動詞の「ことだ」である」と述べている。

＊6　注意事項を表す -l kes-ita の場合、コトダと同様、指定詞の ita は省略された形で現れる。

第12章
課題と展望

1. 要約

　本書では、現代韓国語の文末に現れるkes-ita文について、「主題－解説」構造の観点から考察を行った。

　kes-ita文は、統語構造や「主題－解説」構造によって、①名詞文としてのkes-ita文、②疑似名詞文としてのkesi-ita文、③非名詞文としてのkes-ita文という三種類に分けられた。

　一つ目の名詞文としてのkes-ita文（第4章）は、kesが名詞として働き、名詞文をなすもので、kesの性質によって、「kesが具体的なものを指し示す場合」「kesが抽象的なものを指し示す場合」「kesが名詞化辞として働く場合」という三つに分けることができた。そして、名詞文としてのkes-ita文は、kesの性質の違いは関係なく、いずれも「主題－解説」構造を持っており、主題についてそれは何であるか、どのようなものであるかなどを述べていた。名詞文としてのkes-ita文の場合、主題は、同一文内に明示的に現れる場合（構文明示的である場合）と、同一文内には明示的に現れていない場合（構文非明示的である場合）があった。が、構文非明示的である場合は、先行文脈や発話状況から主題を探し出すようになった。そして、主題を探し出すことができたら、当該の文は、それについて何かを述べていると解釈できた。

　二つ目の疑似名詞文としてのkes-ita文（第5章）は、統語的には名詞文であると言い難いが、名詞文に類似した特徴が多く見られるもので、主題について述べる内容によって、「言い換え」「結果」「理由」「主観的解釈」を述べるものという四つに分けることができた。そのうち、理由を述べるkes-ita文は、当該の理由が話し手の領域に属する情報であるため、理由を求められたとき、話し手が既

に知っている理由を新情報として聞き手に提示し述べる場合と、当該の理由が話し手の領域に属する情報でないため、ある事態について推論を行い、導き出された理由を述べる場合という二つに分かれ、前者は、理由の表現が明示的に用いられ「理由節＋結果節」という複文全体にkes-itaがつくのに対し、後者は、理由を表す部分にkes-itaが直接つくという構文的特徴が異なっていた。これは、理由を聞かれ、その返事として、話し手が既に知っている理由を提示するだけの場合、韓国語には理由の表現を明示的に用いなければならないという制約があるためであると思われる。

　疑似名詞文としてのkes-ita文を、主題の特徴から見ると、主題となる事態が先行文脈に現れ、非指示的である「言い換え」「結果」「理由（話者域外情報）」を述べるkes-ita文と、主題が人の行動など、発話時の状況として現れ、指示的である「理由（話者域内情報）」「主観的解釈」を述べるkes-ita文とに分けることもできた。そして、前者は、地の文に多く現れるのに対し、後者は、会話文に多く現れるという違いもあった。また、主題となる事態について「言い換え」「結果」「理由（話者域外情報）」を述べるkes-ita文には、「P＝Q」といった類似関係や「P→Q」といった因果関係が成立していた。が、それは、kes-itaの機能ではなく、kes-itaの使用により先行文脈や発話状況から主題を探した結果、人間の文章理解過程における推論によって、主題となる事態とkes-itaで表される事態の間にそのような関係があるものとして理解されるためであった。

　三つ目の非名詞文としてのkes-ita文（第6章）は、kesが完全に名詞として機能しないもので、名詞文や疑似名詞文としてのkes-ita文と異なり、前の文脈や状況などから主題を探すことができなかったため、後ろを検索しようとし、後続発話を待つようになり、「後続発話への関連を示唆する」ものとして意味解釈された。

　一方、上記の三種類のkes-ita文の意味合い以外に、聞き手が置かれた状況によって二次的に派生した意味が現れるkes-ita文もあった（第7章）。二次的な意味が現れるkes-ita文は、「当為判断を表すもの」と「忠告・命令を表すもの」という二つに分けられるが、

いずれも、話し手が望ましいと考えている行為の実行を聞き手に促している点では共通していた。

　第8章では、kes-ita 文の意味解釈のプロセスの全体像を示し、kes-ita の基本的な機能について検討した。名詞文や疑似名詞文としての kes-ita 文は、主題について何かを述べるという「主題－解説」構造を持っているのに対し、非名詞文としての kes-ita 文は、そのような構造を持っていないため、両者において kes-ita の機能は、一見、異なるものに見える。が、kes-ita 文が「主題－解説」構造を持っているか否かは、いずれも、当該の文が「kes-ita 文の意味解釈には kes-ita で表される部分以外に、もう一つの情報が必要であることを示す」という kes-ita の機能によって説明できる。名詞文や疑似名詞文としての kes-ita 文の場合、文脈や状況から主題を探し出すようになるのは、kes-ita の「kes-ita 文の意味解釈にはもう一つの情報が必要であることを示す」という機能により、kes-ita 文の意味解釈に必要であるが、欠けている何かを探さなければならないためである。そして、kes-ita 文が述べている対象を前の文脈や状況から探し出すことができた場合、それは「主題」となり、当該の kes-ita 文は、主題について何かを述べるものとして意味解釈される。それに対し、kes-ita 文が述べている対象を前の文脈や状況から探し出すことができなかった場合は、それを後ろから検索しようとするため、後続発話を待つようになる。このような意味解釈の過程が語用論的に強化され、非名詞文としての kes-ita 文は、「後続発話への関連を示唆する」ものとして意味解釈されるのである。そのため、kes-ita 文の意味解釈のプロセスには、このように「kes-ita 文の意味解釈には kes-ita で表される部分以外にもう一つの情報が必要であることを示す」という kes-ita の機能が働いていると言える。

　最後に、第2部では、日本語の文末表現である「ノダ」「モノダ」「コトダ」の用法を基に kes-ita との対応関係を考察した。ノダ、モノダ、コトダと kes-ita が対応する場合は、kes-ita 文が「主題－解説」構造を持っており、主題が、話し手と聞き手がお互いに認識し共有している明確である場合、なおかつ、主題について何を述べて

いるのかが明確である場合であった。それに対し、主題が話し手の中に内在しており、聞き手がそれを認識できない場合や、kes-ita文が述べている対象が状況として現れ、それについて話し手の心的態度を表す場合のノダ、モノダ、コトダの用法にはkes-itaは対応していなかった。また、非名詞文としてのkes-ita文の場合は、疑似名詞文としてのkes-ita文と異なり、主題に関する制約がないため、ノダと対応しているが、話し手の心的態度が現れるノダとは対応していなかった。この点は、kes-itaには、当該の文が「kes-ita文の意味解釈にはkes-itaで表される部分以外にもう一つの情報が必要であることを示す」という機能以外に、話し手の心的態度を表すというモダリティ表現としての働きはないということを示唆している。

　本書の冒頭では、kes-ita文を「主題－解説」構造から考察するにあたり、次の三つの目的を立てた。
（1）　本書の三つの目的
　　　①kes-ita文を統語レベルで再分類し、統語構造の違いを明らかにすること
　　　②意味レベルにおけるkes-itaの基本的な機能を明らかにすること
　　　③kes-ita文の意味解釈のプロセスによる全体像を示すこと
これは、従来の研究での問題点を解決するための提案でもあった。そして、本書でkes-ita文を「主題－解説」構造から考察し、この三つの目的について次のような結果が得られた。

　1.　従来の研究でkes-itaⅠ（統語的に名詞文）とkes-itaⅡ（統語的に非名詞文）という二つに分けたkes-ita文を、統語構造の違いによって「名詞文」「疑似名詞文」「非名詞文」という三つに再分類できた。従来の研究で言うkes-itaⅡ、即ち、統語的に名詞文ではなく、kes-itaを「kes + ita」に分けられないものは、本書での名詞性のテストの結果からkes-itaを「kes + ita」に分けられる可能性がある他、名詞文と類似した特徴が多く見られるなど、統語的に完全に名詞文ではないと言いきれないことが分かった。そのため、

本書では、従来の研究で言うkes-ita Ⅱを「名詞文」と「非名詞文」の間に位置づけ、「疑似名詞文」として分類した。また、疑似名詞文としてのkes-ita文は、意味レベルにおいても、主題について何かを述べると解釈されるという点で、名詞文としてのkes-ita文と密接に関連していた。日本語のノダとkes-ita（本書で言う疑似名詞文としてのkes-ita文が対象）を比較した従来の研究では、ノダに比べ、kes-itaがモーダル形式として発達していない理由として、名詞文としてのkes-ita文の存在を挙げているが、本書では、名詞文ではなく、疑似名詞文としてのkes-ita文にも、ノダと異なり、名詞文と類似した名詞性が残っており、意味的にも名詞文としてのkes-ita文と密接に関連していることを明らかにした。しかし、kes-itaがノダに比べ、モーダル形式として発達していなかった理由は、それだけではない。第9章でも見たように、kes-itaは「kes-ita文の意味解釈にはもう一つの情報が必要であることを示す」という機能以外に、話し手の心的態度が現れるモダリティ表現としての働きは持っていなかった。このような働きは、韓国語の場合、別の形式で表されていた。これは、「韓国語は語なら語、節・文なら節・文といったように語と節・文の地位をはっきり区別する仕組みになっている」という塚本（2006:45）の指摘通り、kes-itaはその本来の機能をもって働き、モーダル形式としての意味合いはまた別の形式が担っており、それが日本語のように融合しないということを示唆している。つまり、kes-itaがモーダル形式として発達していない理由は、kes-ita文の名詞性だけではなく、このような韓国語の仕組みの特徴も一因としてと関わっていると考えられる。

2. 従来の研究では殆ど分析対象ではなかった「非名詞文としてのkes-ita文」の存在を確認し、それは、後続発話への関連を示唆するものとして意味解釈されることを明らかにした。非名詞文としてのkes-ita文は、一見、名詞文や疑似名詞文としてのkes-ita文とは関連がないものに見えるが、「後続発話への関連を示唆する」という意味解釈は、「kes-ita文の意味解釈にはもう一つの情報が必要であることを示す」というkes-itaの基本的な機能によるものであ

る。つまり、kes-ita文が述べている対象を前の文脈や状況から探すことができなかったため、後ろを検索しようとし、後続発話を待つようになるのである。このように非名詞文としてのkes-ita文もkes-itaの基本的な機能は、名詞文や疑似名詞文としてのkes-ita文と同様である。

3.「主題－解説」構造の観点からkes-ita文を考察することにより、kes-ita文の意味解釈のプロセスの全体像が提示できた。従来の研究では、kes-itaⅠとkes-itaⅡにおいてkes-itaの機能を、「名詞文をなす」と「説明のモダリティ表現」と区別していたため、両者の間の関連が見られず、全てのkes-ita文に対し、統一的な説明が不可能であった。それに対し、本書では、kes-ita文の意味解釈に「主題－解説」という概念を導入することにより、kes-itaの基本的な機能を「kes-ita文の意味解釈には、kes-itaで表される部分以外に、もう一つの情報が必要であることを示す」ことであると提案したため、「名詞文」「疑似名詞文」「非名詞文」といった統語構造の異なる全てのkes-ita文に対し、統一的な説明が可能となった。これにより、kes-ita文の全体像を網羅的に捉えることができると考える。

2. 今後の課題

本書の結果で、kes-ita文の研究においてkes-ita文を「主題－解説」構造の観点から考察することの有効性が分かった。が、残された課題も少なくない。

まず、本書で対象外とした疑問文や否定文などに現れるkes-ita文においても、本書で提案した「kes-ita文の意味解釈にはもう一つの情報が必要であることを示す」というkes-itaの基本的な働きが妥当であるか否かを検証することが必要である。

次は、従来、別の文法範疇として扱ってきた -n kes-ita と -l kes-ita の関連についての課題である。「意志」や「推量」を表すという意味を持っている -l kes-ita は、平叙文においては -n kes-ita と重な

る部分が少ないが、疑問文においては、次の（2）のようなノダ文に、-n kes-ita も -l kes-ita も対応するなど関連が見られる。

(2) a. 明日、行くの？
　　b. 내일　가는　　거야？
　　　　nayil　kanun　　ke-ya?
　　　　明日　行く（現在）　kes-ita
　　c. 내일　갈　　　거야？
　　　　nayil　kal　　　ke-ya?
　　　　明日　行く（未来）　kes-ita

　もし -n kes-ita と同様、-l kes-ita も「主題－解説」構造を持っているとするならば、(2b) の -n kes-ita 文が、「聞き手がどこかへ行く」という事態を主題とし、それについて尋ねているのに対し、(2c) の -l kes-ita 文は、「あなた（聞き手）」を主題とし、それについて尋ねているという解釈が可能であろう。このように -n kes-ita と -l kes-ita の関連を「主題－解説」構造の観点から考察することで、一つの形式である kes-ita に接続する連体形の種類によって異なってしまう文法範疇についても統一的な説明ができ、kes-ita の本質を一層深く突き止めることができると思われる。

　これらの二点については今後の課題とする。

参考文献

(1) 日本語で書かれた文献

秋元実治（2002）「第 1 章　文法化」『ひつじ研究叢書（言語編）第 28 巻　文法化とイディオム化』，ひつじ書房，pp.2–32.

阿部純一・桃内佳雄・金子康郎・李光五（1994）『人間の言語情報処理：言語理解の認知科学』，サイエンス社.

庵功雄（2001）『新しい日本語学入門』，スリーエーネットワーク.

庵功雄（2007）『日本語におけるテキストの結束性の研究』，くろしお出版.

庵功雄・高梨信乃・中西久美子・山田敏弘（2000）『初級を教える人のための日本語文法ハンドブック』，スリーエーネットワーク.

庵功雄・高梨信乃・中西久美子・山田敏弘（2001）『中上級を教える人のための日本語文法ハンドブック』，スリーエーネットワーク.

井島正博（2012）「文末ノダ文の構造と機能」『國語と國文学』Vol.89-11，東京大学国語国文学会（編），明治書院，pp.101–113.

李南姫（2001）「現代日本語の「のだ」文の総合的な研究」，大東文化大学大学院　博士論文.

今井邦彦（2001）『語用論への招待』，大修館書店.

李英蘭（2009）「韓国語の「geos-ida」文の分析：「geos」の意味拡張を中心に」，東京大学大学院　修士論文.

李英蘭（2011）「韓国語の「-n kes-ita」文の当為性に関する一考察：「-n pep-ita」との比較を含め」，日本言語学会第 143 回大会予稿集，pp.110–115.

李英蘭（2013a）「韓国語の「-n kes-ita」文について：「主題－解説」構造の観点から」『言語情報科学』11，東京大学大学院総合文化研究科言語情報科学専攻，pp.69–85.

李英蘭（2013b）「現代韓国語の「-n kes-ita」文の使用条件と文法化について：日本語の「ノダ」文との比較を中心に」『韓国語学年報』9，神田外語大学韓国語学会，pp.31–54.

印省熙（2006）「日本語の「のだ」と韓国語の「-ㄴ 것이다」：会話文の平叙文の場合」『朝鮮語研究 3』，くろしお出版，pp.51–94.

内田伸子（1982）「文章理解と知識」『認知心理学講座　第 3 巻　推論と理解』佐伯胖（編），東京大学出版会，pp.158–179.

大島資生（2003）「第 5 章　連体修飾の構造」『朝倉日本語講座：文法Ⅰ』北原保雄（編），朝倉書店，pp.90–108.

大堀壽夫（2002）『認知言語学』，東京大学出版会.

奥田靖雄（1990）「説明（その1）：のだ，のである，のです」『ことばの科学 4』，むぎ書房，pp.173-216.
奥田靖雄（1992）「説明（その2）：わけだ」『ことばの科学5』，むぎ書房，pp.187-219.
生越直樹（2011）「日本語と朝鮮語は本当ににているか：属格助詞の対照研究」『言語科学の世界へ』，東京大学言語情報科学専攻（編），東京大学出版会，pp.46-60.
生越直樹（編）（2002）「日本語・朝鮮語における連体修飾表現の使われ方：「きれいな花」タイプの文を中心に」『対照言語学』シリーズ言語科学4，東京大学出版会，pp.75-98.
尾上圭介（2004）「第1章 主題と述語をめぐる文法」『朝倉日本語講座：文法 II』尾上圭介（編），朝倉書店，pp.1-57.
神尾昭雄（1990）『情報のなわばり理論』，大修館書店.
神尾昭雄（2002）『続・情報のなわばり理論』，大修館書店.
亀山恵（1999）「第3章 談話分析：整合性と結束性」『岩波講座 言語の科学7 談話と文脈』，岩波書店，pp.93-121.
菊池康人（2000）「「のだ（んです）」の本質」『東京大学留学生センター紀要』第10号，pp.25-51.
金廷珉（2008）「日本語の「のだ」と韓国語の「KES-ITA」の意味に関する対照研究」，東北大学大学院紀要，pp.123-133.
金廷珉・堀江薫（2006）「韓国語における名詞化構文の終結用法：名詞と動詞の連続性の観点から」『日本認知言語学会論文集』6巻，pp.150-159.
金廷珉・堀江薫（2010）「「のだ」構文の談話機能に関する対照言語学的考察：韓国語の「KES-ITA」との対比を通じて」『言語学と日本語教育 VI』，くろしお出版，pp.175-190.
久野暲（1973）「第2章 「ハ」と「ガ」（その一）：主題・対象・総記・叙述」『日本文法研究』，大修館書店，pp.27-35.
久野暲（1978）『談話の文法』，大修館書店.
黒滝真理子（2005）『Deontic から Epistemic への普遍性と相対性』，くろしお出版.
国立国語研究所（1951）『国立国語研究報告3 現代語の助詞・助動詞：用法と実例』，秀英出版.
近藤安月子（2002）「会話に現れる「ノダ」：「談話連結語」の視点から」上田博人（編）『シリーズ言語科学5巻：日本語学と言語教育』，東京大学出版会，pp.225-248.
近藤安月子（2008）『日本語学入門』，研究社.
近藤安月子（2011）「「します」と「するんです」：ノダの意味と機能」『言語科学の世界へ』，東京大学言語情報科学専攻（編），東京大学出版会，pp.2-15.
近藤安月子・姫野伴子（2012）『日本語文法の論点43：「日本語らしさ」のナゾが氷解する』，研究社.

正保勇（1981）『日本語教育指導参考書 8：日本語の指示詞』，国立国語研究所．
砂川有里子（2005）『文法と談話の接点』，くろしお出版．
宋承姫（2000a）「日本語の「もの（だ）」「こと（だ）」「の（だ）」と韓国語の 것（이다）/geos（ida）」に関する対照研究：文法化の観点から」，広島大学大学院　博士論文．
宋承姫（2000b）「文法化の観点から見た日韓両言語の文末表現の一考察：「もの」「こと」「の」と 것 を中心に」『日本文化学報 8』，韓国日本文化学会，pp.83-100．
高橋信乃（2006）「助動詞「ものだ」「ことだ」：評価のモダリティを表す用法」，神戸大学留学生センター紀要，pp.1-23．
田中望（1979）「日常言語における"説明"について」『日本語と日本語教育』8，慶応義塾大学国際センター，pp.49-64．
田野村忠温（1990）『現代日本語の文法Ⅰ：「のだ」の意味と用法』，和泉書院．
田野村忠温（2004）「第 9 章　現代語のモダリティ」『朝倉日本語講座：文法Ⅱ』尾上圭介（編），朝倉書店，pp.215-234．
崔眞姫（2005）「「のだ」の文法化と機能別必須性に関する研究」，新戸学院大学大学院　博士論文．
塚本秀樹（2006）「言語現象と文法化：日本語と朝鮮語の対照研究」『日本語と朝鮮語の対照研究』，東京大学 21 世紀 COE プログラム「心とことば−進化認知科学的展開」研究報告書，pp.27-61．
角田三枝（2004）『日本語の節・文の連接とモダリティ』，くろしお出版．
寺村秀夫（1982）『日本語のシンタクスの意味Ⅰ』，くろしお出版．
寺村秀夫（1984）『日本語のシンタクスの意味Ⅱ』，くろしお出版．
寺村秀夫（1991）『日本語のシンタクスの意味Ⅲ』，くろしお出版．
中西恭子（2002）「現代朝鮮語の連体形語尾 -는について：-ㄹとの使い分けという観点から」『朝鮮語研究 1』，くろしお出版，pp.7-34．
名嶋義直（2007）『ノダの意味・機能：関連性理論の観点から』，くろしお出版．
西村義樹（2000）「対照研究への認知言語学的アプローチ」『認知言語学の発展』坂原茂（編），ひつじ書房，pp.145-166．
西山佑司（2003）『日本語名詞句の意味論と語用論：指示的名詞句と非指示的名詞句』，ひつじ書房．
仁田義雄（1991）『日本語のモダリティと人称』，ひつじ書房．
日本語記述文法研究会（編）（2003）「第 8 部 モダリティ」『現代日本語文法 4』，くろしお出版．
日本語記述文法研究会（編）（2008）「第 10 部 複文」『現代日本語文法 6』，くろしお出版．
日本語記述文法研究会（編）（2009）「第 10 部 主題」『現代日本語文法 5』，くろしお出版，pp.175-259．
日本語文法学会（編）（2014）『日本語文法辞典』，大修館書店．
丹羽哲也（2000）「主題の構造と諸形式」『日本語学』19 巻 5 号，pp.100-109．

丹羽哲也（2004）「第11章　主題と題目語」『朝倉日本語講座：文法Ⅱ』尾上圭介（編），朝倉書店，pp.257-278.
丹羽哲也（2006）『日本語の題目文』，和泉書院.
野田春美（1997）『「の（だ）」の機能』，くろしお出版.
野田尚史（1984）「有題文と無題文：新聞記事の冒頭文を例として」『国語学』136集，pp.65-75.
野田尚史（1996）『「は」と「が」』，くろしお出版.
野間秀樹（1990）「〈할것이다〉の研究：再び現代朝鮮語の用言のmood形式をめぐって」，朝鮮学報，pp.1-64.
野村剛史（2004）「第3章　述語の形態と意味」『朝倉日本語講座：文法Ⅱ』尾上圭介（編），朝倉書店，pp.81-104.
野村剛史（2012）「ノダ文の文法記述」『國語と國文学』Vol.89-11，東京大学国語国文学会明治書院，pp.90-100.
備前徹（1989）「「～ことだ」の名詞述語文に関する一考察」，滋賀大学教育学部紀要，pp.1-12.
堀江薫（2001）「膠着語における文法化の特徴に関する認知言語学的考察：日本語と韓国語を対象に」山梨正明（編）『認知言語学論考　No.1』，ひつじ書房，pp.185-227.
堀江薫（2002）「日韓両語の補文構造の認知的基盤」大堀壽夫（編）『認知言語学Ⅱ　カテゴリー化』，東京大学出版会，pp.255-276.
益岡隆志（1991）『モダリティの文法』，くろしお出版.
益岡隆志（2007）「説明のモダリティ」『日本語モダリティ探究』，くろしお出版，pp.85-108.
松岡弘（1987）「「のだ」の文・「わけだ」の文に関する一考察」『言語文化』24，pp.3-20.
南不二男（1974）『現代日本語の構造』，大修館書店.
宮崎和人・安達太郎・野田春美・高橋信乃（2002）『モダリティ』，くろしお出版.
宮島達夫・仁田義雄（編）（1995）『日本語類義表現の文法』，くろしお出版.
メイナード，泉子・K（1999）『談話分析の可能性』，くろしお出版.
幸松英恵（2006）「「のだ」と'것이다'の日韓対照研究：翻訳比較を通して見る共通点と相違点」『日本語と朝鮮語の対照研究』東京大学21世紀COEプログラム「心とことば：進化認知科学的展開」研究報告書，107-158.
吉川武時（編）（2003）『形式名詞がこれでわかる』，ひつじ書房.

(2)　韓国語で書かれた文献
고영근（1970）「現代國語의 準自立形式에 對한 研究」『語學研究』Vol.6 No.1，서울대학교 언어교육원，pp.17-55.
고영근（2009）「표준 중세 국어 문법론」개정판，집문당.
김기혁（2000）「지정의 문법 범주」『이중언어학』제17호，pp.77-95.
김상기（1994）「관형형어미 + kes-ita 구문 연구」，동아대학교 대학원 석사학위논문.

김지은（1998）『우리말 양태용언 구문 연구』, 한국문화사.
김태엽（1990）「의존명사 {것} 의 문법화와 문법변화」『대구어문논총』Vol.8. 대구어문학회, pp.118-198.
남기심（1991）「불완전명사 '것' 의 쓰임」『국어의 이해와 인식』, 한국문화사, pp.77-88.
남기심（2001）『현대국어통사론』, 태학사.
南基心・高永根（1985）『표준국어문법론』, 탑출판사.
남길임（2004）「현대 국어 '이다' 구문 연구」, 연세대학교 언어정보개발연구원.
박재연（2006）『한국어 양태 어미 연구』, 태학사.
박주영（1999）「'것' 의 문법화 연구」, 상명대학교 대학원 석사학위논문.
배선경（1998）「의존명사 '것' 구문에 대한 연구」, 부산대학교 교육대학원 석사학위논문.
서정수（1978）「'ㄹ 것' 에 관하여」『국어학』Vol.6 No.1, 국어학회, pp.85-110.
신선경（1993）「'것이다' 구문에 관하여」『국어학』Vol.23 No.1, 국어학회, pp.119-158.
안효경（1999）「현대국어의 의존명사 연구」, 카톨릭대학대학원 박사학위논문.
梁太永（2005）「'것이다' 構文 硏究」, 한국외국어대학교 대학원 석사학위논문.
이기백（1982）「동격대용 의존명사 <것> 에 대한 사적 연구」『어문론총』Vol.16, pp.5-18.
이맹성（1968）「Nominalization in Korean（한국어 체언형에 관한 변형분석적 연구）」『語學硏究』4-1（別卷）, 서울대학교 언어교육원, pp.1-134.
이성범（2001）『추론의 화용론-언어와 추론』, 한국문화사.
李崇寧（1975）「中世國語의「것」의 硏究」『진단학보』No.39, 진단학회, pp.105-138.
임호빈（1997）『외국인을 위한 한국어 문법』, 연세대학교 출판부.
최현배（1937）「우리말본」, 正音社.
최현배（1956）「잡음씨의 세움」『한글』120, 한글학회, pp.213-247.
한길（2006）「현대 우리말의 형태론」, 도서출판 역락.
허웅（1983）「국어학」, 샘문화사.
황경수（2007）「국어 의존명사의 선행・후행요소」『인문과학논집』Vol.35. 청주대학교 인문과학연구소, pp.59-73.

(3) 英語で書かれた文献
Blakemore, D. (1992) *Understanding Utterances*, Blackwell.
Geis, M.L. & Zwichy, A.M. (1971) On Invited Inferences, *Linguistic inquiry* 2, 561-566.
Grice, H.P. (1975) Logic and Conversation. In: Cole, P. & Morgan, J. (eds.) *Syntax and Semantics 3 : Speech Acts*, Academic Press. 41-58.
Halliday, M.A.K. & Hasan, R. (1976) *Cohesion in English*, Longman.
Hobbs, J.R. (1985) *On the Coherence and Structure of Discourse*, CSLI Report, No. CSLI-85-37, CSLI.

Hopper, P.J. & Traugott, E.C. (1993) *Grammaticalization*, Cambridge University Press.

Lambrecht, K. (1994) *Information Structure and Sentence Form*, Cambridge University Press.

Mann, W.C. & Thompson, S.A. (1986) Relational Propositions in Discourse, *Discourse Processes* 9, pp.57–90.

Sperber, D. & Wilson, D. (1995) *Relevance: Communication and Cognition* (2nd ed.), Blackwell.

Suzuki, R. (1998) From a Lexical Noun to an Utterance-final Pragmatic Particle: *Wake*, Ohori, T.（編）*Studies in Japanese Grammaticalization: Cognitive and Discourse Perspectives*, くろしお出版, pp.67–92.

Traugott, E.C. (1989) On the Rise of Epistemic Meanings in English: An Example of Subjectification in Semantic Change, *Language* 64, 31–55.

Traugott, E. C. & König, E. (1991) The Semantics-pragmatics of Grammaticalization Revisited. In: Traugott, E. C. & Heine, B. (eds.), *Approaches to Grammaticalization* Vol. 1, 189–218.

(4) 辞書類

国立国語院（2008）『標準国語大辞典』

用例出典（ジャンル別50音順）

TVドラマシナリオ
【犬】「개와 늑대의 시간（犬と狼の時間）」MBC　2007年
【カップル】「환상의 커플（ファンタスティック・カップル）」MBC　2006年
【コーヒー】「커피프린스 1호점（コーヒープリンス1号店）」MBC　2007年
【ごめん】「미안하다 사랑한다（ごめん、愛してる）」KBS　2004年
【冬ソナ】「겨울연가（冬のソナタ）」KBS　2002年

新聞
【中央】「중앙일보 오피니언（中央日報コラム）」2002年
【朝鮮】「조선일보 오피니언（朝鮮日報コラム）」2002年
【東亜】「동아일보 오피니언（東亜日報コラム）」2002年
【ハンギョレ】「한겨레신문 오피니언（ハンギョレ新聞コラム）」2002年

小説
【雪国】『雪国』川端康成（1952）岩波文庫

付録　用例数のまとめ

付1　資料別抽出用例数

資料名	表記名	文字数	用例数
개와 늑대의 시간 （2007）	【犬】	100,527	40
환상의 커플 （2006）	【カップル】	81,196	97
커피프린스1호점 （2007）	【コーヒー】	148,609	76
미안하다 사랑한다 （2004）	【ごめん】	95,124	24
중앙일보 오피니언 （2002）	【中央】	44,957	57
조선일보 오피니언 （2002）	【朝鮮】	46,076	68
동아일보 오피니언 （2002）	【東亜】	47,771	62
한겨레신문 오피니언 （2002）	【ハンギョレ】	42,163	84
計		606,423	508

付2　kes-ita文の用例数

kes-ita文の分類		会話文	地の文	計
名詞文	具体的なもの	35 (35.7%)	63 (64.3%)	98 (100%)
	抽象的なもの	39 (86.7%)	6 (13.3%)	45 (100%)
	名詞化辞	7 (17.1%)	34 (82.9%)	41 (100%)
	小計	81 (44.0%)	103 (56.0%)	184 (100%)
疑似名詞文	言い換え	12 (9.9%)	109 (90.1%)	121 (100%)
	結果	9 (23.1%)	30 (76.9%)	39 (100%)
	理由（話者域外情報）	3 (18.75%)	13 (81.25%)	16 (100%)
	理由（話者域内情報）	67 (93.1%)	5 (6.9%)	72 (100%)
	主観的解釈	49 (86.0%)	8 (14.0%)	57 (100%)
	小計	140 (45.9%)	165 (54.1%)	305 (100%)
非名詞文	後続発話への関連	16 (84.2%)	3 (15.8%)	19 (100%)
	小計	16 (84.2%)	3 (15.8%)	19 (100%)
計		237 (46.7%)	271 (53.3%)	508 (100%)

付3　二次的意味が現れる kes-ita 文の用例数

二次的意味	会話文	地の文	計
当為判断	24 (96.0%)	1 (4.0%)	25 (100%)
忠告・命令	20 (83.3%)	4 (16.7%)	24 (100%)

索　引

A–Z

ita　14
kes　7, 69
kes-ita Ⅰ　17
kes-ita Ⅱ　17
pep-ita　83, 186

い

言い換え　117, 120, 160
意味の漂白化（semantic bleaching）　90
因果関係　129

か

解説　4, 51
冠形詞　29
関連づけ　209, 210

き

帰結説明　210
疑似名詞文　49, 107
協調の原理（Cooperative Principle）　156, 161, 210

け

形式名詞　7
結果　126
言語理解過程　153

こ

構文非明示的　70, 91
構文明示的　70, 91
語用論的強化　168, 178

し

事実文　210
指示的　73, 145
指示的名詞句　74
事情説明　210
指定詞　14
主観的解釈　117, 148
主題　4, 51
「主題－解説」構造　51, 60
詳細　124, 160
省略（ellipsis）　59

す

推論　143
スコープの「の（だ）」　39

せ

説明　209
説明項　209
説明のモダリティ表現　19

ち

忠告・命令　196

263

── と ──

等位関係　85
当為判断　83, 182, 196

── は ──

判断文　210

── ひ ──

非指示的　145
非指示的名詞句　74
被説明項　209
非名詞文　49, 163

── ふ ──

負荷　156
文章　161
文法化（grammaticalization）　90, 178
分類文　14
分裂文　44

── ほ ──

包含関係　80

── む ──

無題文　58

── め ──

名詞文　49

── ゆ ──

有題文　58

── よ ──

様態の確率（maxim of quantity）　156

── り ──

理由　131
量の確率（maxim of manner）　156

── る ──

類似関係　123

── れ ──

連体修飾形　12

── わ ──

話者域外情報　131
話者域内情報　131

李英蘭（い よんらん）

略歴

1971年、韓国生まれ。1994年、三育大学英語英文学科卒業。2009年、東京大学大学院総合文化研究科修士課程終了。2016年、同研究科博士課程終了。博士（学術）。現在、同研究科学術研究員、白百合女子大学等非常勤講師。

主な論文

「韓国語の「-n kes-ita」文について：「主題-解説」構造の観点から」（2013年、『言語情報科学』11号）、「現代韓国語の「-n kes-ita」文の使用条件と文法化について：日本語の「ノダ」文との比較を中心に」（2013年、『韓国語学年報』9号）、「現代韓国語の「다가(taka)」のイメージ・スキーマと意味拡張」（2017年、『韓国語学年報』13号）

ひつじ研究叢書〈言語編〉第154巻
「主題-解説」構造から見た
韓国語 -n kes-ita と日本語ノダ

A Study on '-n kes-ita' in Korean and 'noda' in Japanese
Viewed from the Topic-Comment Structure
Youngran Lee

発行	2018年6月20日　初版1刷
定価	6800円+税
著者	ⓒ 李英蘭
発行者	松本功
ブックデザイン	白井敬尚形成事務所
印刷・製本所	亜細亜印刷株式会社
発行所	株式会社 ひつじ書房
	〒112-0011　東京都文京区千石2-1-2 大和ビル2階
	Tel: 03-5319-4916　Fax: 03-5319-4917
	郵便振替 00120-8-142852
	toiawase@hituzi.co.jp　http://www.hituzi.co.jp/

ISBN978-4-89476-910-6

造本には充分注意しておりますが、落丁・乱丁などがございましたら、小社かお買上げ書店にておとりかえいたします。
ご意見、ご感想など、小社までお寄せ下されば幸いです。

刊行のご案内

神奈川大学言語学研究叢書　7
動詞の意味拡張における方向性
着点動作主動詞の認知言語学的研究
夏海燕 著　定価4,800円＋税

朝鮮語研究　7
朝鮮語研究会 編　定価5,000円＋税

Hituzi Linguistics in English No.22
A Contrastive Study of Responsibility for Understanding Utterances between Japanese and Korean
尹秀美 著　定価8,400円＋税

刊行のご案内

〈ひつじ研究叢書(言語編) 第137巻〉
日韓対照研究によるハとガと無助詞
金智賢 著　定価7,800円+税

〈ひつじ研究叢書(言語編) 第141巻〉
韓国語citaと北海道方言ラサルと
日本語ラレルの研究
円山拓子 著　定価7,000円+税

〈ひつじ研究叢書(言語編) 第150巻〉
現代日本語と韓国語における条件表現の対照研究
語用論的連続性を中心に
金智賢 著　定価6,500円+税

刊行のご案内

〈ひつじ研究叢書（言語編）　第151巻〉
多人数会話におけるジェスチャーの同期
「同じ」を目指そうとするやりとりの会話分析

城綾実 著　定価5,800円＋税

〈ひつじ研究叢書（言語編）　第152巻〉
日本語語彙的複合動詞の意味と体系
コンストラクション形態論とフレーム意味論

陳奕廷・松本曜 著　定価8,500円＋税

〈ひつじ研究叢書（言語編）　第153巻〉
現代日本語における分析的な構造をもつ派生動詞
「してある」「しておく」「してしまう」について

迫田幸栄 著　定価6,600円＋税